江氏交易天机

专家论股

江氏操盘手

Jiang Shi Cao Pan Shou

# 从零开始学波段

熊青龙◎著

四川人民出版社

**图书在版编目（CIP）数据**

从零开始学波段/熊青龙著. 一成都：四川人民出版社，2019.5

（江氏交易天机）

ISBN 978-7-220-11311-6

Ⅰ.①从… Ⅱ.①熊… Ⅲ.①股票投资-基本知识 Ⅳ. ①F830.91

中国版本图书馆 CIP 数据核字（2019）第 050073 号

CONG LING KAISHI XUE BODUAN

**从零开始学波段**

熊青龙　著

| | |
|---|---|
| 策划组稿 | 王定宇 |
| 责任编辑 | 王定宇　李　欣 |
| 封面设计 | 李其飞 |
| 内文设计 | 戴雨虹 |
| 责任校对 | 梁　明 |
| 责任印制 | 王　俊 |
| 出版发行 | 四川人民出版社（成都槐树街 2 号） |
| 网　　址 | http://www.scpph.com |
| E-mail | scrmcbs@sina.com |
| 新浪微博 | @四川人民出版社 |
| 微信公众号 | 四川人民出版社 |
| 发行部业务电话 | （028）86259624　86259453 |
| 防盗版举报电话 | （028）86259624 |
| 照　　排 | 四川胜翔数码印务设计有限公司 |
| 印　　刷 | 成都蜀通印务有限责任公司 |
| 成品尺寸 | 185mm×260mm |
| 印　　张 | 13.5 |
| 字　　数 | 219 千 |
| 版　　次 | 2019 年 5 月第 1 版 |
| 印　　次 | 2019 年 5 月第 1 次印刷 |
| 书　　号 | ISBN 978-7-220-11311-6 |
| 定　　价 | 48.00 元 |

# 序 一

“天上星宿排列，龙在东，虎在西，东方主生发，大地郁郁葱葱，五行属木，其色为青，那就叫青龙。”

2016 年 4 月，青龙老师与我在成都相识结缘，之前他也一直在做实战讲课，私募操盘，2017 年他拜我为师。自古以来，师徒相遇都是前世修来的缘分，要彼此感恩，珍惜这来之不易的缘分。

“师者，所以传道授业解惑也”，青龙老师长期深耕于投资市场，再加上本性聪慧，一点就通，自拜师以来，进步可谓神速。3 年来，我见证了他成长的蜕变，感受他自渡及渡人的爱和使命感。他不是在研究股票，就是在感悟操盘真经的路上，多次看到他抱着股票书睡觉的情景，流着眼泪坚持复盘的韧劲，实在令人感动。“世上无难事，只怕有心人”。一个人聪明并不可怕，可怕的是既聪明又能够持之以恒地钻研一件事。青龙老师以十年如一日的态度坚持研究市场，如此真心与诚意，天地必有回报，他将走出属于自己人生的康庄大道。

“股市小人生，人生大股市”。青龙老师在寻求股市真经的路上，也并非一路坦途，用历经“九九八十一难”“置之死地而后生”来形容也不为过。人生的起起伏伏，犹如股市运行的波浪，有波峰、波谷，他对波段式人生的理解更胜过波浪式交易的感悟。13 年股市操盘的实战沉淀，11 年禅宗智慧的修为，让他对人性、人生有了更深刻、更多维度的了悟。

“大鹏一日同风起，扶摇直上九万里”。波段交易，应顺应时势。当行情起来时，就如风吹起之时，我们所需要做的就是随风而行，就如这大鹏一般，借着风的力量，飞到九万里的高空。大道至简，人生与股市一脉相承，讲究的都是顺势而为。人生财富的积累，如果仅仅依靠自己的蛮力，也许会上升到小富阶段，但若懂得跟上时代发展的列车，那财富的升值空间就不可估量。股市也是如此，在行情起来时，如果懂得波段交易，懂得抓住主升浪，那股市就变为投资者的“提款机”，从此不再为股市烦恼。

市场是一个机会与风险并存的地方，每一天都有无数赚钱的机会，但在市场中赚钱没有运气一说，只有懂的人赚不懂的人的钱。从零教你做波段，就是教你如何从零开始在股市中生存，如何辨识市场中存在的机会与风险。“一鸟在手，胜过双鸟在林”，市场的机会众多，每天上涨的个股千百个，但如何抓住自己能够抓住的机会，这才是本书核心内容所在。

《从零开始学波段》一书是青龙老师钻研人性、人生、股市技术之后的精华和智慧的呈现，能帮助更多苦苦探索的投资者走出迷途，获得自我救赎。希望大家看懂市场，看透市场，走上稳定赢利的阳光大道。

江海

# 序 二

我与熊青龙老师相识于江氏团队，在过往的岁月中，我们一起在投资之路上砥砺前行。不管是在人生之路上，还是在投资之路上，与志趣相投之人一起前行，旅途必定充满乐趣。很幸运能够在刚进入市场的时候就遇到给自己指路的恩师，也很幸运能够在一个目标与方向一致的团队中成长，感谢这一路来恩师和学长们的包容和陪伴。

积少成多，滴水穿石。日积月累的成长，才换来更好的明天。熊青龙老师的努力与执着，深深地影响着整个团队。从理论到实战，从实战到理论，一遍又一遍反复思考，一遍又一遍反复雕琢，只为更好地参透投资之道。如今熊青龙老师将研习多年的投资经典理论出版，他在其中所花费的心血令人为之动容。

古往今来，四季更迭，寒暑交替。股市即人生，一根根K线在屏幕上跃动着，演绎着一波又一波跌宕起伏的行情。那些没有自己的交易理念、没有自己的交易策略、没有自己的交易系统的投资者，他们的账户随着市场牛熊的转换，资金由少变多，又由多变少，留下的只是一场虚空，人生的痛楚莫过于此。

巴菲特有句名言，“只有当大潮退去的时候，你才知道谁在裸泳”。只有当市场经过一轮轰轰烈烈的牛熊洗礼之后，才会有胜利者从这场没有硝烟的战场中脱颖而出。这些胜利者交易方法不尽相同，但必然都是趋势交易者、波段交易者。既能够跟随市场主流，乘风破浪，把握自己能够把握的波段机会，又能够在市场见顶前及时止盈出场，静待机会的再次来临。

市场的走势千变万化，但千年不变的就是市场的方向只有三类，上涨、下跌和盘整。对于投资者来说，保住本金不亏损是最为重要的一点，因此，躲避下跌是重中之重。而盘整是市场的整理阶段，属于蓄势待发，普通投资者完全可以不参与这段行情，等待趋势的确定。上涨走势利润最为丰厚，是投资者应该着重去研究的一段，也是本书重点阐述的地方。

本书从波段操作出发，基于市场三个方向的分析，着重描述波段机会的辨别，教投资者把握赢利最丰厚的上涨波段。同时，书中介绍的三个周期的操盘方法、识别上涨波段突破的策略等诸多交易方法，均能够促进投资者胜率加倍。

市场永远是我们的老师，我们要永远怀揣着对市场的尊敬。本书是对市场最真实的解读，也是对市场中众多理论精华研究后的总结与分享。希望读者在仔细研读完本书后，能够在市场博弈中战胜牛熊，取得更大的胜利。

# 目 录

# 第一章 认知波段

**投资必须是理性的！如果你不能理解它，那么就不要做。**

**——巴菲特**

## 第一节　初识波段

### 一、波段的定义

在进行波段交易之前，首先要明白波段是什么。波段是某只股票在一段时间内的高价与低价差。市场呈现波动性运动特征，本书所讲述的波段操作是针对目前市场的一种有效的交易策略。

1. 技术分析的基本原则

技术分析是一门科学，也是一门艺术，而技术分析的一大基础就是股价的波动性。由于价格的变动呈现波段特征，技术分析才有了用武之地。技术分析这门艺术的美妙之处就在于：它能够提前辨别走势变化的方向，能够在明确的走势反转信号出现之前，坚守自己的交易仓位；一旦反转信号出现，立即多空转换，将账面利润变现。

股市涨涨跌跌，投资者都希望能在股票刚开始上涨时介入，在刚开始下跌时退出，持有一个完整的上涨趋势。从理论上来说容易，但操作起来却难上加难。更何况，还有的投资者往往是抛了就涨，买进就跌。这是为什么？因为投资者的操作理念不正确，特别是买入、卖出等操作的时机把握不准确。

2. 盈利的保障

市场是以波段的形式运行，换言之，波段即是行情运行的基本形式。股市盈利之要，在于投资者对趋势与波段的正确把握，只有操作上涨波段才能够盈利。若以波段操作为交易策略，那么在实战时，交易就应该回避所有的下跌波段，只操作上涨波段。

市场分析的基础理论是一旦上涨波段或者下跌波段形成，该走势就将一直延续下去，并且上涨或下跌走势越明确，其持续的时间就越长，交易者也越容易获利，直到某种情况出现使市场走势发生改变。尽管技术面随时都可能发生改变，但股票的走势始终是以波段的方式运行。对于这一点，投资者只需要看下走势图，便会清楚地发现图中股价的运行方式。

波段操作比寻找所谓的黑马股更加可行，在大盘行情中会存在波峰和波谷，波谷是买入的时机，峰顶是卖出的时机。相比大盘指数，个股更具有波动性，故要对其进行仔细的研判，寻找最佳买卖点。只有符合标准形态的股票才需要去操作，要舍弃那些看不懂的股票，有舍才有得。这种灵活多变的操作方式可以回避市场风险，保存资金实力和培养市场感觉。人们往往有一种想要证明自己的冲动，在选择股票的时候，经常会选择一些形态复杂的个股来操作。但是投资是概率游戏，要挣确定的钱，因此，投资者只需要寻找到符合自己操作形态的个股，稳稳地赚取收益就行了。

波段操作是一种让投资者省心的操作方式，在进行波段操作的过程中，投资者只需要关心波段的转折点和波段的突破点，对于上涨和下跌途中的所有短线震荡都可以忽略不计。

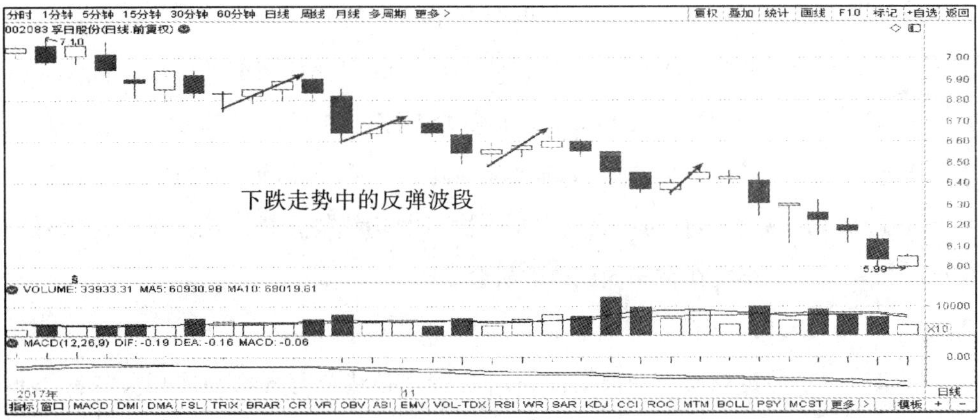


图1—1　孚日股份（002083）2017年10月13日至11月24日日线图

如图1—1所示，孚日股份在30个交易日内呈现出明显的下跌走势。就如波段理论所述，一旦上涨波段或下跌波段形成，该走势就将一直延续下去。尽管在下跌波段中存在小幅度的反弹，但这些小级别的反弹都阻止不了大级别的下跌走势。技术不佳的投资者切莫在下跌走势中去抢反弹，保不齐会“偷鸡不成蚀把米”。下跌走势就如下落中的刀，空手去接下落中的刀是极度危险的投资行为。

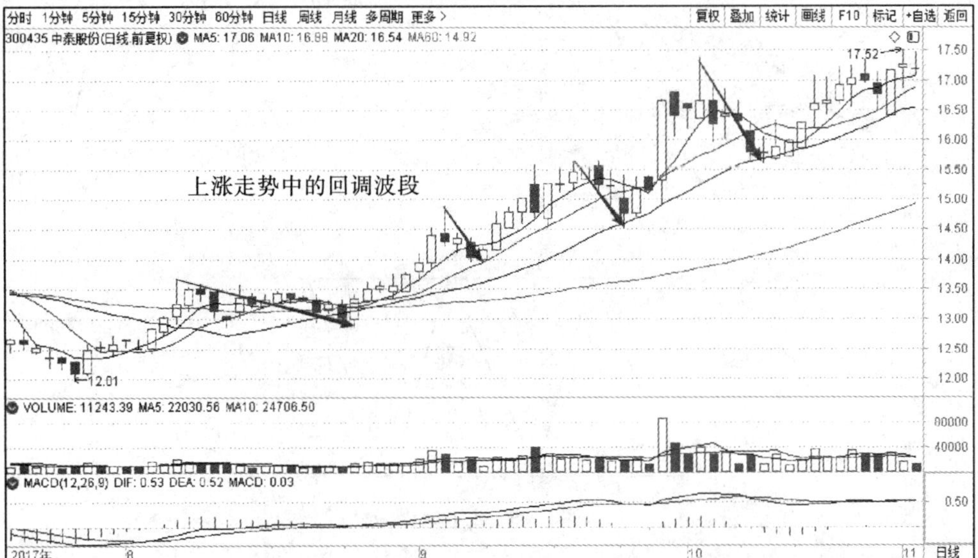


图1—2　中泰股份（300435）2017年7月19日至11月2日日线图

同下跌波段一样，上涨的过程中也会有小幅度的回调，但这些都不影响原有走势的继续延伸。在强势上涨走势的回调中，一般不会跌破前期波峰的高点，并且10日均线和20日均线也是上涨走势的强力支撑。如图1—2所示，这是一段长达三个多月的上涨波段，而每一次的回调均高于前期的波峰，同时每一次回调走势都在20日均线处止跌企稳。因此，每一次触及均线的止跌回调都是一次很好的加仓时机，是一个实实在在降低成本的机会。

3. 市场的动向

股市有一个恒定规律：一波上涨行情之后，必然会有一波与之相反的向下行情；同样，一波下跌行情之后，也必然会有一波与其相反的向上的反弹行情。市场走势起起伏伏，有涨有落，犹如大海中的波浪。涨潮时，一浪比一浪高；落潮时，一浪比一浪低。

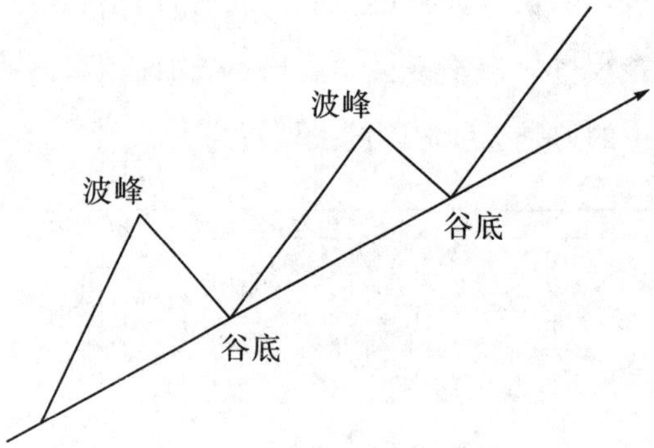

图1—3　上涨趋势

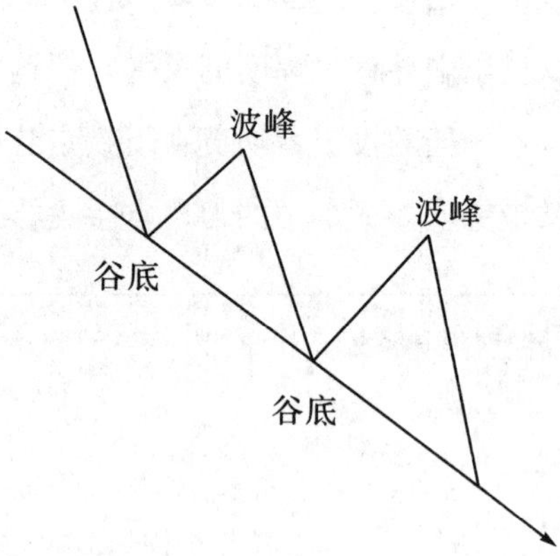

图1—4　下跌趋势

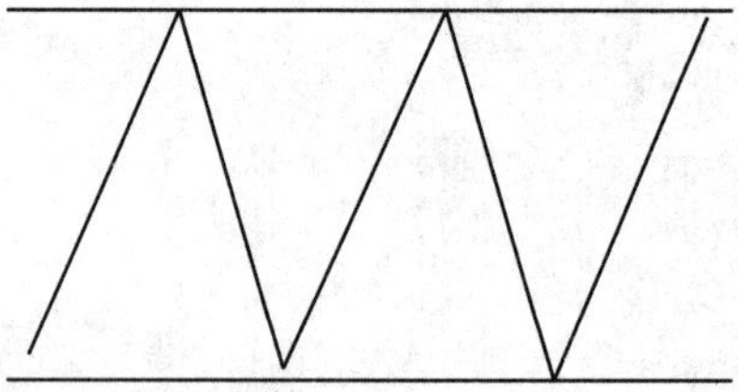
图1—5　水平趋势

每一浪上涨的顶点，称其为波峰；每一浪下跌的低点，称其为谷底。连续抬高的波峰与谷底构成了一个完整的上涨趋势，如图1—3所示；连续降低的波峰与谷底则构成一个完整的下跌趋势，如图1—4所示；当市场在某一个小区间波动，峰顶和谷底无明显的规律时，说明此时市场处于水平趋势，如图 1－5 所示。通常意义上的波段是指上涨波段、下跌波段与水平波段的总和，而我们的操盘理念是只做上涨波段，并且这个上涨波段是属于刚形成的上升波段或者已经形成的上升波段。

图 1－3、图 1－4、图 1－5 分别展现了上涨、下跌、水平这三种趋势。但在实际交易中，股价走势极为复杂，因为价格运行轨迹并非持续、不间断的直线，这就增加了投资者判定波段的难度以及盈利的不确定性。再加上波段的时间跨度不一，市场走势就变得更加扑朔迷离。

4. 供求决定价格

无论是在商品市场还是金融交易市场，供求双方的作用及经济规律决定了市场的价格。买方也称为需求方，想以特定的价格买入特定数量的产品；相反，卖方即供给方，想以特定价格供应特定数量的产品。当买卖双方同意价格和数量并达成交易时，就确定了某一时刻的价格。

因此，价格是某一时刻供求双方互相作用的结果。而当供求某一方或双方发生变动，导致产生价格的因素发生了变化，进而价格也会发生变化。有可能是卖方急于交易，或者是买方手中有闲置的投资资金。不管实际情况如何，价格都会由此而发生改变，以此来反映供求一方或双方的变化。投资者关注价格及其变化，但是一般情况下对价格变化的原因不太关心，主要是因为引起变化的原因令人琢磨不透。

而在金融交易市场中，供求关系的变化有可能是因为长期投资者累积了大量的筹码或是出手了大量筹码，也有可能是因为短线投资者进行的疯狂抢帽子的交易行为。市场上的交易者不计其数，他们都是市场的参与者，作为供求双方，他们进行交易的理由也是不胜枚举。因此，除了研究价格这一供求双方作用的结果以外，研究供求双方的其他要素意义不大。

虽然影响价格的因素非常多，诸如经济状况、公司发展状况等，但是这些因素常常模棱两可，而且不够及时，甚至时有错位之嫌，但是价格数据却是信手拈来，明确具体。

## 二、波段与短线

### 1. 交易看盘时间

每天的行情走势都处于涨涨跌跌的状态，而那些不懂得如何进行波段操作的投资者，犹如雾里看花般看不清行情发展的方向。还有诸多投资者热衷于追涨杀跌，大盘一涨就追进，大盘一跌就抛出，长久交易下来，为券商贡献了大量的印花税和佣金，若能有少量利润已是万幸，更何况股市中暗含着“一赚二平七亏”定律，大部分投资者亏损累累。

K 线图是有周期的，在股票软件上分为 1 分钟、5 分钟、15 分钟、30 分钟、60 分钟、日线、周线、月线、季线、年线等。它们所构成的基础都是一样的，都是以开盘价、收盘价、最高价、最低价构筑的 K 线形态。短线和波段操作需要观察的走势图一样，但是两者的区别在于股价波动的幅度不同，周期不同。短线交易可能一两天就要操作一次，而波段可能几周或者几个月才进行一次买卖操作。两者交易的时间差距很大，且留给投资者的思考时间差异也较大。

对于短线交易，一个交易机会转瞬即逝，市场留给短线交易者的交易和思考时间较少，一个波动就要立即进行买卖，因此对投资者的素质要求极高。而波段交易则不同，投资者有足够的时间确保走势在正确的方向上，虽然走势时常也会有回调，但是只要向上的走势还在继续，等到走势不再延续原有的方向或者是滞涨不前的时候，投资者也能有足够的时间去交易。

波段与短线交易时间的区别，同样反映在看盘的时间。短线交易更多的是需要每天盯盘，但是盯盘盯得越紧，就越做不好，因为投资者的心理很容易受盘中的走势影响。最好的办法是与市场保持一定的距离，距离会抑制恐惧和贪婪，距离也会产生利润。

一般情况下，投资者的心理活动过程可以概括为对买点、买入价格区域的研判、分析、决策，选择与计划，实施计划等。但是在市场中投资，必须要加强理性的力量，同时压制情绪的力量。理性告诉投资者还没有到波段的高点，不用卖出，但是投资者的情绪会受到盘中涨跌震荡的极大影响，甚至会质疑或者是完全颠覆对未来行情的看法，从而导致错误的操作，与原先的想法背道而驰。

2. 市场走势方向

有些人喜欢短线操作，今天买入，明天就可以卖出，只求赚取一两天的差价，如此反复操作，然后累积成全年的高盈利。对于这些人而言，股票业绩的好坏无关紧要，甚至股票是否为防御性品种也并不关心，他们所看重的是买入的股票必须在短期内出现符合预期的波动，即实现短期内低买高卖的目标。他们过高地估计了自己的操作能力，希望靠短期连续的小幅赢利，累积成全年的高盈利预期。除了极个别的高手之外，这纯属是纸上谈兵。真正经得起时间考验的，都是一批把握特定的买卖规则并且能够身体力行的投资者。

不少投资者常常把波段操作和短线操作混为一谈，认为波段就是短线，短线就是波段，这是一种错误的看法。波段与短线其实是两个完全不同的交易概念。最简单的区别就是波段操作级别大于短线，波段里面包含着短线。而且，短线交易给投资者的思考时间较少，而波段交易则有较多的时间去思考股价运行的趋势和方向。

波段其实是做趋势行情，行情上涨的时候在突破点买入，在卖点出现之前一直耐心等待。尽管小级别走势可能和大的趋势方向相反，但是总的来说，偶尔的反向波动并不能改变走势的整体方向。但是短线却是截然相反，短线交易更容易受资金的操纵，同时非系统性风险带来的损失也会更大。

3. 操作策略

从技术角度来分析，短线和波段的交易方法和操作策略是不同的。短线操作依据盘感，需要有足够多的实战经验。但是短线需要频繁交易，而频繁交易是股市亏损的一大重要原因，它会导致交易成本过高，长期来看盈亏比有限。同时短线交易者思想负担大，频繁交易导致错误率高，止损和踏空也是盈利没有保障的根本原因。同短线交易相反，波段交易的交易次数少，佣金少，成本低，失误机会少，并且在交易过程中思想负担小。

投资者在进行买卖操作时，最短的操作级别也应该是波段操作，当股市处于上升趋势时，持有股票；当股市阶段性调整时，减持股票或者空仓。这种操作策略，比较适合追随机构投资者的步伐，并且应该跟随机构投资者选择投资品种。当然，最高的境界是波段中带短线，这就需要极高的技巧，那是技术成熟后的事了。

## 三、波段操作要点

1. 把握节奏，逢低介入

当大盘或个股处于反复筑底过程中，市场维稳呼声渐高，大盘走强已不是空想，这个时候，逢低介入应该是一个不错的选择。投资者在判断强势市场启动的时候，应该密切关注成交量的变化，只有成交量有效放大，才能说明是多头市场。

2. 适可而止，逢高卖出

所谓波段，就是某只股票在一段时间内的高价与低价差。无论牛市或熊市，市场都会有这样的机会，而这种机会总是留给那些反应敏捷、判断正确的投资者，以及善于把握好波段的人。在大盘尚未连续放出上攻的成交量时，逢顶背离卖出是较理性的抉择。股票不可能永远上涨，当其到达阶段性顶部时，投资者应该果断离场。

3. 观测趋势，控制仓位

波段操作的特点是需要观察市场趋势来进行仓位管理。在趋势还未反转之前，只能打“游击战”；在平衡市的操作资金可控制在30%左右；在市场反复走强时可增加至50%以上；如果股价走势坚定地突破了重要的阻力位，则可继续追加仓位。

4. 上升趋势，坚定持股

市场的主趋势是上升时，波段操作的主基调是持股观望。投资者应该在股价上升趋势中坚决持有买进的股票，避免频繁操作。股价在上升过程中，不是一蹴而就的，投资者不要因为短线的波动而动摇持股的信心。只要市场走势强势不改，坚定持股为上策。上升过程关注股价和成交量的同时，还要注意股价的分时情况，因为那是主力资金运行的轨迹。

5. 知己知彼，灵活操作

在最开始学习的时候，需要知道自己的优点、缺点，根据自己的性格去选择交易策略，明白在交易的过程中怎么发挥自己的优点、弥补自己的缺点，从而实现稳定的盈利。在波段交易过程中，根据自己的特点及市场的趋势把握好操作的节奏，这是在市场中获利的关键。

以上这几点，说起来容易做起来难。投资者在心态上主要注意以下几点：第一，思想上不能主观，对市场不要有任何的幻想。一旦市场走弱，成交量跟不上，热点散失，前期热门股的调整对于市场形成了压力，则需坚决出局；第二，敢于面对失败。一旦错了或者市场趋势方向变了，就应坚决出局。不要因为自己的股票亏损而不愿卖出，不要幻想股价会反弹到何种价位，更不要用增加仓位、摊低成本的方法。

从研究到真正的盈利需要很长时间，但是看这本书的人已经踏上了学习的旅程。真正交易的时候，会遇到很多实际的问题，例如在什么价格下单，交易量多少，趋势走坏了如何应对，趋势走好了能到什么价格等。很多人会在找牛股的过程中花费大量的时间，却缺少对应的交易模型实现真正盈利。本书能够给投资者一个能够实现盈利的操作策略。

## 第二节 波段的盈利性

### 一、波段的交易原则

波段操作的交易原则就是放弃下跌波段，把握刚形成上升趋势或者已经形成上升趋势的上涨波段。这种投资思路可以贯穿各种市道，不论是牛市还是熊市，或者是震荡市。参与波段操作应遵循以下三个原则。

1. 立足于中长线

在具体的操作中，投资者的思路应立足于中长线，追涨杀跌的短线思维万万不可取。历史经验证明，投资是长期的回报，选择那些有发展潜力的中长线投资品种，树立中长线的投资理念，安心持股，争取良好的投资收益。波段操作是建立在长期趋势的基础上进行的阶段性操作，跟随市场的节奏，倾听市场的声音，抛除人性的贪婪和恐惧，没有人能够阻拦你盈利的步伐。

中长线投资者在交易时可以参照周 K 线图来安排自己的交易计划。在上一轮牛市行情启动之前，是长达几年的阴跌走势，这时候存在只能是小级别的行情，而且从下图可以明显观察到，走势一直处于压力线的压制之下。而当指数放量拉升突破压力位，并且站稳压力位时，投资者就应该清楚，压力位此时已经转化为支撑位，一轮行情即将启动。空仓的投资者应该立足于中线投资，持币入场。

图 1—6　上证指数 2013 年 1 月 18 日至 2015 年 3 月 20 日周线图

2. 抓主流板块

在独具特色的中国股市中，往往有这样的现象：尽管指数涨幅相当，但是如果抓不住主流热点，抓不住热点板块，那么投资者的盈利仍然是很不理想的，甚至陷入“赚了指数不赚钱”的局面。热点板块指的是涨势不错的行业板块或者概念板块，热点是指市场涨势不错的个股。在大多数情况下，一轮涨幅可观的上涨行情是以板块的形式进行的，只有在个别情况下是由于个股的基本面出现了利好，不过这种情况不易把握，所以研究板块比较简单和实用。

在挣钱效应的影响下，场外资金源源不断地涌入市场，供小于求，股市开始上涨。而要持续不断地引入资金，就需要把热点板块作为媒介。因此投资者想在市场中获取收益，就要抓住市场的热点，把握市场主流，然后持续跟进，进行波段操作，从而提高收益。

每一轮的行情都有其特定的主流旋律，如下图所示，上一轮牛市的启动是从创业板开始的，得益于网络概念股的炒作，创业板从 2012 年底开始持续上涨，到 2014 年上半年上涨了 1.5 倍，乐视网上涨了超过 6 倍。经过一轮调整后，待大盘整体上涨时，乐视网再次上涨 4 倍。同年 7 月，在银行和证券股的带动下开始了一轮牛市行情，但是直到 2015 年 2 月份才走出了普涨的节奏，受益于国企改革、上海自贸区、“一带一路”等概念，行情再次稳健上涨。

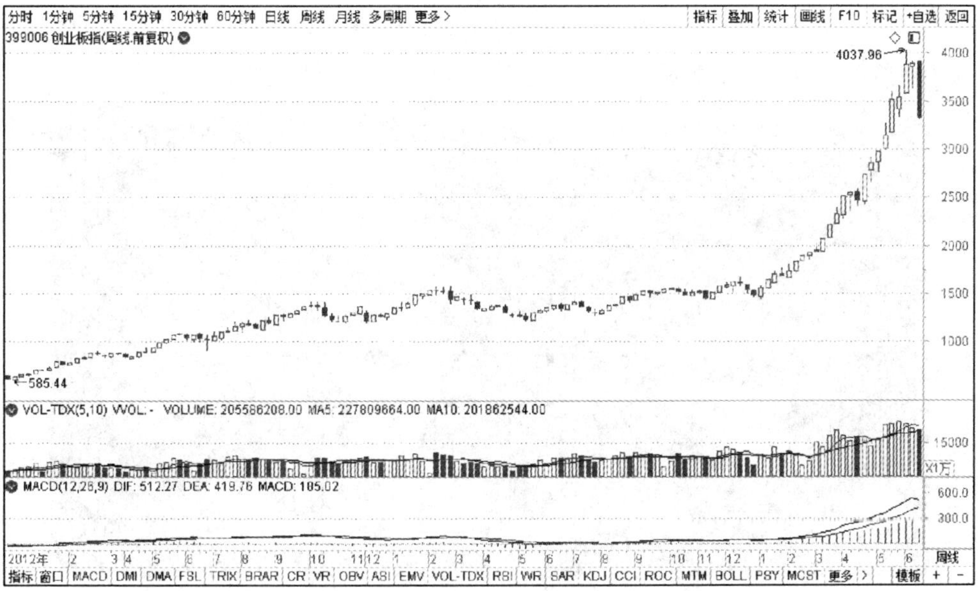


图 1—7　创业板指 2012 年 11 月 30 日至 2015 年 6 月 19 日周线图

3. 忌频繁换股

在市场中，可以看到很多造富传奇，一只个股短短几天就能上涨百分之二三十以上。于是，投资者会有一种错觉，假如自己能够把握住这种短线节奏，那么赚钱简直易如反掌。因此投资者会想方设法频繁进行交易，频繁换股，天天在市场中进进出出，总想着抓住市场中的每一个机会。

然而大家都忽视了一个现实，那就是这些涨幅颇丰的个股在市场中占据的比例并不大，可能连 1%都不到，更何况市场中还有好多坑等着投资者跳、好多雷等着投资者踩。这个世界就是这么的奇妙，越想得到的，往往越得不到；越想赚得快，就越亏得快。

要想在市场中长久生存，最好的办法就是沉住性子，耐心守候，等待机会的来临。任何市场中，挣钱的往往是少数人，一群人的博弈，永远都是少数人挣多数人的钱。牛市的末端，在大家都一致看好后市的情况下，顶部也就不远了。很多时候，需要逆势操作，逆着众人的方向去交易。

## 二、只做看得懂的波段

巴菲特说他不投资科技股是因为他看不懂。投资者们应该学会这种投资理念，因为在交易过程中，唯一获利的方式就是去选择那些自己看得懂、有把握的股票，这才是波段交易的本质和核心。

图1—8 沃伦·巴菲特

**【小故事】**

从1995年至1999年，美国股市呈现一个前所未有的大牛市，累计上涨近15%，最主要的推动力是网络和高科技股票的猛涨。巴菲特却继续坚定持有可口可乐、美国通运、吉列等传统行业公司股票，拒绝投资高科技股票，结果在1999年牛市达到最高峰时败给市场。在1999年年度大会上，股东们纷纷指责巴菲特，几乎所有的报刊媒体都说股神巴菲特的投资策略过时，但巴菲特不为所动，继续坚定持有可口可乐等传统行业的股票。

最终结果证明，股神巴菲特是正确的。2000年、2001年、2003年美国股市大跌，累计跌幅超过一半，而同期巴菲特的业绩却上涨10%以上，巴菲特以60%的优势大幅战胜市场。人们不得不佩服巴菲特的长远眼光，也不得不承认股神选股更高明。

巴菲特相信，选择那些能够长期持续保持竞争优势的优秀企业，无论是大牛市还是熊市，长期持有肯定能够取得良好投资业绩。正如巴菲特的导师格雷厄姆所说："投资并不需要天才，只需要适当的智商、良好的原则，以及最重要的一点，就是坚韧的性格。"

市场上永远不缺乏好公司，它们中有的能上涨一年或者一年以上，但是投资者能否挖掘到这种公司呢？当不具备判断股票一年的走势都是上涨的能力时，投资者必须退而求其次，去选择那些看得懂走势的，比如未来上涨一个月。市场上很多高手，都不是短线交易，都是持有一段时间的波段式交易。波段的持仓时间在1个月或者3～5个月，是比较适合中国A股市场的。

几乎所有的交易系统都建立在这样一个前提下：逆势而入，顺势而为。确定趋势从概念上看很容易理解，但是实际应用却非常困难，多半是因为确定趋势和趋势反转往往是主观决定，主要取决于投资者对股票市场的经验和分析，以及个人控制情绪的能力。

投资生涯中，为什么投资者学了诸多理论、掌握了丰富的知识，却依然不能稳定赢利？为什么还是屡屡失败？一个最重要的原因就是其执行力出了问题。要么是分析的方法有问题，要么是未遵守操作规则，要么是对外部环境缺乏了解不能及时变通等。执行力是贯彻实施决策计划，及时有效地解决问题的能力。执行力是一种纪律，也是策略的根本。很多优秀的人都拥有聪明的大脑和过人的智慧，然而能够成功的只是极少数懂得执行的人。所以仅仅拥有伟大的思想战略和伟大的计划是不够的，只有把战略和计划贯彻到底才能获得成功，这就是执行力。没有执行力，就没有成功，所有的一切都是空谈和妄想。

## 三、波段的稳定性

### 1. 没有期限的资金

任何投资必然存在投资风险，投资风险意味着未来收益的不确定性，将来可能会有本金的损失。因此所有的投资都应是自己的闲钱，对靠投资来过日子不要抱有太多的幻想。市场本身就具有波动性，股价的波动幅度会比较大，投资者很容易陷入盈亏的纠结中，涨了一点就想着套现，亏了一点就想等着反弹涨回来。投资者内心的煎熬往往会让人产生错误的想法，以至于往反方向操作。

如果投资者投入的是自己的闲钱，没有使用时间和盈利比例的压力，操作起来会相对轻松。心态一放松，思路也会更加清晰明朗，而这一切都有助于操作的成功。因此，有一笔相对自由、没有时间期限的资金对投资大有裨益。

2. 适度的仓位

当你第一次看到市场走势图的时候，是否兴奋地丈量着K线图上的高低点，并计算着如果自己满仓，一年会翻几番，赚多少钱？相信这种情形大部分投资者都深有体会吧！执着于追求利润的最大化，寻找市场的最低点和最高点，几乎可以肯定这些投资者都是股市的新手或理论家。假如一周资产能增值10%，不代表每一周都能有这样的增值速度，可能是自己当初选择的股票正好赶上了拉升，也可能是当下正赶上了一波上涨行情。

交易，归根结底是仓位管理的艺术。在什么时候持仓，持仓多少；在什么时候清仓，清仓多少；在什么时候满仓；在什么时候持币，这些都是投资者在交易过程中真正需要思考的内容。市场上，不同的持仓时间决定了不同的交易方式，包括短线操作、中线操作和长线操作。持有长线的人，一般对市场认知充分，对公司基本面有长久的研究，对公司未来盈利走势有准确的预估。

波段操作的核心在于对仓位的成功驾驭，能够做到顶部轻仓、底部重仓。在平时要养成控制仓位的习惯，尽量不要采取满仓这种极端的持仓方式。当大盘和个股处于不同的点位时，应该能够调整仓位比例，尽量做到股价越涨仓位越轻，股价越跌仓位越重。更重要的是，要明确控制仓位的要义，务必做到大盘和个股在长期横盘过后可能出现的下跌中控制仓位，以便在下跌后低吸和增加仓位。

3. 操作理念

交易本质上很简单，就是四个字：高抛低吸。越是简单的内容，附上走势的多变性，操作起来困难重重。但是万变不离其宗，只要抓住最本质的东西，在股市盈利也是大概率事件。高抛低吸，其实就是抓住上涨趋势，跟随趋势操作。交易其中的上涨波段，涨时持仓，跌时持币，耐心等待机会的来临。

投资者的性格决定了个人的操作理念，有些人性格比较稳重，有些人性格比较急躁，希望投资者都能专业、专注、专一，只操作看得懂的上升过程中的上涨波段！大盘走势好的时候，靠本事盈利；大盘行情不利的时候，靠本事休息。把握趋势，顺应趋势。

操作理念不是一朝一夕就能形成的，还需要定期检讨反思自己。股市投资者就像运动员一样，有时在状态，有时却又不在状态。因此，应该经常有意识地反省、检讨自己的交易行为："目前我是在做明智的投资或投机，还是在赌博？""我是在顺势而为，还是在逆势而动?”“我是否太接近市场上大多数人的行为?”“这笔交易的动机是做短线，还是中长线?”如此，就可以对相关交易守则的印象更加深刻，并及时发现和纠正错误的念头。交易心理的好坏对能否完成一笔交易甚至对整个交易人生，起着至关重要的作用。

## 第三节 选择波段

### 一、波段的优势

成功的投资者之所以成功，是因为他们手握股市屠龙宝刀，将自己立于不败之地。何为股市屠龙宝刀？即投资者有正确的操作理念，形成自己的操作系统，能够认识到市场是由无数个波段构成的，懂得如何把握波段操作，捕捉波段的拐点和突破点，找准买卖点，就可以纵横牛熊而游刃有余了。

一般情况下，大势处于上升趋势时，应进行中线持股操作；大势处于下跌趋势时，应基本空仓；大势处于横盘震荡时，应进行波段操作。因此，波段操作至少有三点好处。

1. 熊市中规避大幅下跌

国内市场没有做空机制，因此只有跟随上涨走势才能获取盈利。波段操作只选取主要趋势向上，并且正处于上升通道的股票进行操作，绝不理会主要趋势明显处于下降通道的股票。在下降趋势中，投资者最好是空仓观望，抢反弹无异于“虎口拔牙”，相当危险。

如下图所示，美利云在26元左右经过9个月的长期下跌至11元，跌幅达到了57%。下跌过程中，每一次放量K线都带有长长的上影线，同时MACD指标一直位于零轴之下，连一波像样的小级别反弹都没有。如果投资者进行的不是波段操作，而是选择在这段时间持股，幻想着有朝一日股价能够反弹一飞冲天，那么等待投资者的就是漫漫无期的下跌。相反，如果投资者运用波段交易策略，放弃下跌波段，那么既可以节省9个月的时间去操作其他股票，又可以避免这波下跌所带来的亏损。一举两得，何乐而不为?

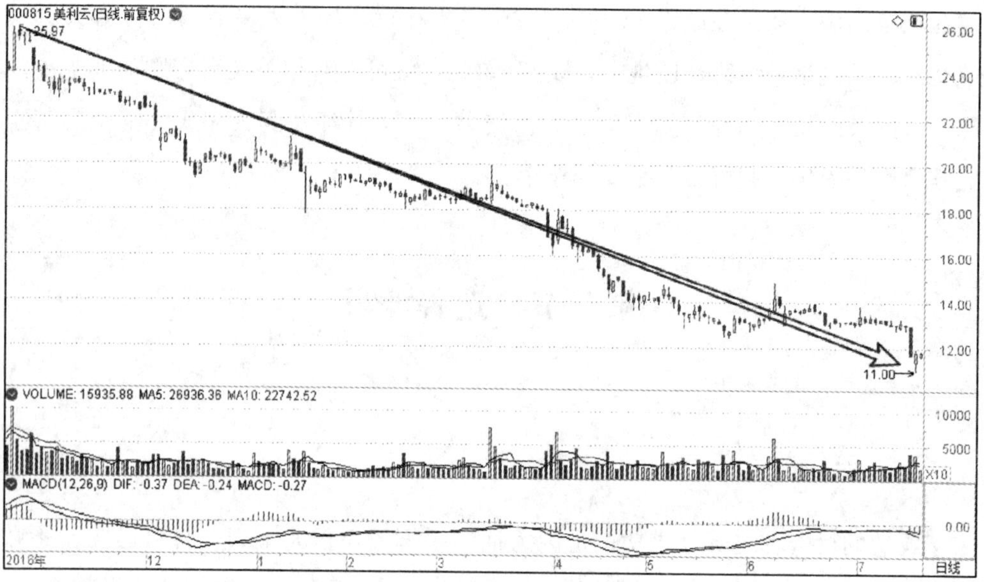


图 1—9　美利云（000815）2016 年 10 月 24 日至 2017 年 7 月 19 日日线图

### 2. 牛市中规避大级别调整

股票市场中，再凌厉的升势也不可能一口气冲上顶，中间必然会有一个调整的过程，调整之后再展开新一轮的涨势。投资者可以利用股票的调整来做短差，若能把握得好，利润也是相当可观的。

但是在规避股票上涨趋势中的大级别调整时，千万要记住得些好处就收手，不要贪得无厌，放弃了真正的上涨波段。而且在上涨过程中出现的调整，只要大市的基本要素没有变，都意味着大方向的未改变，因此调整是暂时的。往后回缩的拳头，是为了能够更有力地向前打出去。

如下图所示，在长达两年的持续上涨过程中，华东医药走出了 15 倍的涨幅。在大级别的上涨过程中，其间也会有长达几个月的回调过程。回调是上涨所必需的，给予获利盘退出的机会，筹码的互换，有助于抬升持仓成本，为接下来的拉升扫清障碍。波段交易者技术高的应该能够识别这种大级别调整，趁机进行波段操作，降低自己的持仓成本。

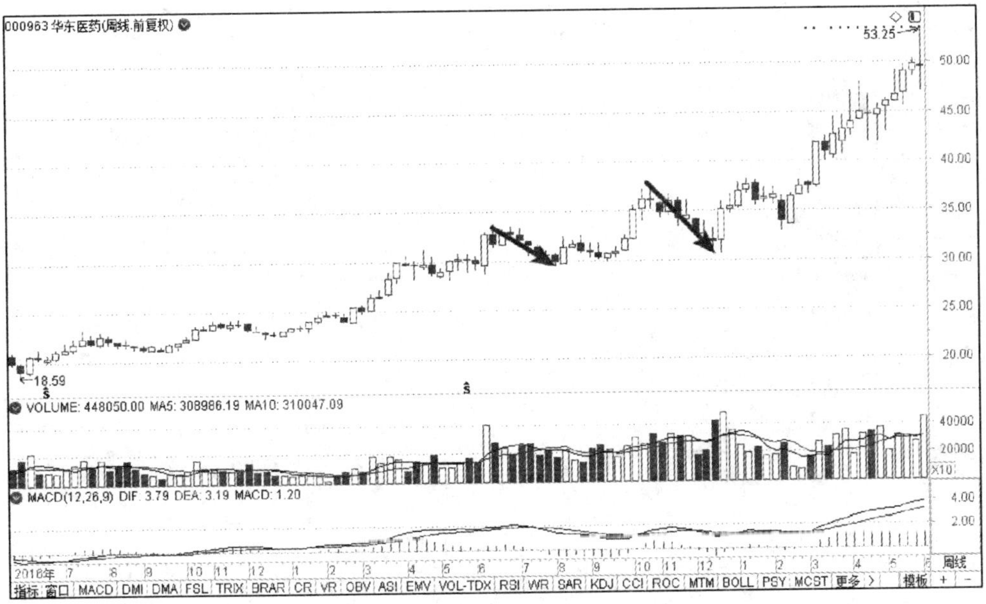


图 1—10　华东医药（000963）2016 年 5 月 20 日至 2018 年 6 月 1 日周线图

3. 震荡市中降低操作级别，提高资金使用率

所谓的震荡市，是指市场在一段时期内多空力量平衡胶着，股价涨涨跌跌，多空双方谁也占不到便宜，导致股价在一个区域内上下震荡。震荡市往往是市场经过一波上涨或下跌之后出现的一种盘整形态。

如果在震荡市中不采取波段操作，会有怎样的结果呢？假如你有幸在股价低位买入，随着股价上涨，账面上确实有了盈利，但是若不在高位抛出，一旦股价回调，会把原本好不容易赚来的利润回吐，甚至会由盈利变为亏损，同时也浪费了大把的时间。人生如股市，盈利的机会多多，但是时间却有限，投入了时间却没有收获，实在令人惋惜。要想从亏损变为盈利，又得需要等待较长一段时间。

震荡市的操作心态是求稳，保持合理的仓位，减少盲目操作。有经验的投资者完全可以降低操作级别，因为市场在大级别是以盘整震荡形态展示，但在小级别却是以趋势运行。因此，可以采取波段操作，对资金进行重复利用，降低成本，扩大收益。

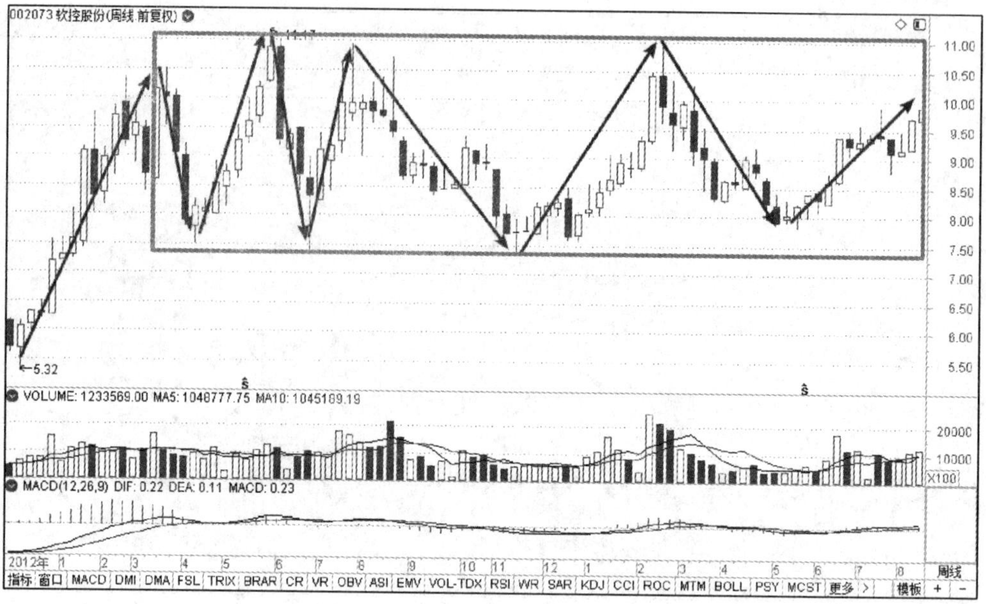


图 1—11　软控股份（002073）2012 年 11 月 30 日至 2014 年 8 月 15 日周线图

如上图所示，软控股份在两年内，价格在 7～11 元之间维持震荡格局。如果采用波段操作，降低操作级别，便可以获得丰厚的利润。如果任其自然涨跌，持股不动，无所作为，那么投资者也只能“上上下下坐电梯”，到头来“竹篮打水一场空”。

## 二、波段的分类

虽说两点之间直线最短，但是市场从低点到高点或者从高点到低点，绝不会是直线上涨或直线下跌，而会像盘山公路一样，弯弯折折。而我们所要做的就是在股价阶段性低点买入，在阶段性高点卖出，通常来说就是在上涨波段操作。在运用波段操作方法之前，要明确自己选择的是上涨波段，上涨的位置分为以下三种情况。

### 1. 下跌过程中的上涨

通常指下跌过程中的反弹，特征是持续时间很短，上涨空间较小。因此，对于这种上涨时间、空间都有限的波段，还是以尽量少碰为主。

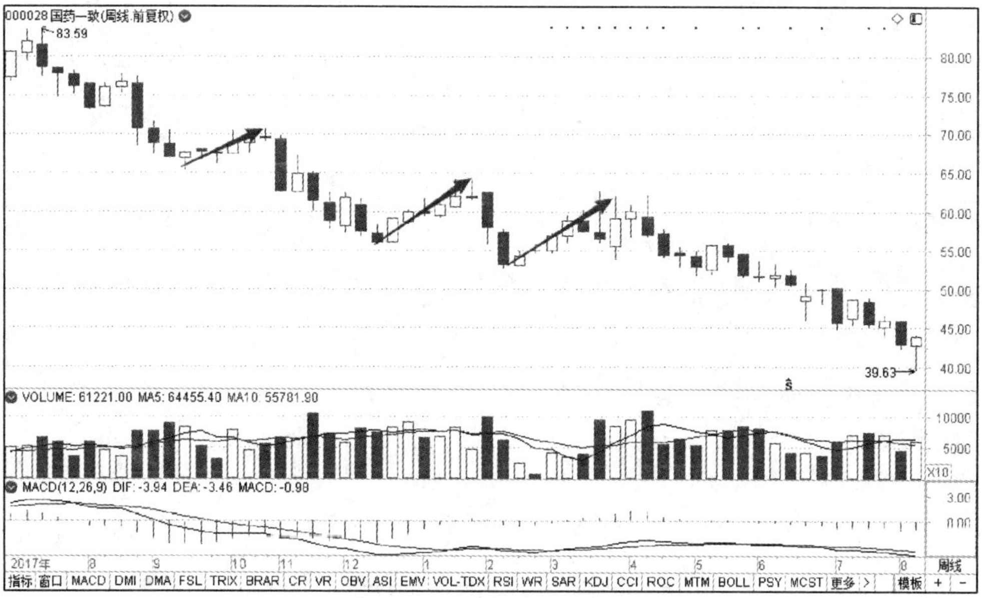


图 1—12　国药一致（000028）2017 年 6 月 30 日至 2018 年 8 月 10 日周线图

上图显示了一个下跌趋势过程中反弹上涨的情况，在这个过程中股民很容易被套进去。一旦大周期级别的下跌趋势形成，往往需要很长时间才能缓过神来。要学会放弃下跌过程中的上涨，才能走出这个迷局，得到上升过程中的上涨。

下跌过程中的上涨，是不能碰的，它是套住你的圈套，是带刺的玫瑰，但也是给你脱逃的机会。因为下跌过程中的上涨，时间短，即使能突破下跌趋势，也无法确定突破趋势能维持多久。既然风险这么大，投资者就该舍弃下跌过程中的上涨。只有明明白白赚钱，才能明明白白规避风险。

2. 上升过程中的上涨

上升过程中的上涨有持续的时间和足够的上涨空间，进入主升浪时要减少操作，因为很多个股会在这个时期像疯牛一样向上狂奔。如果这个时候频繁换股，很可能会错过后面大好的上涨波段。上涨趋势中，因为主升浪阶段回调的时间和空间都很少，投资者应该“看长做短”，通过波段操作扩大收益。

波段操作一定要“顺势而为”，千万不能“逆势而行”！要学会放弃其他的上涨位置，专注于上升过程中的上涨，选择一个焦点就足够了，这样才能有持续的盈利。

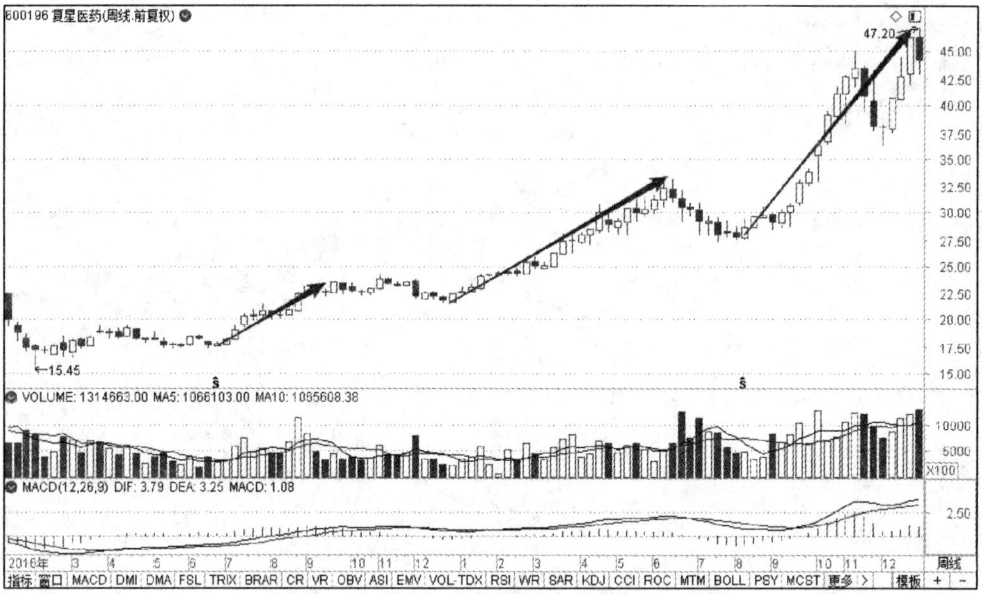


图 1—13　复星医药（600196）2016 年 1 月 8 日至 2017 年 12 月 29 日周线图

上图显示的是一个标准的突破底部形态之后的上涨。股价突破底部盘整区域，上涨一段之后，开始横盘震荡，再接着一段上涨波段，再次回调，回调到位后再上涨，最后量价背离到达顶部区域。投资者要做的就是这种上涨趋势的上涨波段。经过系统的学习，大家才能不再雾里看花，真正看懂股市，做到真正赢利！

3. 震荡过程中的上涨

在技术图形上，震荡市表现为一种箱体震荡，股价在箱体内部上下运动，寻找突破方向。但由于市场中多空双方意见不一，力量相当，导致股价持续时间和空间受压，风险非常大，很难走出爆发式行情。

不管是牛市还是熊市，震荡的级别越大，高低价之间差价越大，周线级别的震荡价差肯定远远大于 30 分钟级别震荡的价差。而且在牛市中的震荡幅度通常是熊市震荡幅度的两倍以上。

股市的震荡在所难免，但是投资者可以利用这一特性，为自己获利。要做到以下几点：一是尽量规避由震荡转为下跌的走势，这是首要任务；二是规避震荡市中的下跌；三是利用震荡带来的机会，运用本书中所讲的技巧，在波段低点买入，在波段高点卖出，抓住震荡市中的上涨波段，享受“高抛低吸”的乐趣，同时获得利润。

图 1—14　健康元（600380）2017 年 12 月 19 日至 2018 年 5 月 8 日日线图

震荡市是一个能够让高手充分降低成本的区域，一个让高手狂欢的位置。如上图所示，健康元股价在 10.5 元至 13 元之间横盘震荡。投资者应该增强自身波段操作的能力，充分享受波段带来的魅力。

当投资者学会用波段的眼光观察审视市场，就会明白，无论是上涨趋势还是下跌趋势，都是由若干个涨涨跌跌的波段构成。用波段的眼光看待市场，就能练就“火眼金睛”，把握盈利关键点。

## 小　结

多年以来，投资人的盈亏状况很大程度上取决于自己的操作方法，好的操作方法必须建立在正确的分析基础之上。波段操作成为目前投资人首选的操作方法。抓住上升趋势的上升波段，即在相对低点买进，在相对高点卖出。为了达到这样的操作水准，不仅需要投资人多年的操作经验，更需要用心去体会。

通过本书的学习，读者将懂得如何通过量价关系、行情级别和资金，判断未来会产生一个什么级别的波段。“价量时空”是判断未来行情趋势的核心。“形筹心性”是交易的“魂”。所谓价量定性质，时空定级别，形筹定心性。只要持续不断地学习波段交易，就能做到规避风险，获得盈利。

**【股市答疑】**

2018年6月19日，四川的高先生给我们打来咨询电话。

**高先生：**

老师您好！我在本地的一家制造公司上班，但自从开始炒股之后，便沉迷于股价的涨跌之中。只要有时间就想着去盯盘，看看股价的波动，但是随着账户的持续亏损，发现自己变得越来越麻木，但还是一有时间就看盘，想要从股价的波动之中找到市场盈利的秘诀。请问老师，我这种习惯好吗？

**股市解答：**

高先生您好！很多打来电话的投资者和您一样，都算是业余的投资者，而且都有被股价上下波动所吸引的感觉，导致全身心地投入到每天四小时的盘中交易时间之内。但往往是盯盘盯得越紧，就越做不好，因为很容易被盘中走势影响。最好的方式就是与市场保持一定的距离，距离会抑制恐惧和贪婪，距离会产生利润。

很多投资者本不是专业出身，但是股价的剧烈波动会影响投资者的心态，不能做到理性。而且很多投资者是实业工作者，在炒股的同时往往会让自己的身心脱离工作，俗话说一心不能二用，这是工作大忌，也是投资大忌。因此，这类投资者还是应以中长期投资为主，选择好标的个股后，便耐心等待卖点的出现。而不应该一头扎进分时走势中，扎进震荡的股价波动之中。

同时，建议这些投资者不要时刻去看盘，这是因为在市场中投资必须要加强理性的力量，同时压制情绪的力量。理性告诉我们还没有到波段高点，不用卖出，但是我们的情绪会受到盘中涨跌震荡的极大影响，甚至会质疑或完全颠覆对未来行情的看法，从而导致错误的操作。而且盘中的震荡容易对我们的心理产生极大的影响。交易心理的好坏对于能否完成一笔交易或者说甚至对于你的交易人生，起着至关重要的作用。

一直在强调投资的操作方式应该是一种波段式的操作方法。因为波段操作是一种省心的操作方式，它只关心波段转折点或波段暴涨点，对上涨和下跌途中的所有短线震荡都忽略不看。波段操作应该是这样的：不贪不惧。波段买卖点会不断地循环出现，仓位也相应地在满仓与空仓之间不断循环。

任何投资必然存在投资风险，投资风险意味着未来收益的不确定性，将来或会有损失，甚至包括本金的损失。股市投资就像运动员一样，有时在状态中，有时却又不在状态。因此，应该经常有意识地反省、检讨自己的行为："目前我是在做明智的投资或投机，还是在赌博?""我是在顺势而为，还是在逆时而动?""我是否太接近市场上大多数人的行为?""这笔交易的动机是做短线，抑或是中长线?"这样，就可使你对相关交易守则的印象更加深刻，并可及时发现和纠正错误的念头。

# 第二章 波段与市场规律

**凡事总是盛极而衰，重要的是认清趋势转变，要点在于找出转折点。**

**——索罗斯**

## 第一节 顺势操作

《劝学》有云：“假舆马者，非利足也，而致千里；假舟楫者，非能水也，而绝江河。君子生非异也，善假于物也。”把这段话运用到股市投资，其实质就是顺应市场，才能比其他人走得更快更远。

### 一、牛市的特征及操作策略

牛市指股市总体呈上涨趋势，价格不断走高，行情看涨，交易活跃，其特征是大涨小跌，快跌慢涨。市场呈现一片欣欣向荣的景象，新开户的人数不断增加，新资金不断涌入股市，买入者多于卖出者，求大于供。

牛市可以简单地分为三个不同时期。

牛市第一期：熊市发展到极致，市场快速下跌，市场最悲观的情况出现，大部分投资者对市场心灰意冷，即使出现好消息也无动于衷，多头均已绝望而斩仓出局。但有远见的投资者通过分析各类经济指标，预测市场情况将发生变化，开始逐步选择优质股票买入。市场成交量增大，许多股票逐渐流入理性投资者手中。市场在回升过程中偶有回落，但每一次回落的低点都比上一次高，市场交投开始活跃。

牛市第二期：市场继续维持在低位，开始横向延伸，出现了非升非跌的局面，但总的来说市场基调良好，股价尝试上方的水平。

牛市第三期：经过一段时间的低位徘徊后，多头积蓄力量，越来越多的投资者进入市场，最终形成向上突破。市场情绪高涨，充满了乐观向上的气氛。此外，公司利好的新闻也不断传出，例如盈利倍增、收购合并等。上市公司也趁机大举集资，送红股或将股票拆细，以吸引中小投资者。这一阶段末期，市场投机氛围浓烈，即使出现坏消息也会被视为投机热点进行炒作。当出现这种情况后，市场就会出现转折信号。

牛市中，投资者可以运用以下策略进行投资。

1. 持股不动

通俗一点讲就是抱着股票不动，直至获利了结，这是牛市中最保守的一种操作策略。这种方法对投资者的要求是：找准市场热点，保持坚定信念，不轻易改变主意。牛市虽然有较多的获利机会和较大的获利空间，但是也不能说一定能获利，牛市投资应重点锁定龙头股、强势股。

2. 追涨

这里的追涨不是通常意义上的“追涨杀跌”，而是识别某一板块或某一品种的“领头羊”，它常常具有某种题材或者某些概念，使得这一板块或品种未来具有较大的上升空间。在追涨个股时，投资者应当充分分析该题材的真实性与可靠性，并且还应该分析其题材的价值。

3. 换股

股市无对错，只有顺应趋势才是制胜之道。认清形势，调整思路，换股时顺势而为，做到有的放矢。要选择更有盈利机会的强势股、龙头股、黑马股，替换手中的弱势股，而且换股时要眼明手快，看准了果断下单。

## 二、熊市的特征及操作策略

熊市同样可以分为三个不同时期，了解熊市特征能更好地控制投资活动。

熊市第一期：承接牛市的第三期末尾，市场投机氛围达到顶峰，投资者绝对乐观，对后市的变化完全没有戒心。看涨的人均已进入，买方后继乏力，少数明智的投资者开始逐渐撤离。股价进一步攀升，但成交量却不能同步跟上，呈现价升量减的情况。这个时期股价下跌，许多人仍然认为这只是上涨途中的回调，其实这是大跌的开始。

熊市第二期：市场从维持在高位转入横向延伸，交易量收缩，市场逐渐尝试下方的水平。同时，市场一有风吹草动，就会触发“恐慌性抛售”，而想要买入的人反而因难以选择而退缩不前，处于观望状态。在这一过程中，市场会出现较大的回升和反弹，但也只能维持几个星期或者几个月。

熊市第三期：股价继续下跌，但跌势没有加剧的迹象。大多数股票已经跌得差不多了，再继续下跌的可能性不大，有远见的投资者开始购入业绩良好的蓝筹股和优质股，这时购入价格低廉，后市回升后便可获得丰厚回报。

熊市真的就是一片黑暗么？虽然熊市总体是向下的，但是跌中有涨，如果投资者能掌握一些投资策略，照样可以有所收益。不过前提是能够慧眼识珠，用一部分资金精选一些目标股，可以挑选的个股有如下几类。

1. 选择具有良好发展前景的个股

具有良好发展前景的公司，这类公司经营稳健，发展前景光明，为许多人看好。但在熊市中可能会随大盘大幅下跌，尤其是暴跌时，为投资者提供了一次绝佳的买入机会。当然了，选择这类个股应立足于中长线，不要指望短期内能收获利润。

2. 超跌个股

在熊市末期或者是熊市已经持续很长一段时间之后，挑选一些跌幅很深的股票，综合分析其基本面和技术指标，判断下跌空间是否有限。这些超跌个股会在大盘继续下跌过程中，提前止跌，并率先企稳反弹。而且，在股市反弹时，这些超跌个股反弹幅度也颇大。

3. 有主力介入的个股

股市中的主力机构实力强大，并非一般中小投资者可比拟。他们介入一只个股之后，持有时间较长，尤其在熊市中，除非认输割肉出局，否则就要利用一切可以利用的反弹机会，伺机拉升个股。中小投资者只要介入时机合适，成本价在主力之下或持平，那么获利的机会还是相当多。

另外，在熊市中注意低位换筹，将手中不好的股票换成将来有潜力的股票，虽然会承担一时的损失，但是一旦股市反转，潜力股便能带来丰厚的回报。熊市中最忌讳的就是抢反弹，这纯属刀口舔血。掐准反弹的低点，只有历经千锤百炼才能达到。

## 三、震荡市的特征及操作策略

震荡市是指市场在一段时间内多空力量平衡，谁也占不了上风，导致股价涨也不是，跌也不是，在一个相对区域内上下震荡波动。震荡市往往是市场经过一波上涨或者一波下跌之后出现的一种盘整震荡形态。

在震荡市中，股价如电梯般上上下下，一些投资者在这种行情中吃了不少亏。在大盘跌时恐慌出局，而等到大盘上涨之后，又满仓追进去，结果被市场的回调套牢，一次次操作下来，总是踏不准市场的节奏而割肉。在震荡市场中获取短期收益的好方法是波段操作，波段既可有效回避市场短期风险，又能够避免“上下电梯”的烦恼。

震荡市反映价格波动的随机性，其特点是没有规律。在震荡市中盈利，对投资者的技术要求更高。因为很多技术分析工具和理论在震荡市中都是无效的。因此，对于普通投资者来说，交易难度非常大。而且一旦判断错误，踩错节奏，往往是一步错，步步错，账户资金失血，进而彻底打乱投资者的计划，导致投资心态崩溃。

当然这种市场并非无法控制，既然知道震荡市短期不存在大幅上涨或大幅下跌的可能，那么，掌握一些适合震荡市的操作技巧就可以。如果投资者运用得当，在这种市场中也会游刃有余。在震荡市中，投资者要重视一个常见的投资技巧——控制仓位。仓位的控制在市场特别是震荡市中，具有非常重要的实战意义。震荡市中价格反复震荡是一种常态，只有控制好仓位才能保存住实力。

1. 学会空仓

震荡市的特征是热点难以把握，大多数股票大幅下跌，涨幅榜上个股涨幅小，而跌幅榜上个股跌幅很大，导致大多数股票很难操作，同时对投资者的技术要求很高。特别对某些投资者来说，很难每天看盘，每天追踪热点。因此，在操作过程中，当没有寻找到有明确上升趋势的个股时，要学会空仓，学会持币等待。机会永远都是留给有准备的人。

2. 仓位灵活

处于涨跌不同阶段的震荡市中，仓位务必要灵活。震荡市必然是大盘上涨趋势或下跌趋势的过渡阶段，要么是由上涨趋势经过震荡盘整转而为下跌趋势，要么是下跌趋势经过震荡盘整转而为上涨趋势。因此在操作之前，务必要分析属于哪种情况，然后操作时采取不同的策略。大盘持续下跌之后的震荡市，处于筑底阶段，要逐步加仓；而大盘持续上涨之后的震荡市，属于筑顶阶段，要逐步降低仓位乃至空仓套现离场。

3. 止损止盈

震荡市中操作要有耐心，不要奢望买入就涨，应在所持个股出现上涨，达到压力位时获利回吐，一般获利 5%以上就要准备开始减仓，越涨越卖；而当个股下跌至支撑位时，则应及时减仓，逢低买入；而一旦买入被套，也不要轻易割肉出局，应耐心等待，因为震荡市中跌幅是有限的，等待持有的个股轮涨。

在震荡市中，不管投资者采用什么方法控制仓位，关键在于执行，投资者不能凭一时冲动，随便突破自己制定的控仓标准。震荡盘整的操作策略是：减少操作频率，等待突破。此时投资者应该停止盲目操作，静观其变，等待市场最终选择突破性方向，再有的放矢地重新介入。

投资者在等待过程中也不应消极等待，而应积极寻找即将到来的市场机会，对将来的市场变化要有一个充分的准备和研判，并从中长线的角度制定相应的投资计划和方案。一只股票，不管是处于牛市、熊市，还是震荡市中，必然存在着大量的波段运动，把握好这些机会，就能稳稳地收获利润。

## 第二节　交易心法

### 一、抓住时机，果断出手

在进行交易前，投资者应该了解现在所处的大势，观察市场的走势。市场是向上、向下还是震荡，耐心等待，直到所有的因素都对自己有利时再进行交易。在操作股票的时候，最重要的是果断，不能犹豫不决。只有当机立断，把握良机，果断执行，才能收获果实。

人有时候是理性的，有时候是非理性的。尽管知道事物的对错，但总是控制不住内心的贪婪和恐惧，以至于做出各种非理性的冲动之举。在投资市场中，非理性的冲动交易就为亏损埋下了种子。为了区区几点的盈利而放弃后续的大波段上涨，不忍心截断亏损而眼睁睁看着股价滑下深渊，贪婪和恐惧总在投资者的心头盘旋，挥之不去。

为此，必须把自己训练成机器人，眼里只有买卖点，没有恐惧没有贪婪没有犹豫，一见到买入信号就果断买入，一见到卖出信号就果断卖出，没有任何侥幸心理，也不在任何时候受任何人的影响，只有这样才能摆脱人性的弱点，真正做到“知行合一”。

但在抓住时机之前，首先要明确当前市场上存在的趋势有哪些，不同的趋势如何进行不同的波段操作，不同的趋势主要特征有哪些，例如盘口特征、K线特征、形态特征、所处位置等。在股市中，不是随随便便就能成功的，投资者需要花费很多的心血。

炒股能够盈利，技术是一方面，选股又是一方面。在震荡市中选股是难点，因此有一口诀：“弃大盘抓小盘，弃蓝筹抓题材”。震荡市的特征是大盘涨跌幅有限，因此大盘股、蓝筹股很难有较好的表现，为了获得相对较好的短线收益，一般要放弃大盘股，去操作小盘股；放弃蓝筹股，去抓热点题材股，并且要结合波段操作，涨了就要舍得卖，跌了更要敢于买。

## 二、设置止损，截断亏损

投资者需要记住：市场永远是对的！不要以自己的主观想法来推测市场的走势，而应以客观的心态来观察市场目前的状态。所有的交易是建立在分析预测的基础上，根据这种分析预测进行的交易是不确定的，不确定的行为必须得有措施来控制风险，止损因此应运而生。

世界投资大师索罗斯说过：“学会止损，千万别和亏损谈恋爱。”所有的成功投资者可能都有自己不同的操作理念，但是止损却是保障他们成功的共同特征。任何时候保本都是第一位的，盈利是第二位，止损比盈利更为重要。

止损理念、止损计划必须贯穿交易始终，因为在高风险的股市中，首先是要生存，接下来才是更好地盈利。如果市场的走向跟预期相反，就说明判断是错误的，那么就应该赶快出手卖出，赶快止损才是上策。

坦然面对止损，只有这样才能正常地交易下去，并且最终获利。投资者不是万能的，不可能抓住市场的所有机会。市场机会天天有，但属于投资者的只有那么几次，投资者只需要把握自己能把握的，就已经可以获得丰厚利润了。

### 三、设置止盈，放飞利润

许多投资者知道止损，却不知道止盈，原本属于自己的利润却因为不止盈，到最后煮熟的鸭子飞了。比如投资者 10 元买了某只股票，而后它上涨到 15 元，获得 50%的利润，却因为不懂止盈，眼睁睁地看着股价从 15 元跌回 10 元甚至更低，曾经的盈利变成了南柯一梦。

止盈是指当投资者买进股票后，股价如期上涨到某一高点，将手中的股票卖出以获得利润的操作行为，而投资者设立的这个价位就称为止盈点。止盈和止损是投资必不可少的组成部分。止损是采取行动控制亏损，止盈是采取行动保护盈利。一个成熟的投资者必然是手握止损和止盈两大必杀技。

在操作过程中，止盈最重要的是要有卖出的决心，当股价开始价量背离或者开始逐渐回落时，处于盈利的投资者不能因为犹豫不决，期望股价再次拉升而贻误时机，一定要进行保护已经盈利的操作。通俗来讲，止盈其实就是保证资金市值稳定增长的基础。

## 第三节　股价涨跌背后的力量

### 一、跟随主力做波段

在股市中，主力是使用频率较高的词汇之一。投资者要想在市场中盈利，就必须了解主力的运作手法、操作技巧等。什么是主力？主力是谁？股市中的主力指的是个人或组织利用自身在资金、信息、交易技术等方面的优势，使用各种可能的操作手法有目的、有计划地对某一只股票或者是某一类股票进行操作，其终极目的是获取利润。

主力手中掌握大量的资金，对于流通盘较小的股票来讲，操作股价简直易如反掌，并且他们消息灵通，在利好消息公布之前就掌握了利好的准确内容，这样主力总是能在散户之前获取更多的利润。同时，主力对市场的了解及其对市场的心理承受能力也在散户之上，再加上他们强大的分析能力和完整的操作计划，这些因素都是散户缺乏的。因此，有主力才有波段，散户要学会跟随主力做波段。

## 二、抓热点，选龙头

有经验的投资者会发现某些品种“先板块之动而动”，被称为领涨板块。这些品种有着某些共性，比如可能属于同一行业，或者属于同一区域，这类品种保持着共涨共跌的特性，非常值得投资者关注。

热点分为短期热点、真假热点、主流热点等，持续吸引市场的目光，同时也吸引更多的资金不断进入，推动热点板块的持续上涨。热点板块内的个股涨幅一般都会大于其他个股的涨幅，并且大于同期大盘的涨幅。

投资者需要从热点板块中选择实力强劲的公司，这家公司很可能会受到市场主力的关注，其成为龙头的概率也会比其他公司大。从整个板块中选择流通股本适中的公司，盘子太大难以炒作，盘子适中方便较大规模的资金进出和控盘。

根据市场的热点，建立龙头股名单，然后等待市场的选择。板块刚刚启动时，走势最强、最先封板的那只可能就是龙头品种，如果出现在自己的名单里，那么投资者只需要从容入场操作即可。

## 三、逆势个股

这类个股走势有时完全不依照大势波动，而是走出属于自己的行情。当大盘指数回调时，它们并不下跌，反而是以横盘震荡代替回调，特别强势的个股更会逆势上升。这类个股一般是有实质性题材或以业绩作为依托，投资者根本不会因为外界的变化动摇持股的信心，主力也会在股市下跌时全力护盘，不让股价下跌，一旦大势企稳乃至转强，主力会立刻奋力上拉，而散户也会跟随主力大加追捧。

抓住这种股票其实是最轻松惬意的，当市场回档时它不回档或者小幅度回调，而当市场重新向上时，其升幅更为猛烈。但对于一部分实践经验不足的投资者来说，往往很难寻找到这类逆势个股，因此这部分投资者在市场调整过程中最好轻仓或者是空仓，等到市场重新走强之后再来操作。

## 小　结

顺应天时，适者生存。充分认识市场的趋势方向，在牛市中坚定持股，在熊市中休养生息，在震荡市中采取小周期的趋势交易。趋势交易的买卖点会自动走出来，循环出现，在买点与卖点之间坚定持股，在卖点与买点之间坚定持币，炒股其实就是持股与持币的游戏。不骄不躁，不贪不惧，良好的交易心理对投资者的交易人生起着至关重要的作用。

**【股市答疑】**

2018 年 7 月 10 日，上海的黄先生给我们打来咨询电话。

**黄先生：**

老师您好！不瞒您说，其实我是 2007 年进的股市，经历了两个牛熊的轮回。在牛市的时候赚，在熊市的时候亏。但是总体而言，盈亏相当，到头来是竹篮打水一场空，在股市里面瞎折腾了这么多年。希望老师您能给点建议，指个方向。

**股市解答：**

黄先生您好！感谢您打来电话咨询。其实这个问题不是您一个人的问题，而是股市中大部分投资者都会存在的问题。为什么大家有时挣钱有时又亏钱呢？其中的问题就在于走势波段，在于市场的趋势，更重要的在于自己的执行力。

很多投资者都在孜孜不倦地学习各种理论，但是扪心自问，为什么学了那么多理论，掌握了那么多的知识，为什么依然不能成功？为什么屡屡失败？一个最重要的问题就出在对于市场方向的认知。

当市场处于牛市中，绝大部分的投资者都是能够从股市中盈利的，但这只是一个账面利润，并未给你的财富带来实质的增长。而当股市处于熊市的时候，很大比例的投资者开始急着去抄底，怕错失廉价的筹码。在牛市时不舍得卖，在熊市时急着去买，一个是错失卖点，一个是抄在了半山腰。

市场有牛熊轮回，个股有涨跌波段。投资炒股，切记的一点即辨识市场当下所属的性质，到底是上涨还是下跌。在上涨中，我们应坚决持股不动摇，等待市场上涨力度减弱，这时候就是我们的卖出点。而在下跌中，不要急着去买，否则犹如去接一把下落的刀子，最终伤害的还是自己。

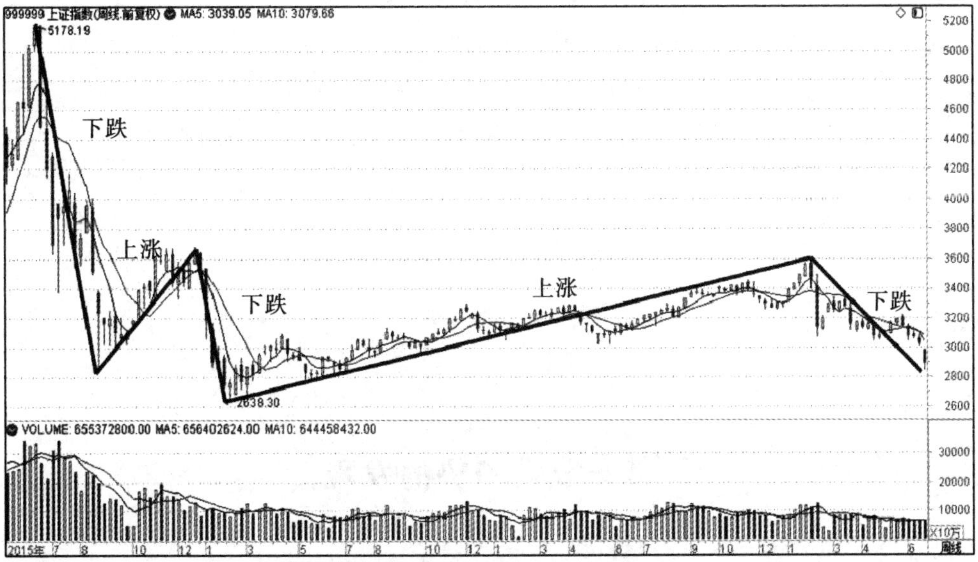


**图 2—1　上证指数（999999）2015 年 5 月 8 日至 2018 年 6 月 22 日周 K 线图**

如上图所示的上证指数的周线图，在看似毫无规律可言的 K 线图上，蕴藏着我们是否能够盈利的终极秘密。指数在上涨与下跌中轮回，那么我们就应该跟随市场，在上涨波段中坚持到底，而在下跌波段中，果断放弃每一次小的反弹机会。如此，才能从股市中盈利。

看懂了市场的走势，最重要的一点还在于你的执行力。执行力是你贯彻实施决策计划，及时有效地解决问题的能力。执行力也是一种纪律，是策略的根本。很多优秀的人都拥有聪明的脑袋和过人的智慧，然而能够成功的只是极少部分懂得执行的人。仅仅拥有伟大的思想战略和伟大的计划是不够的，只有把战略和计划贯彻到底才能获得成功，这就是执行力。没有执行力，就没有成功，所有的一切都是空谈和妄想。

# 第三章
# 趋势的形成与认知

**股票会随市场的趋势同向变化，以反映市场趋势和状况。**

**——查尔斯·亨利·道**

## 第一节　趋势的发现

### 一、发现趋势：道氏理论

1. 道氏理论

查尔斯·亨利·道（1851－1902）最早论述了道氏理论中所包含的一些经典思想，并且创设了反应股市整体走势的道琼斯指数，通过对道琼斯指数的研究，查尔斯·亨利·道发现了股市运行的特点：趋势。

道氏理论的重要价值在于，其宝贵的哲学思想为后人开启了技术分析的大门，从此，诸多的技术分析方法如雨后春笋破土出现，这些技术分析方法或多或少都参照了道氏理论。

2. 道氏理论的三大假设

道氏理论有三个极其重要的假设，这三大假设彰显了道氏理论的系统性、完备性，证明它是一种经得起推敲的理论。

假设 1：基本趋势运行方向不受人为操作的影响

道氏理论认为市场依照基本趋势运行，这种趋势如同大自然中的客观规律，不以投资者的意志为转移。在实践操作中，投资者应该去发现、研究、遵循这种客观规律，而不能期望去影响它，去改变它。短期来看，指数或者个股日内或者周内的波动可能会受到人为操作的影响，但是基本趋势也就是主要趋势是不会受到人为的影响。

假设 2：市场指数走势会包容消化一切场内外因素

在市场上，每天都会充斥着大量的新闻题材，诸如财经、政策变更、地震、战争、贸易战等层出不穷的信息，人们对这些信息不断地进行评估和判断，最后反映到市场决策中。市场是所有人共同运作的表现结果，因而平均指数反映了无数投资者的综合市场行为，指数每日的波动包容消化了一切信息，而且市场指数总会适当地预期未来事件的影响，如果市场发生相应的利好或者是利空，市场指数也会迅速加以评估。

假如没有这样的假设，技术分析就无法站稳脚跟。技术分析在实盘运用中，其实就是通过分析已经呈现出来的市场行为预测价格走向。如果已经出现的市场行为无法影响价格走势，那么，技术分析也就失去了意义。

假设 3：道氏理论是客观的分析理论

客观，是与主观相对的，不以投资者的喜好和意志为转移，道氏理论阐述的内容也是客观存在的规律，投资者应该客观地遵循它，而不是不顾当前的市场趋势进行主观判断。

3. 道氏理论的五个“定理”

定理一：股票指数与任何市场都有三种趋势

任何市场都存在三种趋势：长期趋势、中期趋势和短期趋势。长期趋势最为重要，也最容易被辨别归类，持续时间为数个月乃至数年，是投资者主要考虑的因素。中期趋势，对投资者较为重要，是投资者主要参考的因素，持续时间为数个星期至数个月，与长期趋势的方向可能相同，也可能相反。短期趋势，持续数天乃至数个星期，也是最难预测的趋势。中期趋势和短期趋势包含在长期趋势之中，只有明白它们在长期趋势中的位置，才能更好地从中赢利。

定理二：主要趋势

主要趋势代表市场整体的基本趋势，通常称为多头或空头市场，持续时间可能在一年以内，甚至长达数年之久。正确判断主要趋势的方向，是投资行为成功与否的最重要因素。虽然没有任何已知的方法可以预测主要趋势的持续期限长度与幅度大小，但可以利用历史上的价格走势，以统计方法归纳寻找。

定理三：主要的空头市场

是指各种不利的经济因素导致的长期向下的走势，市场上充满了各种悲观论调，其间夹杂着重要的反弹。唯有股票价格充分反映可能出现的最糟糕情况后，这种走势才会结束。

定理四：主要的多头市场

主要的多头市场是一种整体性的上涨走势，其中夹杂次级的折返走势，平均持续时间在两年以上。在此期间，由于经济状况好转与投机活动转盛，投资性与投机性的需求增加，因此股票价格被推高。多头市场的特征是所有主要指数都持续联袂走高，回调走势不会跌破前一个次级折返走势的低点，然后再继续上涨创新高。

定理五：次级折返走势

次级折返走势指多头市场中重要的下跌走势，或空头市场中重要的上涨走势。持续的时间通常在三个星期至数个月，在此期间内折返的幅度为前一次次级折返走势结束之后主要走势幅度的33%～66%。次级折返走势经常被误认为是主要走势的改变，因为多头市场的初期走势，显然可能仅是空头市场的次级折返走势，相反的情况则会出现在市场顶部后。

## 二、趋势的重要性

### 1. 研判市场走向

趋势是技术分析领域最核心的一个概念，“趋势为王”也是被广为信奉的投资箴言。但趋势究竟为何物？其实，趋势就是以时间和空间为载体，呈现出来的一种时空规律。投资者时刻都在关注价格的涨落，目的就是为了及早发现市场的趋势以及趋势的变化，从而根据趋势给予的信号，提供操作策略。

市场在混沌初期，趋势的发展尚未明确，会多次发生怀疑，但又多次被消除。而一旦市场的趋势被确认，人们就会产生一种预期，这种预期加强了人的惯性，惯性又将加强趋势的发展，最后引发一个自我推进的过程，从而形成市场走向。

在趋势强化初期，市场经过多次怀疑的冲击之后，趋势的发展依旧如故，必然会出现一个加速的过程。紧接着，市场开始出现扭曲，进入非理性状态，开始出现极端现象。最后，大众蜂拥而进，对市场的看法高度一致，市场也在疯狂中停滞不前，一个反向运动即将来临。此时，投资者可以利用趋势线研判市场走向，跟随趋势做交易。

2. 预判大势拐点

市场往往充斥着非理性行为，并很容易就走向极端。许多时候，市场的价格已经不能真实反映基本面，但追随市场趋势的人越多，趋势就越容易延续并强化。随着趋势推动力的衰竭，市场的惯性被打破，趋势也即将发生逆转。

一个成功的交易理念、操作体系，不仅需要正确地把握趋势并能遵循趋势，更需要能够把握每种趋势变化的可能性。及时判断反转趋势的发生，识别市场以其独特的方式提供的反转形态，是一个极具使用价值的市场技术分析手段。市场的参与者依靠技术分析赢利，难点不在于这些规则本身，而在于如何运用这些规则。

市场经过人们多年的探索，形成了各种分析方法来帮助投资者辨别图形。其中最重要的一点是股价呈现趋势化运动，因此认清趋势、合理利用趋势就能为股票赢利创造有利条件。在技术分析中，没有哪种投资分析方法是完全正确的。可惜诸多投资者盲从基本面或技术分析，将大把钱财鲁莽投资。“发财从来无捷径，也不可能有什么灵丹妙药。”因此，要不断地学习、学习、再学习。建议投资者先“纸上谈兵”，然后再花小部分的钱去实践，切忌操之过急。市场永远都在那里，有的是赚钱的机会，前提是要有赚钱的能力。

3. 跟随市场节奏

《老了》有云：“合抱之木，生于毫末；九层之台，起于累土；千里之行，始于足下。”很多投资者满怀热情与希望，兴高采烈地冲进市场，看到别人赚了自己也马上跟进，结果股价马上就开始跌；有的时候看好的股票不敢买，结果股价却噌噌噌地往上涨，最后留给投资者的是“奔驰宝马进，溜冰鞋出”的无奈窘境。

一次完整的波段操作过程涉及“买”“卖”“持股”“持币”“持股时间”等诸多方面的投资要点。其实炒股就好比跳舞，关键在于节奏的把握。节奏永远是市场的一个主旋律，不管是高手还是新手，最终考验的还是把握市场节奏的能力。

波段操作、板块轮动等都属于市场节奏的变化方式。把握节奏的目标是识别买卖点。当一只股票启动中线行情，其升势就不会轻易改变，如果按照次级别进入，就要按照次级别的规律来操作；一旦上涨趋势确认，就一定要持有到卖点出现为止。

投资者剖析市场的走势，跟随市场的节奏，就需要有庖丁解牛般的技术，游刃有余地游走于市场之中。投资者首先要先学会拥有庖丁的眼光，否则技术也将无从谈起。对市场结构了解清楚之后，操作起来才能做到真正的得心应手。

## 三、趋势的应用

### 1. 跟随市场主趋势

市场是由个股决定，由指数体现出来。判断大盘的好坏，需要看所有股票的趋势。当所有的个股都处于空头阶段，就说明现在市场还是处于下跌趋势，行情还没有发生扭转。如果只选择看指数，那么指数短期内的涨跌都会让人云里雾里。只有看完所有个股的走势，才会清楚真正的市场走势。如果大部分股票都在下跌，只有小部分股票引起的指数上涨，这样的上涨是没有持续性的，也是没有参考性的。如果板块中大部分的股票走出中长期的上涨趋势，那就说明这个板块正处于上涨趋势。

趋势永远顺着市场阻力最小的方向运行。一轮趋势一旦确立以后，倾向于继续起作用。金融交易大师一般主张交易者追随趋势，综合外部条件和内部条件，抓住自己可以抓住的机会，抓不住的机会坚决放弃。有舍才有得，大道至简。

### 2. 交易量随趋势

价格、成交量是两个非常重要的市场参数，成交量提供了一个独立于价格的变量，为投资者提供了相关信息，有助于分析一些令人困惑的市场行情。通过各交易时段成交量的变化，把握市场的供求平衡关系。

参与买卖的评价越不一致，成交量越大；而投资评价趋于一致时，成交量反而减少。在一轮牛市中，当价格上涨时交易量随之增长；而在一轮熊市中，价格跌落，当其反弹时，交易量也增长。市场主要趋势上涨，那么交易量也随之活跃，成交量应一波比一波大，在上升趋势中，成交量不断缩小是趋势即将发生改变的原因。而当市场为下降趋势时，成交量应一波比一波小，如果成交量在逐步放大，下降趋势可能会发生改变。

这一原则也适用于次要趋势中，但应用于短期趋势却不够严谨，因为仅根据几天内的交易情况分析是不够的，更不用说单一交易时间段。只有一段时间内全面相关的交易情况才有助于投资者做出有效的判断。

应对大盘量、价、时、空进行综合分析，判断股市的大趋势，并做出相应预期转折的判断，因为市场的大趋势是无法被完全操纵的，这也是普通投资者可能赚钱的途径。同样，对于拥有大量资金的机构，如果失去了大势的支持配合，一样是作茧自缚，到最后必然是一败涂地。因此对于散户来说，唯有提高自己的专业水平，把握市场整体趋势的变化，才能在市场上赚钱。

3. 仓位管理

在投资过程中，投资者需要对自己的投资具有把控能力。一旦资金超出了自己的承受能力，就会失去对投资的把控。当自有资金只有 50 万，却筹集 100 万进行股票买卖时，内心是会经历剧烈的情绪波动，没有办法承受市场任何一点非预期的走势，导致抗压能力和弹性能力过于弱小。

在把控资金方面，对仓位的管理非常重要，需要做到：第一，均衡行业配置，抓住优势个股，实时动态调整。在行业配置方面，无论什么行业，哪怕再好，也需要按照约定的投资比率进行投资。第二，紧密跟随市场主题。因为市场在不断波动，市场上不同阶段的主题也在不断地变化。抓住一个波段的投资主题，根据这个主题来选择个股，就能够抓住整个行情，跟上市场节奏。这两点说起来简单，但是操作起来往往有很大的难度。

投资者自己的心理承受能力、操作理念、操作策略也是控制仓位的参考因素。比如长线投资者，他的持股仓位里必定大部分都是价值投资股票，在股价急跌的时候可以少量地加仓，在股价快速上涨的时候可以逢高减仓，这就是典型的高抛低吸，也称之为看长做短，这是比较明智的仓位控制方法。而有的投资者做的是短线，其承受能力较强，那么仓位也可以适当高些。这些都取决于投资者自己的操作风格和承受能力。

此外，调整自己的持仓结构也是仓位管理的重要一部分。当市场开始转向或者是板块轮动的时候，可以将一些股性不活跃，或者盘子较大、缺乏题材和想象空间的个股逢高卖出，从而腾出资金去建仓有主力介入迹象，或者未来有可能演化成主流板块和领头羊的个股，对这些板块和个股逢低吸纳。

## 第二节　市场趋势行情的划分

市场按照趋势运行，意即在正常情况下，价格将沿着趋势继续运行。因此在技术分析里面，趋势的概念可谓重中之重。我们所使用的全部工具，例如移动平均线、支撑和阻挡水平、趋势线等，其目的都是帮助投资者寻找市场的趋势，从而顺应着市场趋势的方向做交易，获取盈利。

趋势最主要的用途就是帮助投资者建立大局观，把握主流方向，根据过去的走势判断未来，通过判断当下和过去的图形结构、形态走势预判未来。因此投资者必须了解趋势的演变，而要了解趋势的演变，最基本的就是对趋势的认知。

### 一、趋势分类

市场的行动轨迹如同大海中的波浪，蜿蜒曲折，有明显的波峰和波谷。也正是这些波峰和波谷依次上升、下降或者横向延伸的方向构成了市场的趋势。投资者需要清楚市场上存在的趋势、不同趋势的主要特征，以及不同趋势下不同的交易策略。

市场有且仅有三种趋势：上升趋势、下降趋势和水平趋势，市场永远都在这三种趋势里面循环。投资者需要懂得何为上升趋势，何为下降趋势，何为水平趋势。大部分投资者失败的根源，就在于错误地认识了趋势或者没有顺应趋势去操作。因此，趋势的重要性不言而喻。

1. 上升趋势

在道氏理论中，上升趋势的定义是：在股价一系列走势中，股价的高点和低点都不断抬高。上升趋势具备的条件简称为“两个低点，一个新高点”，具体阐释就是：（1）后面的底比前面的底高；（2）后面的顶比前面的顶高。

在图3－1中，市场价格不断突破前一浪的高点，创出新高；在回调的过程中，却不跌破前一浪的低点的过程即为上涨趋势。上涨趋势是由一系列上涨波段和回调波段构成，每一段的上涨都持续突破新高，底部也在不断抬高。

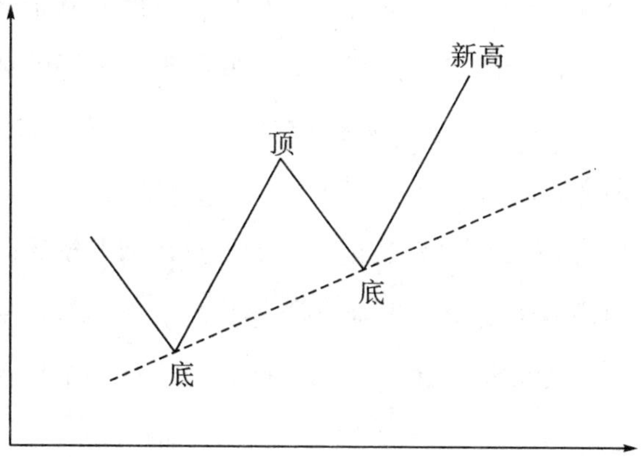


图 3—1　上升趋势

如图 3—2 所示，同花顺在日线图上显示为一段上升趋势。从走势图上可以看出，股价每次回调的低点都在不断地抬高，每次上涨构筑的顶点也在不断地创新高。低点和高点都在不断地抬高，符合上升趋势的要素。对于上升趋势，投资者能做的就是持有筹码，切忌不能被短暂的回调吓跑，而损失后面的大量利润。

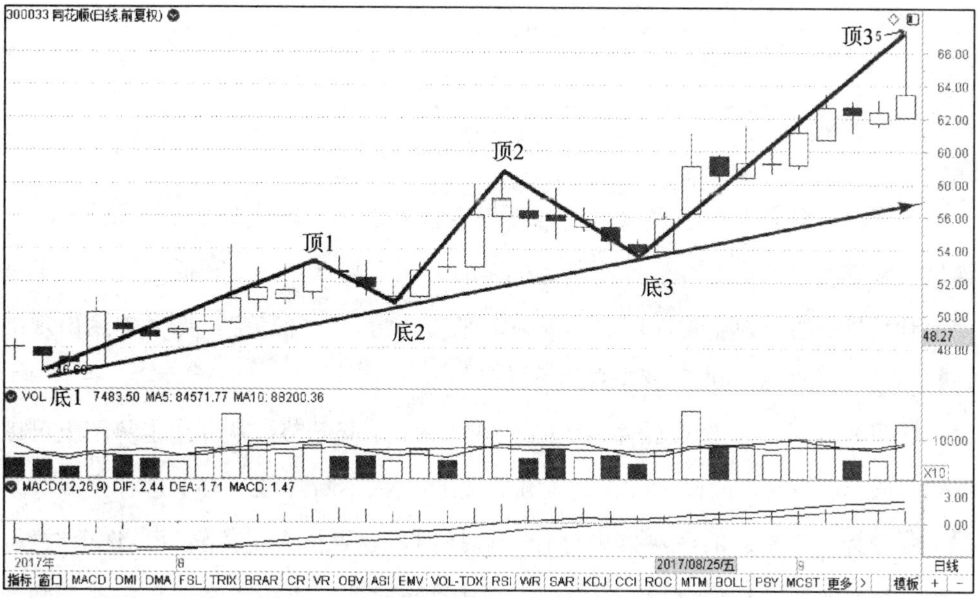


图 3—2　同花顺（300033）2017 年 7 月 24 日至 9 月 7 日日线图

2. 下降趋势

下降趋势的形态和上升趋势的形态是相反的。下降趋势的定义是：在股价一系列的运动过程中，股价的高点和低点都在不断降低。下降趋势具备的条件简称为“两个高点，一个新低点”，具体阐释就是：（1）后面的顶要比前面的顶低；（2）后面的底要比前面的底低。

在图 3—3 中，市场价格不断跌破前一浪的低点，创出新低；而在反弹过程中，却不能够突破前一浪高点的走势，即为下降趋势。下降趋势由一系列的下降走势段和反弹走势段构成，股价每一次下跌都跌破新低，每一个反弹的高点均不能达到前一个高点处。

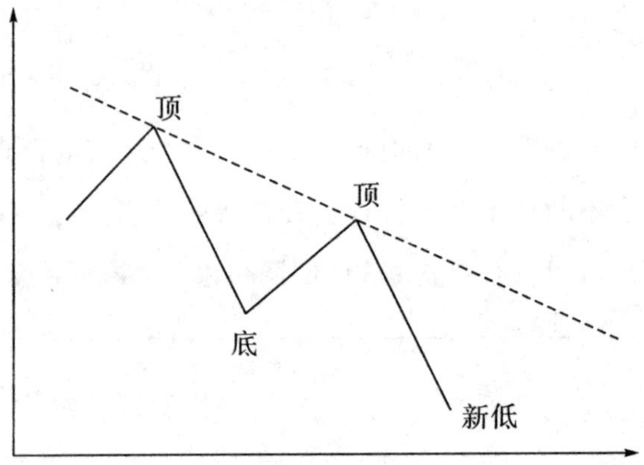


图 3—3 下降趋势

下降趋势会出现在很多情况中，投资者首先需要判断大级别的行情是什么。如果大级别的行情是上升趋势，那么中途的“两个高点，一个新低点”只是类似于上升趋势中的一种短暂回调。如果大级别的行情是下降趋势，那么中途出现的“两个高点，一个新低点”就是真的下跌走势了。

如图 3—4 所示，国产软件板块的走势是一个下降趋势，从周线走势图上可以看到，股价高点在不断降低，同时股价的低点也在不断降低。对于这种中线级别的下降趋势，技术差的就不要去操作，选择回避，等待它走势转好。这个时候，就去选择那些处于上升趋势的个股。股市中有三千多家上市公司，总能够找到一个处于上升趋势的个股。投资者应操作简单的上升趋势中的个股，远离有难度的下降趋势中的个股。

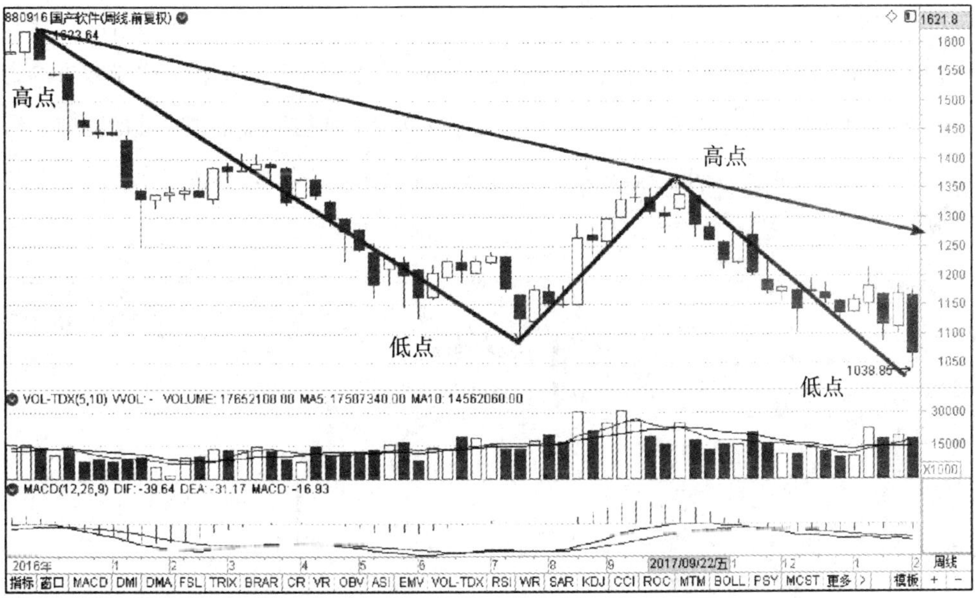


图 3—4　国产软件（880916）2016 年 11 月 18 日至 2018 年 2 月 2 日周线图

3. 水平趋势

在某一周期内，市场价格无力突破前一浪的高点，又无力跌破前一浪的低点，高点和低点呈现无规则运动，这样的过程就是水平趋势。水平趋势呈现为一系列水平延伸的波浪的顶和底，低点不比以前的低，高点不比以前的高，股价整体呈箱体走势或者是三角形走势。如下图所示。

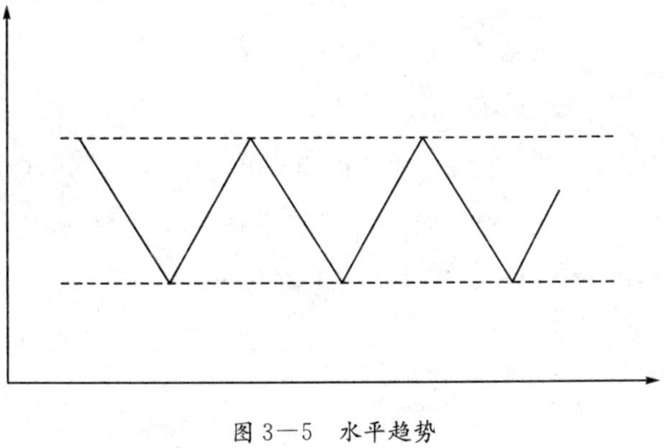

图 3—5　水平趋势

水平趋势是最重要的，因为只有水平趋势被打破，才有上升趋势和下降趋势的出现。水平趋势是其他趋势的转折段。

据保守估计，市场至少有三分之一的时间，价格是处于水平趋势的延伸状态中。这种状况表明，市场在一段时间内处于均衡状态，在水平价格区间内，供求双方的力量达到了相对的平衡，多空双方谁也不占优势，谁也不能控制接下来走势的方向。恰恰在这种横向延伸的时期，趋势投资者是最易受折磨的，因此，弄清楚水平趋势非常重要。

图 3—6　远光软件（002063）2017 年 8 月 15 日至 2017 年 12 月 19 日日线图

如图 3—6 所示，这只股票的形态就是先盘整，后出现“两个高点，一个新低点”，形成下降趋势。在横盘震荡的过程中，股价一直维持在一个特定的价格区间内，高低点参差不齐，没有构成明显的上升或下降的趋势。而当盘整过后，股价跌破水平趋势的下支撑线，并且反弹的高点在逐渐降低，同时股价创出新低，形成下降趋势。趋势一共有三种，当一种趋势完成后，便会转化为另外一种趋势。本例中，股价水平趋势完成后，便转化为下降趋势。

## 二、趋势模式

趋势不但具有三个方向，而且通常还可以划分为三种模式。这三种趋势模式分别为：长期模式、中期模式、短期模式，对应趋势的级别，这三种模式可能存在于同一时间。实际上，在市场中，从最小的分时图到 30 分钟的趋势开始，再到延续几年乃至几十年的极长期趋势，随时有无数个大大小小的趋势同时并存、共同作用。

1. 长期模式

排在首位的是长期模式，也称为主要趋势，代表了股市的整体趋势，即整个股市向上或者向下的运动，也就是投资者常说的牛市或者熊市，通常运动时间在一年以上。

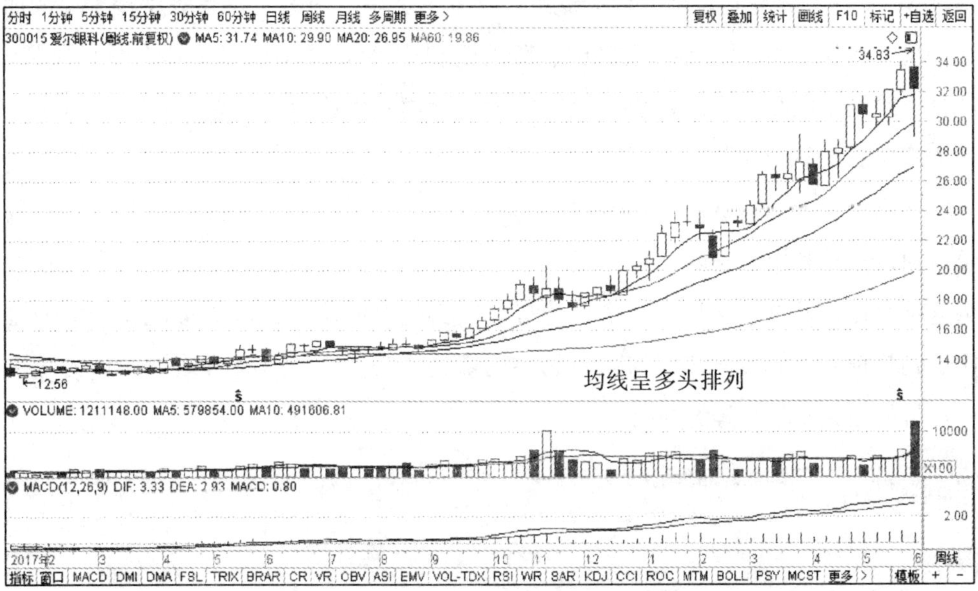


图 3—7　爱尔眼科（300015）2017 年 1 月 13 日至 2018 年 6 月 1 日周线图

长期模式是趋势的主要方向，一般持续时间较长，是投资者需要努力弄清楚的，只有了解主要趋势，才能顺势而为。如果主要趋势是上升趋势，即为“牛市”，说明市场牛气十足，非常活跃；如果主要趋势是下降趋势，即为“熊市”，说明市场萎靡不振，持续向下。

如图 3—7 所示，爱尔眼科这一波长期模式的上涨走势持续了一年半。在这段时间内，股价从 12.56 元上涨至 34.83 元，相比同时期的个股涨幅巨大。在上涨波段之前，形成比较清晰的做底过程。在上涨过程中，成交量逐渐放大，市场人气聚积，均线形成多头排列。持续的上涨，偶尔会有回调走势，这是正常情况，每一次的回调都能够站稳 10 日均线，因此 10 日均线也构成了强有力的支撑位。

2. 中期模式

排在第二位的是中期模式，也叫次要趋势，与长期趋势的方向相反。通常运动时间为 3 周乃至 3 个月。在牛市中，中期模式表现为回调下跌；在熊市中，中期模式表现为行情反弹上涨。

当市场主要趋势持续上涨一定的时间和空间后，股价往往会进行调整，这个调整的动作就是由中期模式来完成的。回调的幅度，可能是主要趋势的 1/3、1/2 或 2/3，如果回调超过了前一浪的低点，那就不是调整而是主要趋势反转了。例如在一次长达几年的主要上涨趋势中，股价走势会经历每隔几周或几个月的下跌，这种下跌属于次级的下跌趋势，也称之为中期模式，股价的下跌往往会回调上一次上涨所获收益的 33％～66％。

如果投资者能够意识到次要趋势的存在，或者说有能力预测到次级趋势，则可以通过充分利用市场的小幅度反向摆动来增加盈利。但是查尔斯·亨利·道认为这种操作很危险，这是因为主要趋势和次要趋势的反转有着类似的特征，而且次要趋势很有可能会被认定为主要趋势内部的暂时转变，也有可能被误认为是主要趋势的结束和新趋势的开始。

图 3—8 爱尔眼科（300015）2017 年 1 月 10 日至 11 月 29 日日线图

爱尔眼科在近一年的上涨过程中，必定会有回调走势，称之为中期模式。如上图 3－8 所示，股价构筑坚实底部之后，再次上涨，从 14.57 元持续上涨至 20.45 元，然后开始震荡下行，在回调 50%后，股价止跌开始反弹。回调的幅度为前段上涨幅度的 1/2 处，时间间隔为 3 周左右。对于这种幅度较大的回撤，技术高超的投资者应该把握住，以此降低成本，在保障本金安全的同时，扩大收益。

3. 短期模式

排在最后的是短期模式，也叫短暂趋势，是在中期模式中进行的调整，多数时间与主要趋势同方向，一般运动时间在一个月以内。同样，短期趋势可以回撤到次要趋势的 1/3、1/2 或 2/3 处，如果回撤过了头，那就不是回撤而是主要趋势继续发力了。一般而言，短暂趋势的转折点是中长线交易者的进场时机，因为它与主要趋势同向，预示着主要趋势又要开始掌握大局了。

短暂趋势内，时间区间短，其中的价格变化快，同时也更加难以预测。但是现今的投资者对日中交易数据和分钟走势十分着迷。从市场的每日波动中得出的结论常常具有误导性，没有太大的实际价值，除非可以形成趋势线。如若记录每日股价走势运动，所绘制的每日价格变动总会形成某种投资者容易辨别的，且具有预测意义的形态。

任何一个短期模式必然是某个中期模式的一部分；而任何一个中期模式，一定是某个长期模式的一部分。换言之，相对较小的模式一定包含在某个更大的模式之中，某个长期模式一定包含了诸多中期模式和短期模式。

因此，投资者在操作之前，务必要搞清楚自己是什么模式的追随者。因为任何一只股票，在任意时间，在不同的周期上，都有可能存在三种模式并存。投资者要明确自己做的是哪一种模式，就按照该模式做下去，不再前怕狼后怕虎了。

## 三、趋势阶段

趋势运行可以分为三个阶段：初期阶段、中期阶段、结束阶段。笔者以牛市和熊市为例来讲解这三个阶段。

1. 初期阶段

(1) 牛市的初期阶段是建仓阶段

在这一阶段，市场还处于资本寒冬状态，悲观情绪浓重，诸多投资者被当下的股市状况所迷惑，与市场脱节，投资活动停滞。但有远见的投资者知道尽管现在市场萧条，但是形势即将扭转，因此在此时买入了那些价值被低估的股票，并逐渐抬高其价格，来刺激那些勇气和运气都不够的投资者抛售手中的股票。

（2）熊市的初期阶段是出货阶段

这一阶段与牛市的结束阶段走势交织在一起，由于前期市场的巨大涨幅消耗了过多的能量，导致后期的上涨软弱无力，而且往往会呈现出明显的滞涨走势。尽管股价升势逐渐减弱，但交易量仍高居不下，投资者们仍然很活跃。

这一阶段后期，绝大多数个股都已处于明显的高估状态，交易的利润已达到了一个反常的高度，此时参与买卖的更多的是短线投机客，市场潜在的买盘处于枯竭状态之中，股价重心开始出现下移迹象。此时，较为理性的投资者开始意识到巨大风险即将来临，转而获利出局，在涨势中抛出所持股票。由于买盘的缺失，预期利润逐渐消失，行情开始疲软。

2. 中期阶段

（1）牛市中期阶段是一轮稳定的上涨

牛市中期阶段，股市状况明显好转，大市基调良好，股价力图上升，交易量也随着公司业务的景气而不断增加，同时上市公司的盈利开始受到持续关注，也正是在这一阶段，技巧娴熟的交易者往往会收获最大效益。

（2）熊市中期阶段是恐慌阶段

在这个阶段，市场处于快速下降的走势中。高价位区的滞涨无力走势，终于让那些获利盘如梦方醒，开始意识到上涨走势的终结，因而在担心利润消失的心态下选择离场，保存现有收益。

但在这个阶段，由于市场的潜在买盘已经消耗殆尽，买方少而卖方多，这就加剧了市场的恐慌情绪。卖方变得焦躁不安，价格跌势突然加速，少量的买盘入场也难以阻挡价格的下跌。随着跌势的持续，越来越多的投资者意识到熊市开始时，价格的跌势与跌幅往往已经快速扩大。在这一阶段后，市场可能存在一个相当长的回调或整理运动，然后开始第三个阶段。

虽然可以把牛市或熊市的出现看作是宏观经济周期循环的表现，但更为深刻的理解是，把这种大涨大跌的市场走势看作是对估值不合理状态的一种修正。不过往往会出现过度修正的情况，因而会出现市场涨时形成明显高估，跌时形成明显低估的状况。

3. 结束阶段

（1）牛市结束阶段是最狂热的阶段

牛市后期，众多投资者蜂拥而上，交易量惊人地增长，市场高峰出现。所有信息都令人热血沸腾，价格惊人上涨并不断创造“崭新的一页”，同时新股不断上市。在这一阶段的最后一个时期，低价格且没有实际价值的股票也卷入交易，开始了最后的疯狂，但此时越来越多的高质量股票开始高位盘整，拒绝追随。

（2）熊市结束阶段是恐慌性抛售后的探底阶段

股市有趣的地方在于市场整体的非理性情绪，这种非理性情绪表现为在上涨趋势中是大涨之后的疯狂追高情绪，在下跌趋势中则是大幅下跌之后的恐慌性杀跌情绪。

在熊市的最后阶段，价格经过了第一阶段的持续性下跌之后，很可能已经处于历史上的一个相对估值低位。由于投资者的思维往往是惯性的，是“跌时看跌”，导致一部分投资者，由于看不到底部的出现，而在深幅下跌之后还会继续采取割肉出局的方式。这时的股价对于中长线投资者来说无疑是很有吸引力的，因此那些在大恐慌阶段挺过来的投资者此时也会进场，股价也会在探底之后出现止跌企稳的走势。

## 小　结

投资者务必要明确市场上存在的趋势有哪些，不同的趋势如何进行不同的波段操作，不同趋势的主要特征是什么。不断地研究学习，只有一遍遍地复习并体会所学，它们才可能为投资者带来真正的财富。

**【股市答疑】**

2018年5月21日，北京的林先生给我们打来咨询电话。

**林先生：**

老师您好！作为一个散户投资者，应该清楚市场上存在的趋势到底有哪些？以及不同的趋势如何进行不同的波段操作？不同的趋势的主要特征是什么？还望老师一一解答我心中的疑虑。

**股市解答：**

林先生您好！很高兴您能清楚自己的疑虑，我们一一来解答。

投资者从学习研究到真正的赢利要走很久，但是看这本书的人已经开始踏上了学习的旅程。在真正交易的时候，会遇到很多实际的问题，在什么价格下单，交易量多少，趋势走坏了如何应对，趋势走好了能到什么价格。很多人会在找牛股的过程中花费大量的时间，却缺少对应的交易模型实现真正赢利。因此我们务必要早日形成自己的操作风格。

股票在下跌趋势后，股价扭转趋势，进行盘整，盘整之后会出现两种情况：一种是继续下跌，一种是上升趋势。那么是什么决定着后续的两种不同趋势？决定点在于扭转趋势时资金量的情况。如果是真金白银的扭转趋势，那么盘整之后就会有一个上升趋势。如果是阶段性反弹，那么后续股价只能继续下跌。

股市赢利之要，在于对趋势与波段的正确把握，只有操作上涨波段才能赚钱。若以波段操作为交易策略，那么在实战中，交易的基本动作就是回避下跌波段，操作上涨波段。市场是以波段的形式运行的。换句话说，波段也就是行情运行的基本形式。能够认识到市场是由无数个波段构成的，同时又懂得捕捉波段拐点的技术，那么就可以纵横牛熊而游刃有余了。

在大趋势向上的牛市中，原则上可以中线持股。但是在震荡市和熊市中，应该采取波段操作的方式，否则风险极大。

# 第四章 运用趋势

**在价格进入到一个明显的趋势之后，它将一直沿着贯穿其整个趋势的特定路线而自动运行。**

**——杰西·利弗莫尔**

## 第一节　趋势线

### 一、何为趋势线

1. 趋势线的定义

市场永远都是在循环过程中，不断地进行下跌、盘整、上涨，永远都是在这三种趋势中运行。在这个过程中，投资者需要注意两个词：顺势和逆势。大部分投资者在炒股的过程中，懂得顺势而为。顺势而为代表着顺势操作，而顺势分析具有不确定性。

但是投资者常常忽略了一个同样重要的方法，逆势分析。当一只股票先上涨后下跌时，如果顺势而为，就应该在下跌过程中空仓。但是，只有逆势分析，才能帮助投资者了解这个下跌是一个什么形式的下跌。很多人会通过当下判断未来，却没有通过当下去判断过去。逆势分析就是通过当下和过去，判断未来的走势。

市场永远都是一个圆形，就像八卦阵中的阴阳调和，阳到极致就是阴，阴到极致就是阳。相应地在股票市场，想要判断下一阶段是否会有上涨的行情，就要看下跌是否到极致了；想要判断下跌是否到极致了，就需要判断上涨是否到极致了。投资者应始终坚持：顺势而为，逆势分析。

在波段操作中，最重要的是看清趋势，因为趋势一旦形成，短期内将无法改变。如图4—1、图4—2所示，在股价运行过程中，向上运行与向下运行中会形成一条明显的上升或下降直线，称为趋势线。趋势线是最基础的，也是最简单的技术分析工具，因此大部分投资者对其并不陌生。

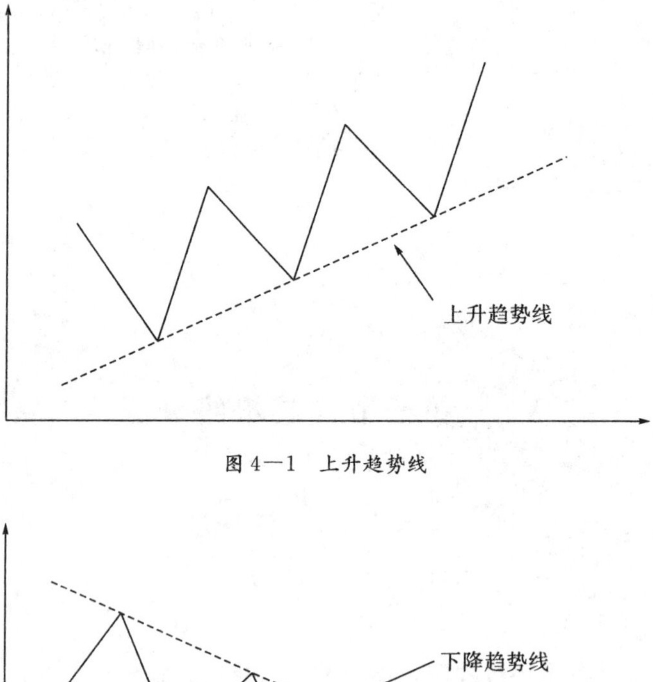


图4—1　上升趋势线

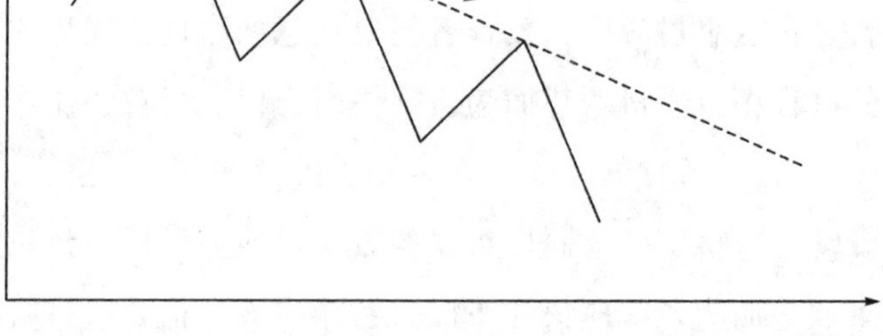


图4—2　下降趋势线

无论是个股还是大盘，都是在一个确定的趋势中运行，趋势是交易的基础。趋势线是技术分析家常用来绘制过去价格走势的线，以此预测未来价格的变化。

趋势线是以直线的方式绘制在图标上的整齐线条，连接某一段时间内股价上升或下跌的最高或最低点，用来确定当下市场的运行趋势。在走势图上，分别连接股价的低点和次低点，形成上升趋势线，使得大部分低点尽可能处于同一条直线上；连接股价的高点或次高点，形成下降趋势线，使得大部分顶点处于同一条直线上；对于横盘走势，分别将顶点和低点以直线连接，形成震荡区间。

如果价格上升到了向下倾斜的趋势线之上，或下降到了向上倾斜的趋势线之下，就可以认为，趋势可能正在反转，一个新的价格走势可能即将出现。趋势线分析是一种非常好的方法，但是，趋势线分析必须得和其他的技术分析方法结合起来，效果才可能更好。

2. 趋势线的级别

趋势本身是由大大小小不同级别的趋势组合而成，其中，高级别的趋势方向决定最终价格运动的方向。根据价格波动时间的长短，趋势线可以分为长期趋势线、中期趋势线和短期趋势线。一个长期趋势线一般由若干个中期趋势线组合而成，而一个中期趋势线由若干个短期趋势线组成。选择长期波动点作为画线依据，绘制的趋势线为长期趋势线。同理，中期趋势线的绘制选择中期波动点。而短期趋势线应选择 30 分钟或者 60 分钟 K 线图的波动点进行连线。

在使用趋势线的时候，需要特别注意，当前使用的趋势线处于哪一级别的趋势之上，从而决定此趋势线所说明的价格运行范围。

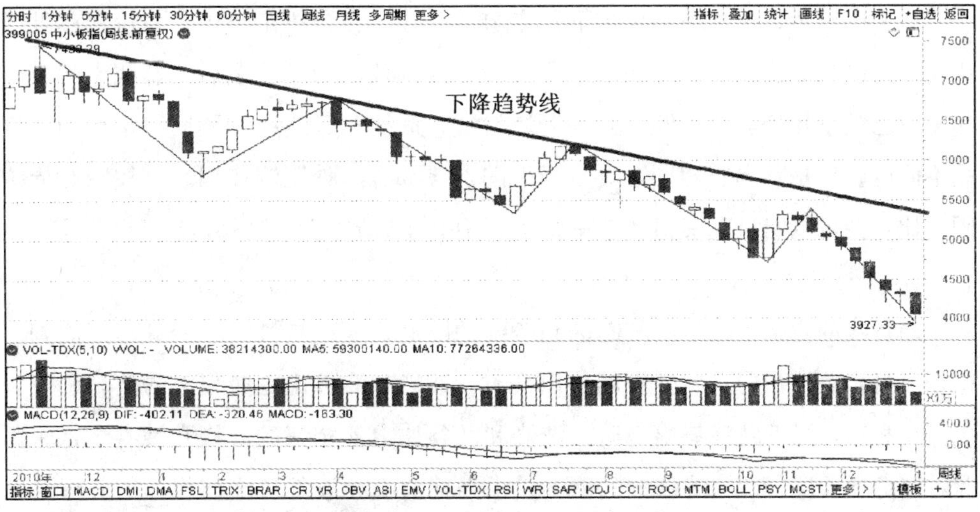


图 4—3　中小板指（399005）2010 年 10 月 29 日至 2012 年 1 月 6 日周线图

如图4—3所示，中小板指数在15个月内一直处于下降趋势之中，下跌趋势对股价有一种压制作用。周线图的趋势线所展示的下跌力度很大，短时间内股价不能有效改变趋势。股价偶尔的回调并不能突破下降趋势线，说明下降趋势还将继续延续。因此，当每次股价反弹至趋势线附近，投资者应当逢高卖出，这是下降趋势线对股价压制作用的有效运用。

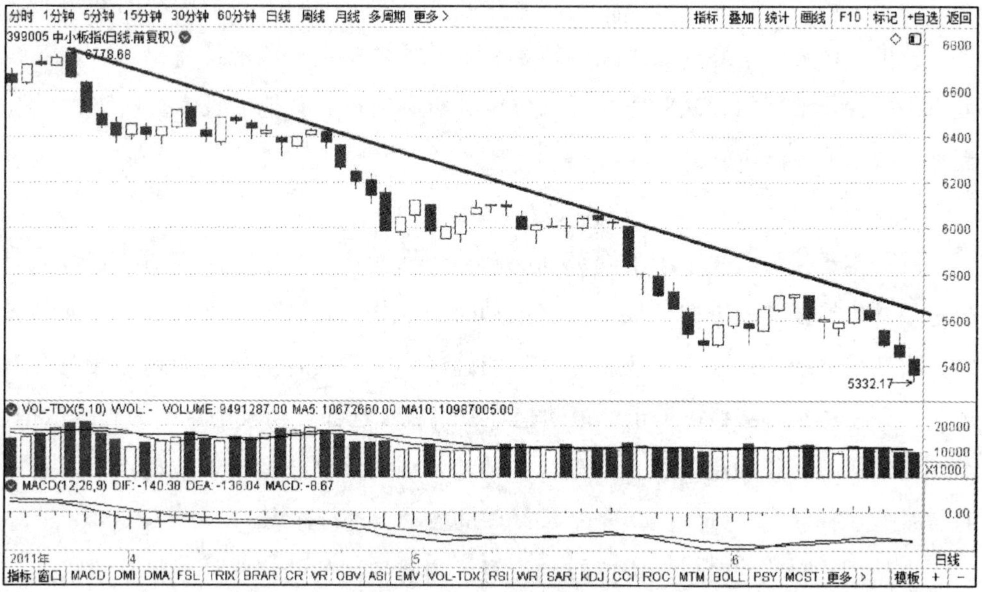


图4—4　中小板指（399005）2011年3月22日至6月20日日线图

如上图所示，这是中小板指下跌走势的一段。在该段走势中，股价依然处于周线的下降趋势线的压制之下，但是将走势级别放大为日线之后，日线走势也有属于自己的下降趋势线。同样是下降趋势线，周线和日线级别不同，呈现的力度是不同的。但是其本质相同，对于当下的走势都有一种压制作用。日线图和周线图对比，便可以明显观察到走势一直处于下降趋势线之下，这就是趋势的作用。

3. 趋势线的斜率

趋势线的斜率指的是所绘制的趋势线的陡峭程度。趋势线的陡峭程度能判断市场股价走势的强弱。当上涨趋势出现时，波峰和波谷比之前相邻的波峰和波谷更高；相反，当下跌趋势出现时，波峰和波谷比之前相邻的波峰和波谷更低。因此，趋势的角度，即趋势线的斜率，是由当前波峰和波谷与之前相邻的波峰和波谷之间的差异程度决定的。

在市场运行的过程中，趋势线的角度有很大的变化空间。上涨或者下跌趋势中角度更为陡峭，那么在以后的市场行情中，趋势线的角度极有可能会发生改变。一般情况下，趋势线的斜率为45°的时候，趋势线最有市场价值，在45°角之上称为强势市场，在45°角之下称为弱势市场。如果45°趋势线被跌破，则可能意味着上升趋势的斜率将调整回45°角上下，但不是趋势逆转。

趋势线斜率的不同往往还和不同的市场阶段相联系。在市场趋势形成之初，趋势往往是以平稳的方式运行，趋势线斜率也比较平缓，说明上升趋势线过于疲弱，上涨力量较弱，该阶段运行时间也较长。而当市场最后的疯狂来临之时，趋势会表现为狂风骤雨般的袭击，趋势线会十分陡峭，说明市场价格行进速度很快，但是运行时间将被缩短，这就是所谓的时间换空间。

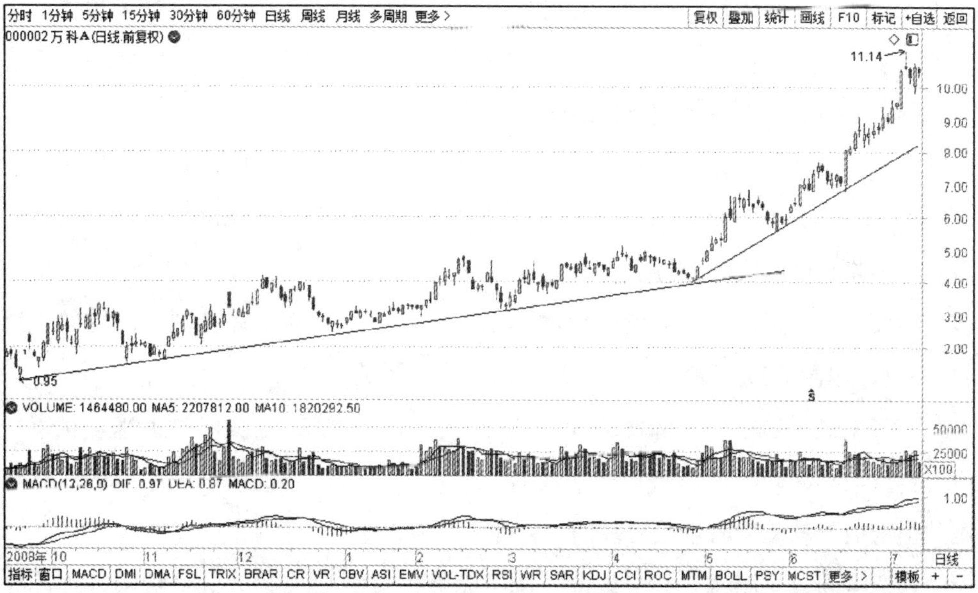


图4—5　万科A（000002）2008年9月12日至2009年7月9日日线图

如上图所示，在万科A股价上涨的过程中，当上涨走势刚刚形成的时候，走势很平稳，小阴小阳诸多，趋势线的上涨斜率较小，股价也一直稳定地运行在上升趋势线的上方，而在股价拉升过程中，上涨走势的斜率开始变得更加陡峭，说明市场前进的速度开始加大。但是上涨过于强劲也反映了走势的不可持续性，投资者在上涨斜率过大的时候就得时刻准备出货。

斜率过大的趋势线代表着强势，表明买方或者卖方的群体力量更强大。这也意味着，一个群体的力量压倒另一个群体的力量。在上涨趋势中，买方越来越亢奋，愿意以更高的价格买入；而在下跌趋势中，恐慌情绪蔓延在投资者中，卖方愿意接受越来越低的价格。投资者的贪婪和恐惧带来的必然结果就是上涨趋势和下跌趋势的斜率越来越陡峭。但往往该走势行情不能持续，延续的时间较短，很快便会转变走势方向。

## 二、趋势线的作用

### 1. 判定市场发展方向

在趋势交易中，趋势线的重要性是不言而喻的。趋势线表明当前股价向其固定方向移动时，非常有可能沿着这条线继续移动，移动时间愈久，趋势线运行越可靠。在趋势线尚未被突破时，趋势线可以用来确定股价回调或反抽的边界。无论趋势多么明确，总会出现中期趋势波动的干扰，但是只要主要趋势没有转变，股价便会一直处于趋势线的运行范围之中。

在投资市场中，投资者最容易犯的一个错误就是，在账户略有浮盈的时候急于获利，过早离场；而在出现浮亏之后置之不理，放任亏损无限增大。因此，投资者应该将自己的头寸建立在主要趋势为上涨的方向上，而趋势线对于交易周期较长的投资者来说，一个非常重要的作用就是，能够帮助投资者判定市场的长期趋势，从而避免交易者犯过早入场交易与过晚离场的错误。

一般来讲，趋势线能将投资者的注意力吸引到价格的主要趋势上来，在市场少有价格波动区间时，趋势线几乎没有实用价值。但是当价格呈现明显的、有规则的上涨或下跌趋势时，趋势线的重要性就凸显出来。

投资者通过绘制这些趋势线的轮廓，能够更加清晰地看清价格摆动的理论界限，帮助投资者提前判定下一轮反弹可能到达的目标点位。投资者可以根据某一价格形态的预测意义来决定相应的交易方向，同时结合趋势线，预测出走势运行的可能幅度。

### 2. 寻找趋势改变的信号

趋势线的另一个作用是找到趋势变化的信号。既然市场永远不会朝着一个方向运行，股价必然会在某个时刻突破趋势线，也就是说趋势线必然会被突破。趋势的周期越长，价格试探趋势线的概率就越大，而当趋势线最终被突破时，突破点就越加重要。

只要趋势出现重要的反转信号，趋势线就会被突破。上升趋势线被跌破时，就是一个出货信号；而当下跌趋势线发生突破时，说明趋势有转势的可能，不一定是买点信号，只有突破下降趋势线，再突破底部形态，才是对应级别的买点。所以有效的买点是既要突破下降趋势线，也要突破底部形态。

趋势一旦形成，一般不容易改变。而一旦趋势线被突破就意味着趋势存在反转的可能性，但投资者也不必过于恐慌。如若那些已经被证明为长期可靠的趋势线被突破了，投资者就应该打起十二分的精神，警惕趋势可能出现的反转，这是一个非常重要的信号。趋势被破坏后，投资者应该忘掉之前绘制的趋势线，重新寻找并绘制新的趋势线以便确定新的趋势走向。

趋势线的分析应当与成交量配合。当股价从下往上突破下跌趋势线的压力位时，一般都要求有较大的成交量配合，否则就可能是一个假突破。而股价从上向下跌破上升趋势线则不必与成交量配合，通常突破当天的成交量并不明显增加，不过，突破后的几天可能会有交易量明显增大的迹象。

图 4—6 长春高新（000661）2018 年 2 月 2 日至 10 月 11 日日线图

一旦趋势形成，股价将沿趋势运行。如上图所示，长春高新的股价稳定运行在上涨趋势线之后，突如其来的下跌跌破了趋势线，此时的走势已经面临选择，趋势随时可能转变。后续的走势一直运行在趋势线之下，并未有迹象表明走势将再次有效站上趋势线，那么此时投资的唯一选择只能是当走势无法有效突破趋势线时卖出，因为一旦上涨趋势变为下跌趋势之后，投资者若继续持股必然面临账户亏损。

3. 支撑和阻力

在实盘操作中，投资者还应注意，上升趋势中，上升趋势线意味着支撑线，而下跌趋势中，下跌趋势线意味着压力线，横盘震荡所形成的上下趋势线代表着压力线和支撑线。而当压力线和支撑线被突破后，支撑线和压力线便会相互转化，压力线变为新的支撑线，支撑线变为新的压力线。当股价从上向下突破一条趋势线后，原有的支撑线将变为一条压力线；而当股价从下往上突破一条压力线的时候，该压力线将变为支撑线。

在股价走势横盘震荡期间，股价的高低点不太明显，没有明显的上升或下降趋势，所绘制的趋势线呈水平延伸。连接两高点而成的趋势线便成了压力线，股价反弹至此便会受到打压；连接两低点而成的趋势线便成了支撑线，股价下跌到趋势线会受到支撑。

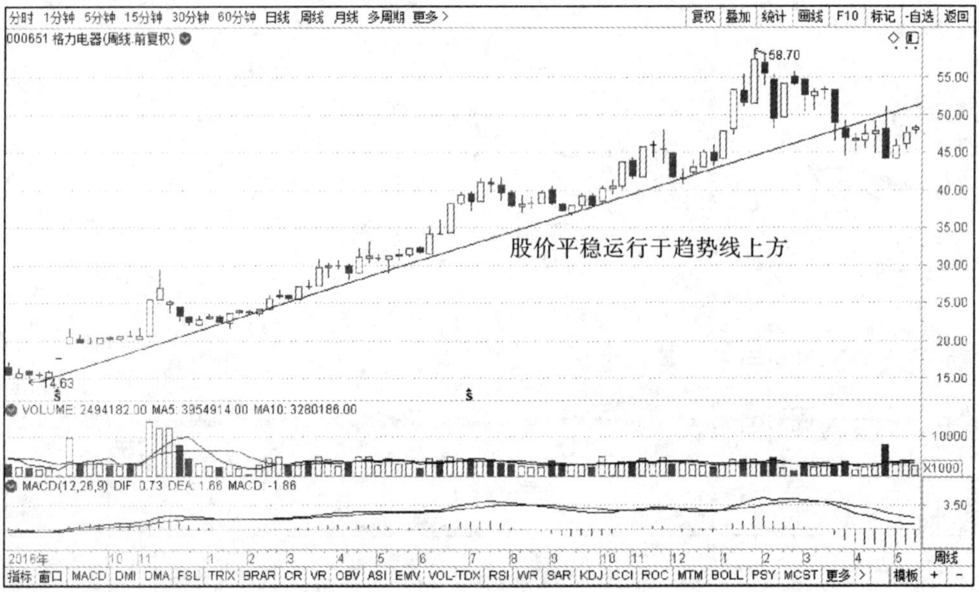


图 4—7 格力电器（000651）2016 年 1 月 15 日至 2018 年 5 月 18 日周线图

走势图所在的周期越大，所构筑的趋势线力度越强。如图4－7所示，在格力电器的周线图上，这条上涨趋势线一直平稳运行，直至走势突破了该上涨趋势线。上涨趋势运行过程中，趋势线对股价走势有支撑作用。同时说明股价只要处于上涨趋势线之上，并且未有效突破趋势线，走势将沿着趋势继续运行下去。格力电器在30个月左右的时间内，上行了3倍多，足以证明该上涨趋势线的力度之强。

## 三、趋势线的绘制

股市有句名言："只有趋势才是你真正的朋友"。趋势线表示价格波动的方向，由趋势线的方向便可以看出股价的趋势。为了更好地确定趋势的方向，就非常有必要熟练掌握趋势线的分析方法。首先是绘制趋势线，其次才是正确使用趋势线。那么，如何正确地画出趋势线呢？绘制趋势线的前提是认知趋势和形态，趋势线是以趋势为核心。在绘制趋势线的过程中，应尽量先画出不同性质的趋势线，等待股价变动一段时间后，保留经过验证且具有分析意义的趋势线。

### 1. 上涨趋势线

在股票运行的过程中，如果一个走势包含的高点和低点都相应地高于前一浪的高点和低点，也就是常说的一底比一底高，或者底部抬高，就称为上涨趋势，此时应该画出上升趋势线。

上涨趋势的特征是两低点一新高，如图4－8所示，点1和点3形成了两个连续不断抬高的低点，点2和点4形成两个连续不断抬高的高点，高点4创新高。用直线连接依次抬升的两个低点1和3，就得到一条上涨趋势线。这就是投资者画上升趋势线的标尺。

当趋势线画出来后，继续跟踪行情的发展，通过第三个点来验证趋势线的有效性。行情在上涨趋势线上方运行，它的角度一般要大于30°角往上倾斜。这条上涨趋势线作为上涨行情的支撑线，能够显示出价格上升的支撑位，而且在上涨过程中，任意时间段的价格不应跌破上涨趋势线，一旦价格在波动过程中跌破此线，表明这条上涨趋势线代表的上涨趋势已经被破坏，行情可能出现反转或者是横盘，由涨转跌或转为横盘震荡。

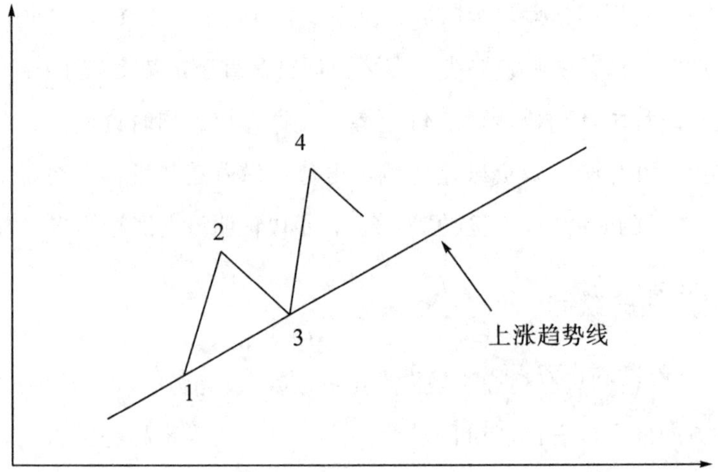


图 4—8 上涨趋势线

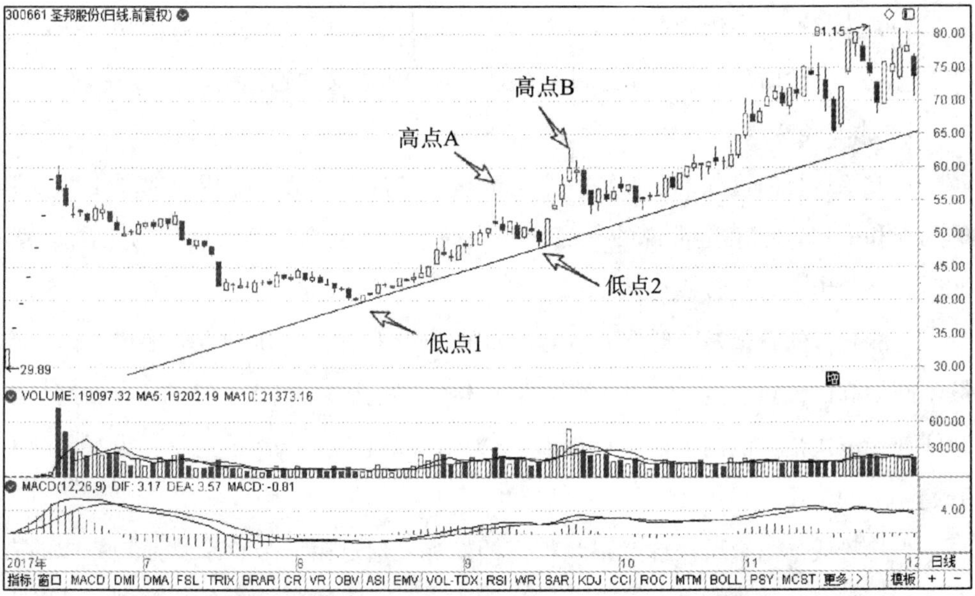


图 4—9 圣邦股份（300661）2017 年 6 月 6 日至 12 月 4 日日线图

如上图所示，圣邦股份是一只次新股，上市初期上涨至高位后回调 68%黄金分割点位，随即开始一段上升走势。低点 2 比低点 1 高，高点 B 比高点 A 高，由于两低点抬高，高点 B 创新高，因此连接低点 1 和低点 2 形成一条上升趋势线，也就产生了一条原始上升趋势线。在随后的走势中，股价未曾跌破这条上涨趋势线，如若股价完全跌破这条趋势线，则代表上涨趋势可能结束。

投资者在操作时，务必学会画趋势线。它能告诉投资者什么时候该保住本金，什么时候该锁定利润。一旦股价跌破这条趋势线，市场就是在告诉投资者要休息了。趋势线的破坏是最后的防守。当处于上升趋势的股票不断跌破趋势线，就说明这一波的上涨行情马上就要结束了。投资者应该看懂市场给予的信号。

2. 下跌趋势线

同上涨趋势相反，如果趋势包含的高点和低点低于前一浪的高点和低点，也就是常说的一顶比一顶低，或者顶部降低，趋势就是下降方向，就称为下降趋势。找到最近的一个反弹的高点和其后再向上的一个反弹的高点，连接这个高点，画一条下降趋势线。

下跌趋势的特点是两高点一新低，如下图所示，点 1 和点 3 是两个不断下降的高点，点 2 和点 4 是两个不断下降的低点。用直线连接连续降低的高点 1 和反弹高点 3，便得到一条下跌趋势线。

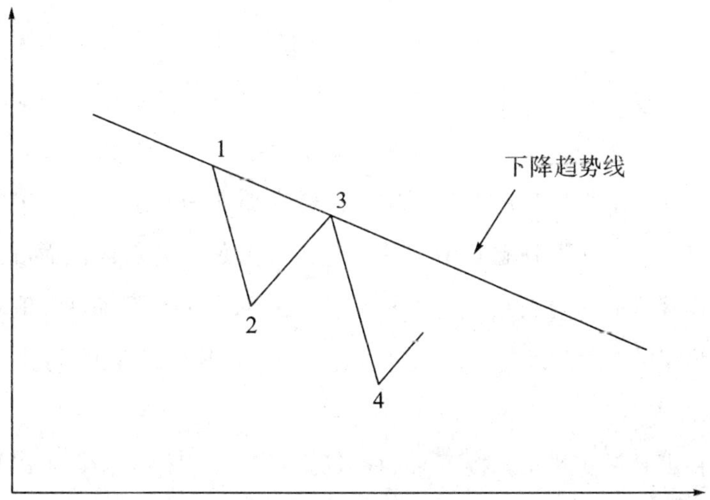


图 4—10　下跌趋势线

连接依次下降的两个高点得到的这条下跌趋势线，它是行情反弹的压力线，行情一般会在下跌趋势线下方运行，直至趋势改变。下跌趋势线的作用在于能够直观地显示出价格下跌过程中的阻力位，一旦价格在波动过程中向上突破此线，就意味着价格可能会止跌回涨。

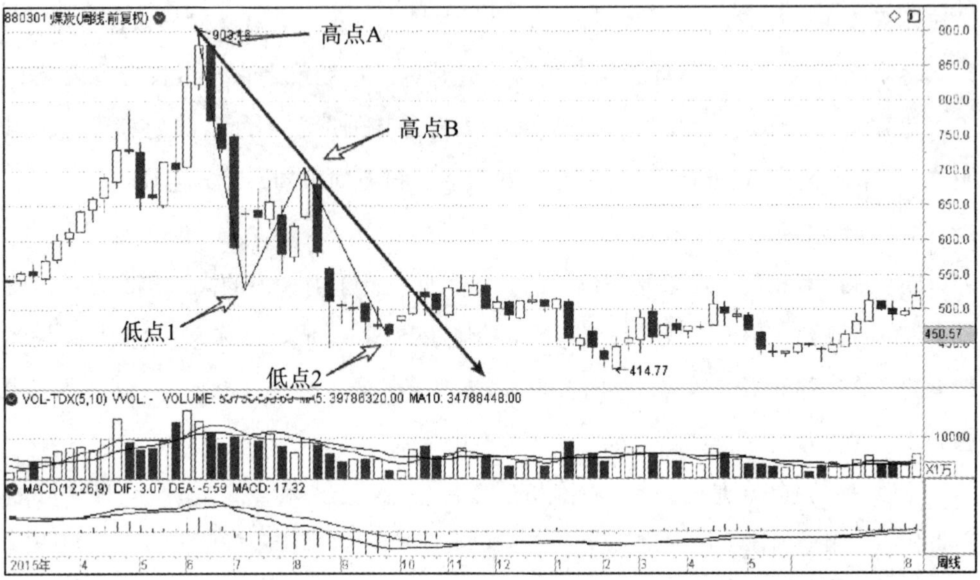


图 4—11　煤炭板块（880301）2015 年 2 月 17 日至 2016 年 8 月 12 日周线图

如图 4—11 所示，煤炭板块在充分下跌的过程中，形成高点 A 和高点 B，高点不断降低，低点 1 和低点 2 也不断降低，形成了所谓的两高点一新低，构成下降趋势。连接高点 A 和高点 B，就是原始的下降趋势线。

在绘制上涨和下跌趋势线的过程中，投资者要明白，上升趋势中的趋势线是连接底部低点而成；在下跌趋势中，基本趋势线由顶部高点连接而成。其原因在于，相对于连接另一端的极点，这样的连接方式更能使投资者直观地看到市场当下走势。趋势线的倾斜角度越大，离水平线就越远，其持续性也越差。

3. 水平趋势线

市场处在供需平衡状态，接下来的市场走势毫无规律可循，可以是向上，可以是向下，很难预测下一步运行的方向。后一浪的高点和低点基本都与前一浪的高点和低点持平，就称为振荡趋势，或者横盘趋势。

当股价在底部横盘震荡的时候，就相当于把自己限定在一个指定范围内，不能超出这个区域活动。

在盘整趋势中，股价运行没有明显的上升或下降趋势，图形中后面的高低点和前面的高低点之间没有明显的差距，几乎呈水平方向延伸。此时，将每次的高点或者低点连接形成的横向延伸线，即为水平趋势线，如图 4—12 所示。

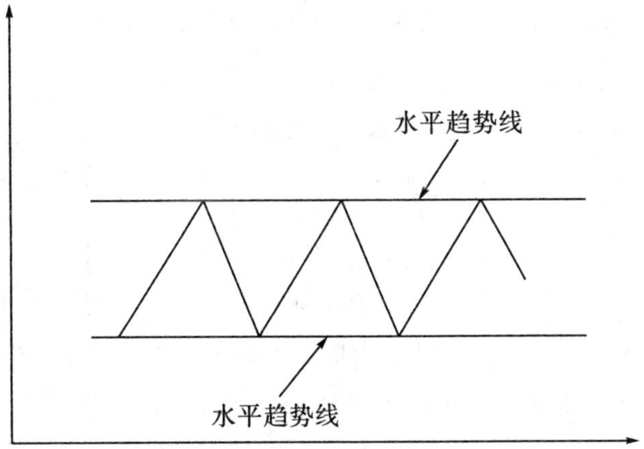


图 4—12　水平趋势线

当市场出现边界明确，而且几乎呈水平状的走势区间时，如果这些走势区间较为宽裕，股价在顶部和底部形成的区间内来回摆动，那么投资者可以利用高抛低吸的原则进行双向交易。在股价触及下水平趋势线时买入，当股价上涨至上水平趋势线时卖出，一买一卖做一个价差，降低自己的持仓成本。如果走势区间较为狭窄，虽然仍会存在一定的盈利可能，但是风险较大，因此交易者在这时需要更加灵活地操作。

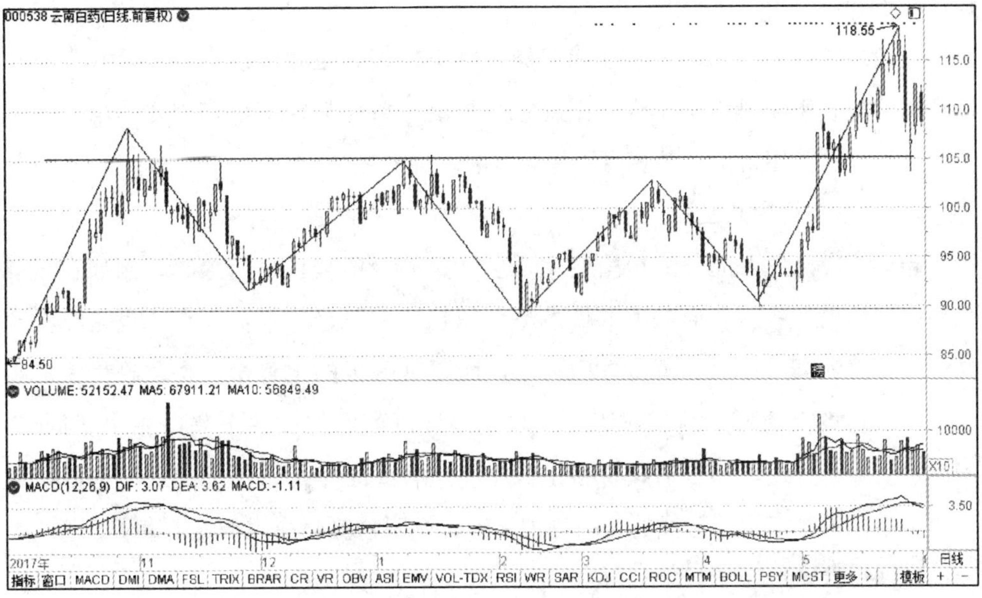


图 4—13　云南白药（000538）2017 年 9 月 21 日至 2018 年 6 月 1 日日线图

如上图所示，云南白药在长达半年的时间里都在 90 元至 105 元之间横盘震荡。分别连接反弹的高点和低点，构成压力线和支撑线。2018 年 5 月，一根放量大阳线突破横盘压力线，回调一周未能下跌至大阳线的一半处，股价再次上涨。水平方向的趋势线是最容易被人忽视的，而且绝大多数人对于这条水平趋势线的市场分析都容易出错。

水平震荡区间对于技术好的投资者来说，简直就是一块大蛋糕。震荡行情其实就是趋势不明下的停顿，多头和空头谁也占不了上风，导致一会上涨一会下跌，但是必定是在一定的价格区间内做上下波动的运动。水平震荡行情下，波段机会多，一旦把握好时机，踏准节拍，也可以获得不菲的收益。因此投资者应该学会把握这种行情。

## 四、趋势线的重要性

趋势线是图表分析中使用最简便、最有价值的技术工具之一。趋势线可以很好地衡量价格的趋势，由趋势线的方向可以明确看出股价的走势，帮助投资者展开顺势而为的操作，即寻找股价运行的趋势，在上升趋势时买入并持有，在下跌趋势时卖出并持币观望。在确认趋势没有逆转，趋势线没有被突破之前，保持操作策略不变。

画趋势线的主要用途是判断趋势能否继续保持，是否会改变，以及找出支撑位和压力位，用作提示买卖点。因此，当画出一条趋势线之后，需要明确这条趋势线是否具有使用价值，是否可以作为判断趋势的参考。

### 1. 覆盖价格的广度

趋势线应描述大部分的价格变化，也就是尽量不被价格所穿越。例如在主要趋势中，如果一些图表形态中的极点略微超越了主要趋势线，那么这也是能被允许的。再次强调，技术分析是一门艺术，而不是死板的工程学，触及趋势线的点越多，该趋势线的可靠性就越强。一旦趋势线画好，例如两个高点一个新低点，画出了下降趋势线，那么后续价格走势是在趋势线之下的，不能突破趋势线，未来的价格是不能穿越趋势线的，一旦被穿越，说明趋势到穿越点就结束了。

### 2. 时间的跨度

趋势线跨越的时间越长，趋势线的幅度越大，趋势线所代表的力量也越强大。

一旦被突破，说明突破的有效性是越强的。一只股票的价格随着固定的趋势移动时间愈久，其运行趋势愈可靠。但是趋势线时间跨度越大，代表趋势线越长，因此画图时的角度出现微小误差的可能性越大。因此当从开始的点位画出的趋势线延伸得越长，它与真正趋势的微小偏差就会被放大得越严重。正所谓“失之毫厘，差之千里”。因此，当趋势线从起点开始延伸得越长，投资者就越需要对明显突破趋势线的价格保持十二分的警惕。

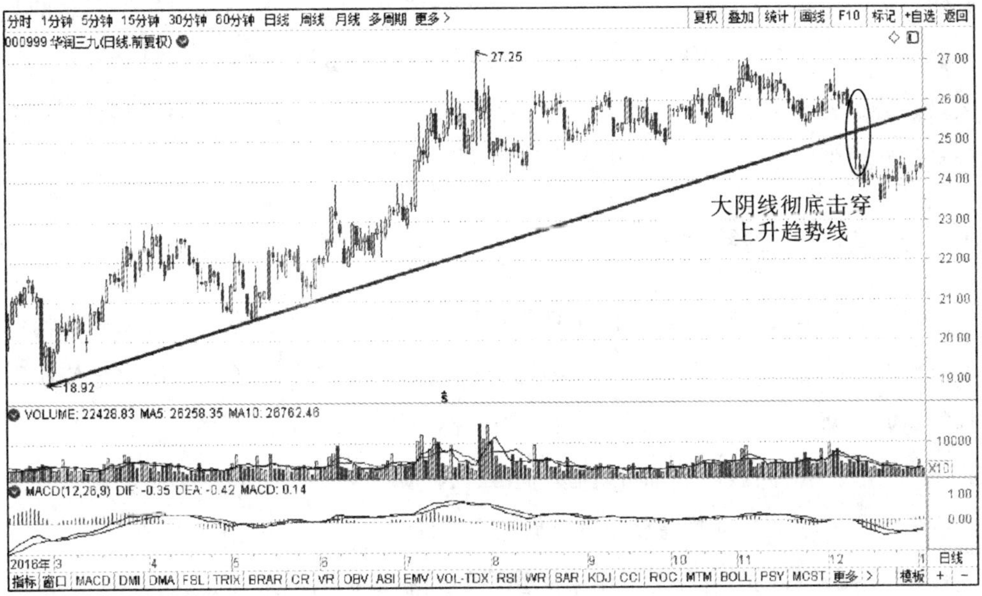


图 4—14　华润三九（000999）2016 年 2 月 15 日至 2017 年 1 月 4 日日线图

大周期的上升趋势线或者下降趋势线既是支撑位也是阻力位，一旦被突破就意味趋势的改变。大趋势线非常重要，一旦突破就说明趋势改变了方向。改变的方向可以是反弹，也可以是反转。

如图 4—14 所示，按照两低点一新高的方式绘制出一条上升趋势线。在将近 10 个月的时间里，股价一直维持在上升趋势线之上。直到 2016 年 12 月 12 日，一根稍稍放量的大阴线彻底击穿该上升趋势线，并且之后的反弹也未能站上趋势线。说明此时该趋势线所代表的上升趋势可能暂时告一段落。

3. 接触点的深度

被验证的次数越多，就越有效，也越重要。趋势线连接的点越多，有效性就越强。一根 K 线中的价格行为在短期内会受到与趋势无关的诸多外在因素影响，因此，趋势线不能视做完全准确的标准。有时候，盘中的价格数据会突破趋势线，但越过趋势线的程度不大，因此有些投资者会使用收盘价来确定趋势线，而不用K线的极值点如最高价和最低价。收盘价是长线投资者确定供求关系的要素，通过使用收盘价，可以描绘更长的趋势线，而且虚假突破的概率也大大减少。

4. 趋势线的角度

趋势线与水平线之间的夹角，反映了市场主导一方情绪的激烈程度。陡峭的趋势线表明主导方行动迅速，相对平缓的趋势线表明主导方行动缓慢。平缓的趋势线持续时间更长，但最好的是45°角的趋势线。运用趋势线时，趋势线越陡峭，突破趋势线就会越快发生。相反，过于平缓的趋势线显示出股价走势的力度不够，代表行情疲软，不容易马上产生大行情。

## 五、趋势线的绘制技巧

要绘制趋势线，首先必然存在趋势。也就是说在上升趋势中，必须确认出两个依次上升的低点和两个依次抬高的高点；在下降趋势中，必须确认两个依次下降的高点和两个依次降低的低点，才能确认趋势的存在。

1. 在任何时间段内，都可以画出趋势线，应注意所画时间段的高低点，有效的趋势线应该是画在重要高点和重要低点之间的。

2. 绘制趋势线时应尽量画出不同性质的趋势线，画最重要的那几条，其他的都可以忽略掉。

3. 画趋势线时，应当采用复权后的，正常情况下，采用一般的算数坐标就可以了。

4. 趋势线最好是不能被价格穿越。在绘制趋势线时，会出现长上影或者是长下影，这是由于多方在底部接盘和空方在顶部恐慌性抛盘造成的价格极点。因此对这种情况，必须根据实际情况绘制趋势线。当在小周期图如小时图上突然出现的上下影线，则可以忽略；当在大周期图如日线图或周线图上时，那个高点或低点就很难忽略。

图 4—15　乐普医疗（300003）2017 年 7 月 21 日至 2018 年 2 月 14 日日线图

如上图所示，在绘制上涨趋势线的过程中，K 线图的周期越大，则所有的 K 线均不能突破趋势线，保持趋势线的完备性。相应地，级别越小，股价的随机性越大，因此可以适当忽略一些长上下影线的突破。该上涨趋势线连接的前两个低点之后绘制的趋势线，上涨过程中股价第三次触及趋势线，并未突破趋势线，只能说明股价还将进一步拉升。投资者看到股价并不能有效突破趋势线后就应该及时买进，后续可能还会有一波上拉。

## 第二节　修正趋势线

### 一、研判新的高低点

绘制趋势线是用画线的方法将高点和低点相连接，利用已经发生的走势，推测未来大致走势的一种图形分析方法。绘制趋势线最重要的是观察清楚高点和低点。市场向前发展的过程中，在股价上升时，市场一片看好，投资者心理价位会逐步提高，在回落到上涨趋势线之前，强烈的买盘会阻止股价下跌而回升，使股价波动的低点逐步抬高，从而形成了新的低点。同样，在股价下跌时，市场充斥着悲观情绪，市场一片看空，投资者心理价位逐步下移，深套其中的股民则在股价反弹到下跌趋势线之前，就已将大量筹码卖出，从而形成不断降低的反弹高点。此时，新的高点和低点出现，连接新的高点或低点，绘制成新的上升或者下降趋势线，称为修正趋势线。

通常情况下，每当市场出现泡沫或者是恐慌的时候，股价会加速上涨或者加速下跌，出现偏离原始趋势线的情况，导致趋势线的斜率不断加大。为此，对趋势线必须进行不断调整，以更好地反映价格的运行情况。趋势线的斜率不可能达到无穷大，因此，加速偏离的趋势线不可能持续很长时间，最终还是会回到调整的状态。

## 二、绘制修正趋势线

趋势的背后是一根根的K线在推动，只有经历了原始趋势线的突破和确认之后，才能确认它能不能继续向上推动。当不断向上推动之后，才能不断地修正趋势线。现以上升趋势线为例，讲讲原始趋势线和修正趋势线的绘制方法。

原始上升趋势线的构成是两个低点一个新高。如图4—16所示，股价走势先是走出点1和点3两个低点，两低点呈逐渐抬高的走势。只有当市场走出新高点4的时候，便可以连接点1和点3，形成原始上升趋势线①。

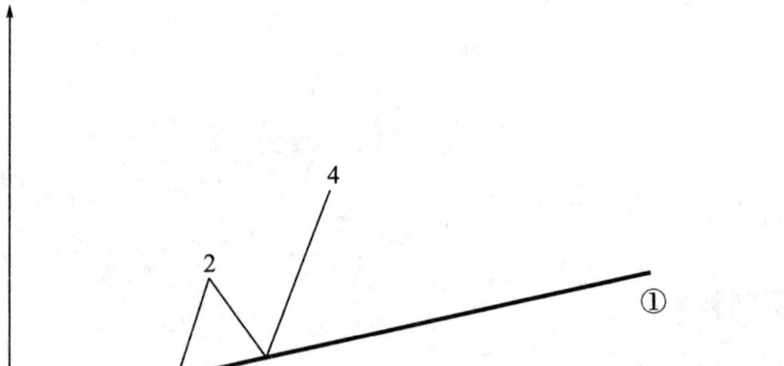


图4—16 原始上升趋势线①

如图 4—17 所示，当点 4 创出新高之后，回调低点并没有触及上升趋势线，同时点 6 高于点 4 继续创新高，就可以连接点 3 和点 5，绘制修正上升趋势线②。

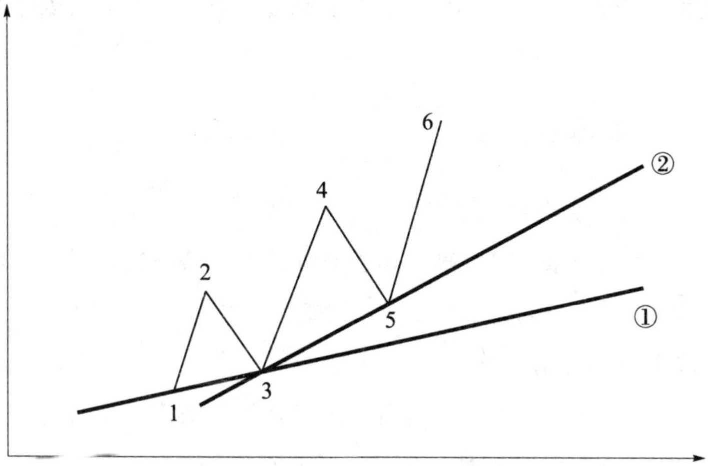


图 4—17　修正上升趋势线②

如图 4—18 所示，市场走出新高点 6 之后，股价回调并未触及修正上升趋势线②，价格仍然往上走，并且点 8 比点 6 高，再次创出新高，可以继续画一条修正趋势线，连接点 5 和点 7，绘制修正上升趋势线③。如此，可以不断绘制修正趋势线。而修正的前提是，后面的股价走势对前面的股价是创新高，新高出现之后才可以画修正趋势线。

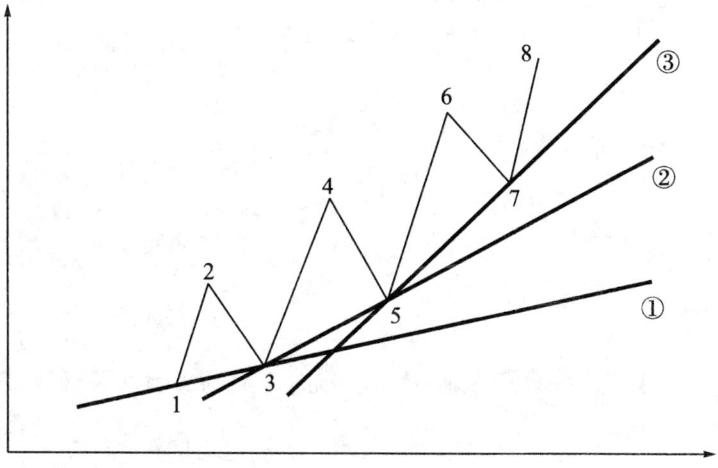


图 4—18　修正上升趋势线③

不断修正的时候，趋势线就会和价格非常贴近。只要未来不突破这个趋势线，就说明它还在这个趋势线中，每一次回调都将得到上升趋势线的支撑。相反，下降趋势线则是股价每一次回升的阻力。当它跌破上升趋势线时，说明它不在这个趋势之中。

## 三、绘制趋势线要点

1. 绘制原始上升趋势线的要点

当形态没有进行有效突破之前，是没有办法画趋势线的。只有当价格形成新高之后，形成两低点一新高的结构特征，才能绘制原始上升趋势线。

2. 绘制修正上升趋势线的要点

找到最近的这个低点，看低点之后的走势是否创新高，创新高之后就可以连出低点和低点的上升趋势线。而一旦未来再次创新高之后，再次找到最近的两个低点连接形成一条新的修正上升趋势线。绘制的趋势线与 K 线图是紧密联系的，需要不断调整趋势线，才能更准确地反映出价格的走势，这样也才能在高位判断趋势是否已经转变。

以上例子是上升趋势线，下跌趋势线也是一样。在盘整过程中，只要没有对盘整趋势构成突破，就构成不了上升趋势线和下跌趋势线，仍然在盘整趋势中。

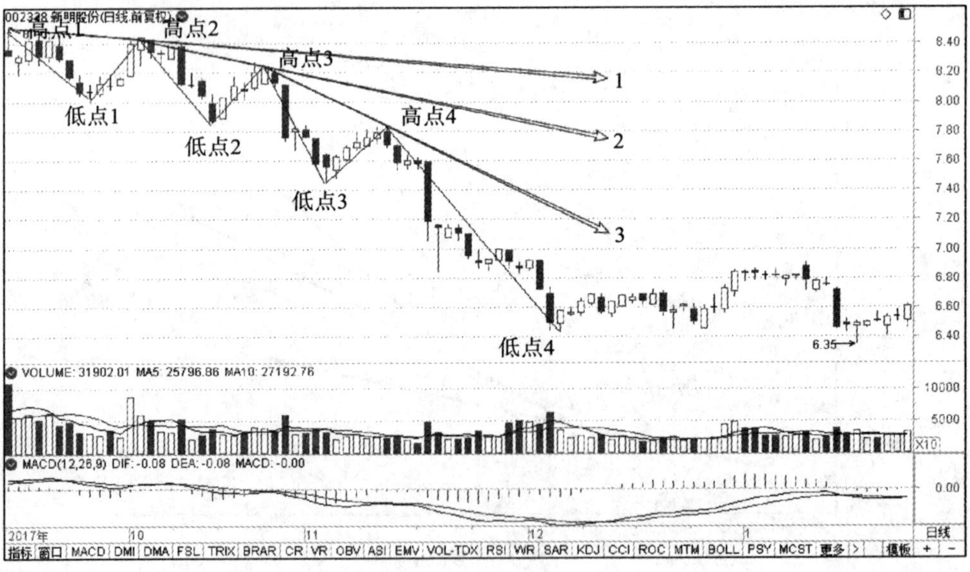


图 4—19　新朋股份（002328）2017 年 9 月 14 日至 2018 年 1 月 24 日日线图

如上图所示，新朋股份在三个多月的时间里，放眼望去就能大致判断这是一个下跌走势。低点 2 创低点 1 的新低，同时高点 2 也没有反弹回高点 1 处，构成两高点一新低的下跌趋势特征。连接高点 1 和高点 2，形成原始趋势线 1。接下来，股价达到低点 2 后开始反弹，但高点 3 并未触及原始趋势线就反转向下，并且在低点 3 创出新低，连接高点 2 和高点 3，形成修正趋势线 2。同样的方法，低点 4 创新低，连接高点 3 和高点 4 构成修正趋势线 3。

## 第三节 上升趋势的量价拐点

### 一、上升趋势——价量新高

成交量是指单位时间内某项交易成交的数量。成交量的大小直接反映了多空双方对市场某一时刻技术形态的认同程度。成交量是价格变化的原动力，其在技术分析实战中的地位不言自明。

成交量是衡量买卖人气的工具，能确认股价的走势，也能提前预测趋势的反转。在个股上涨初期，其成交量与股价之间的关系是价少量增，成交量也持续放大。在上升趋势中，如果股价上涨，成交量也是温和放量，这种市场行情为量增价涨关系，表示市场处于健康状态，股价还将继续上升。当股价呈现两低点一新高的时候，一新高对应的成交量也需要放量，价量新高是对上升趋势的确认要求。

成交量可以反映市场气氛。当市场趋势向上时，成交量往往会随着价格上涨而放大，这表明当下市场上涨吸引了交易者，价格正顺着趋势运行，成交量放大，这是在确认趋势。如果股价在回抽趋势线时成交量放大，这可能是突破趋势线的警告信号；如果价格在远离趋势线时，成交量缩小，这是市场在发出警告，告诫投资者趋势可能难以为继了。

### 二、上升拐点——价量背离

在一波上升走势中，有时股价会缓慢上涨，成交量随着股价的上涨而缓慢递增。股价随着递增的成交量而上涨，股价突破前一浪的高点，走势也突然成了垂直上升的喷发行情，此时成交量剧增。

在该形态之前，股价必然存在一定的涨幅，然而多方做多动能不足，股价上涨后继乏力。此时操作建议是：一般情况下，后市会转势下跌，应趁高出货；个别股票出现顶背离后会继续上涨，宜观望。

股价创下新高后，继续上涨，然而此时股价却上涨乏力，同时股价上涨的整个成交量水平却低于前一波段上涨的成交量水平。股价在高位盘旋，无法再向上大幅上涨，显示股价在高位震荡。如果价格上涨，而成交量反向滑落，这是一种“价量背离”，表示上涨的行情不能持久。当股价在出现了两低点一新高时，其中一新高对应的成交量是缩量的，那这个上升趋势是不能被确认的。

成交量是股价上涨的原动力，原动力不足是股价趋势反转的信号。走势高位震荡，紧随而来的成交量大幅萎缩，同时股价急速下跌，这种情况表示涨势已到末期，上升走势乏力，显示出趋势反转的信号。反转所具有的现实意义将视前一波股价上涨幅度及成交量的大小而定。

因此，投资者务必要对底部出现巨大成交量的个股跟踪，因为决定个股股价走势的是供需关系，当一只个股的供需关系出现极大变化时，投资者一定不能忽略变化发生时的股价与成交量的关系。一旦个股价量配合，投资者积极介入，后期股价必如预期那样快速上涨。

### 三、确认上涨价量背离有效性

上涨价量背离，通常指的是指数或者股票在上升过程中，运行到头部区间，在成交量减少的情况下，个股的股价反而继续上涨的量价背离的现象。价涨量缩多出现在上升行情的末期，说明指数或股价有见顶回落的可能。但对于已经被高度控盘的个股来说，在低成交量的情况下维持股价继续上涨，说明大量流通筹码已被主力锁定，主力控盘实力强劲，这种情况下价增量减是一种非常安全的强势状态。

投资者在看到价量背离时，可能已经到一个波段的后段了，有很多股票价量背离后可能还会继续上涨，也有很多股票价量背离就是最高点，随后即开始下跌或调整。因为投资者操作的是上升趋势的波段，所以要重点捕捉上升趋势的低位拐点和高位拐点，趋势不同给予的信号也是不同的。

在波段操作过程中，应如何确认价量背离的有效性呢？最直接有效的方式就是利用趋势线来确认。如果市场在上涨过程中出现了价量背离，但是股价不破趋势线，只能说明股价可能涨不动，但并不代表趋势的结束；只有当市场出现了量价背离，同时股价跌破了趋势线，才能确认上升趋势的结束。

所以，量价背离，股价破趋势线，破趋势线的 K 线就是背离后打破趋势的拐点。突破的位置就是价量新高再加上趋势线的确认。针对价量背离和破趋势线来卖股票也只限于上升趋势的波段。因此，如果做上升过程中主升浪，根据价量背离和趋势线来做到止盈，精准定位破趋势的价量背离时的拐点。

## 小　结

从研究市场到真正从市场中赢利，首先要明确市场的主要趋势，若连主要趋势都搞错了，那真的是缘木求鱼，本末倒置了。在交易过程中，趋势线与修正趋势线能够帮助投资者鉴别趋势的方向，以及当下所处的位置。看似深不可测的趋势，其实用一条简单的趋势线就能绘制出来，真可谓是大道至简。

**【股市答疑】**

2018 年 7 月 1 日，江苏的杨先生给我们打来咨询电话。

**杨先生：**

老师您好！在听您的课的过程中，我开始去操作股票，并想在市场中检验自己的技术。但还是在很多地方做得不够好，往往是涨了一点就抛了，以为是高点，没想到却是刚刚起飞。而有的股票以为跌到位了，急忙买入，买入后却一直跌个不停。例如我在 2017 年 10 月 10 日买入了利尔化学，在 2017 年 11 月 13 日卖出了，以为这波利润到头了，没想到还是卖在半山腰上，后面还有一大波的盈利机会。遇到这种情况我该怎么办？

**股市解答：**

股市中的股票就像是一群运动员，有擅长短跑的，有擅长中长跑的，有擅长马拉松的。在操作之前，你一定要知道你选择的是哪一种“运动员”，否则在实战中，很可能会出现思路错乱。股市的真正赢家，乃是一批拥有特定买卖规则的，并能身体力行的投资者。

如下图所示，利尔化学在您持有的这段时间内确实走出了一段上涨波段。能够完整在这段时间内持有，可以说是严格按照自己的策略来执行了。从走势图中可以观察到在买入的位置附近，股价向上跳空突破了下跌调整的趋势线，并且站在了下跌趋势线上，此时买在了正确的时间点位和价格点位。

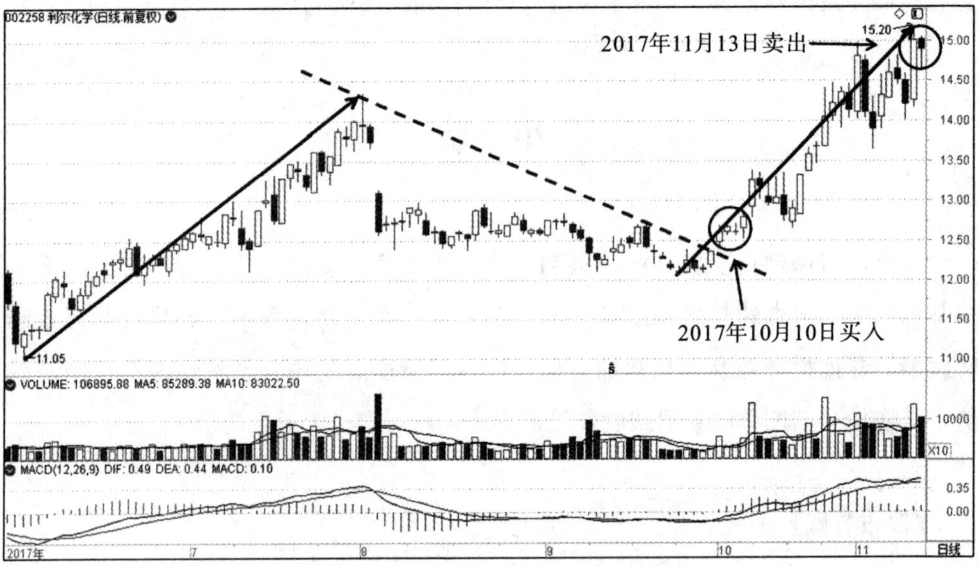


图 4—20　利尔化学（002258）2017 年 5 月 31 日至 11 月 13 日的日 K 线图

股价持续地上涨，必然会有力竭的那一刻。杨先生在高点价位附近卖出了股票，这点是站在了正确的一方。而且从量能以及 MACD 指标都可以看出，当下市场的上涨力度已经明显衰竭了，那么接下来将面临下跌或者是横盘震荡。

一只个股要走出一波大的行情，必定会有三番两次的调整走势。调整代表着获利盘的涌出，以及场外资金的接力，这样投资者的平均持仓成本才会抬高，股价在接下来的上涨才能少点压力。这是调整所带来的正面效应。因此，如何去看待上涨过后的调整走势，决定了我们是否能够继续收获后续的利润。

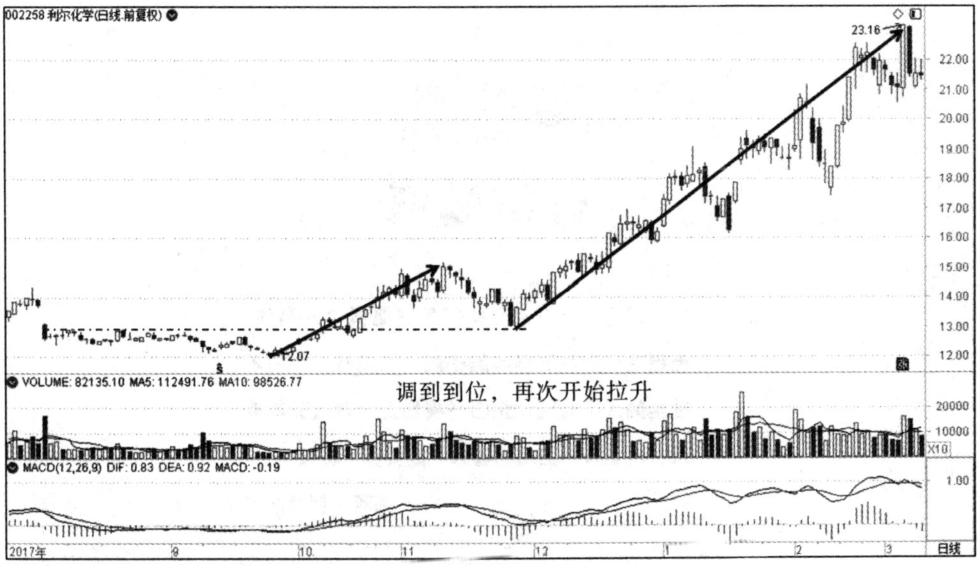


图4—21　利尔化学（002258）2017年7月26日至2018年3月9日的日K线图

在本例中，第二波上涨到顶之后，股价下跌。但是股价这波下跌在前期调整的高价位附近止跌了。说明这波调整很强势。强势的调整，表明资金急着往上拉抬，后续应该会走出一波快速而猛烈的进攻。如上图所示，股价调整到位后，MACD指标黄白线也正好回归到零轴附近，预示着这波调整到位。第三波的上涨迅猛，三个月的时间涨幅达到了80%，这就是强势调整的威力。

不是所有的股票在上涨之后必然会有一波猛烈的调整，不然哪会有创新高的走势出现。上涨之后的两种情况投资者应了然于心，一种是调整，一种是下跌。下跌当然不可取，但是调整之后再进行拉升的这种可能性是需要我们时时刻刻关注的。我们大部分投资者所错失的机会就在于此。因此，投资者应区别对待上涨过后的走势行情。

# 第五章 行情级别

**投机，天下最彻头彻尾充满魔力的游戏。但是这个游戏懒得动脑子的人不能玩，心理不健全的人不能玩，企图一夜暴富的冒险家不能玩。这些人一旦贸然卷入，终究要一贫如洗。**

**——杰西·利弗莫尔**

## 第一节　初识行情级别

### 一、熟识行情

1. *股市是财富再分配场所*

股市通过股票的上升或下降趋势实现财富的再分配。市场中总有一部分投资者喜欢抄底，其目的就是想要扭转市场趋势，他们觉得自己可以提前预判市场趋势。但是大多数情况下，市场趋势是很难扭转的。

进入市场的投资者，务必记住，千万不要认为自己厉害到能够改变市场的走势，或是能够准确预测市场的顶底。市场的底是走出来的，只有等市场趋势扭转了，才能判断这是底，而市场在下跌的过程中，是无法判断底在什么时候出现。希望诸位投资者不要盲目去抄底，底部价格的成本不是最好的，只有好的买入价才是最好的。什么是好的买入价？市场趋势在扭转向上的转折点，此时的价格才是最好的。

2. 推动股价升降背后的力量是人性

推动股价升降背后的力量是人性。市场参与者通过资金的博弈来推动股票的趋势，所以股票的具体价格是买卖双方的资金博弈达到了具体时间点的平衡状态。人性推动着股民做出买卖股票的决定，而买卖股票双方资金的博弈决定了股票的具体价格。只有资金量能决定股票趋势的改变，多空双方谁的资金量大，谁的趋势就具有持续性。

想要扭转趋势，就需要持续放量。而在持续放量的情况下，价格也会扭转。技术分析固然很重要，而看待技术分析的角度也很重要。投资者若能从“资金博弈，筹码置换，跟随大势”这个角度来看待技术分析，就会看到市场发出的非常明确的信号。

3. 股票的具体价格通过多空双方竞争实现

缠论讲价格结构，波段交易也讲价格结构。而价格结构背后就是供需关系。当投资者把市场的规律琢磨透了之后，再去思考市场的走势就会自然而然的顺畅。波段交易是波浪理论的核心，是道氏理论的核心，是缠论的核心，这些交易大师的理论融合在一起形成了波段交易策略。

## 二、何为行情级别

顺势而为是交易的基础，一切交易行为都应该围绕“顺势而为”这个核心进行。无论是短线还是中线，凡是违背了市场趋势，逆向交易必定会受到市场的惩罚。成功的投资者大凡都是趋势交易的实践者，他们有一套顺应趋势操作的交易模型。

交易模型必须建立在熟悉市场的情况下，市场存在很多买点，针对不同位置其操作方式是不同的。因此，同样的一个交易模型，想要提升操作的成功率，就应该先认清趋势运行的规律。认清趋势运行规律是交易的基础，当投资者把趋势认清楚之后，所有的交易模型就变得简单了。

市场永远在上涨、下跌和盘整这三个状态中循环，而市场的走势永远都是由其中任意两个或三个走势连接起来而形成的。在波段操作过程中，不管行情是上涨、下跌还是盘整，首先要判断行情的级别，对应的是哪个周期。

简单来说，行情级别就好比是俄罗斯套娃。

图 5—1 俄罗斯套娃

1. 套娃的大小对应行情级别的大小

套娃从大到小可以分出十几个，行情级别也可以分为很多，最小的当然是分时走势，然后是 1 分钟走势、5 分钟走势……日线走势，逐渐扩大为周线走势、月线走势、季线走势、年线走势……

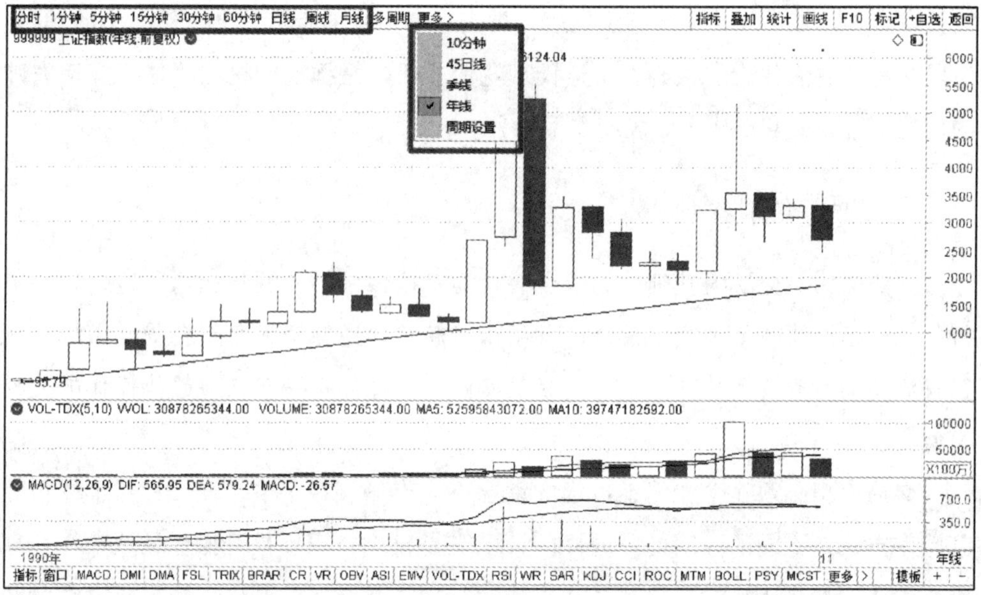


图 5—2 上证指数（999999）年线图

上图为上证指数的年线图。同样，还可以将走势图调整为季线、月线、周线、日线……走势图随着级别的缩小，能够呈现出更多、更丰富的细节。但是每个级别走势图只有一个，区分级别只是为了投资者能够更好地适应自己的操作级别。资金量、看盘时间、技术水平等因素都决定了投资者所能操作的级别。

2. 套娃的模型对应行情级别的构成

不管套娃的大小，它的模样都是一个小姑娘。同样，组成行情级别的也都是K线图形。大到年线走势图，小到1分钟走势图，在分析图界面，投资者的分析研究都是建立在K线的基础上。尽管分时图是以线条的形式展示出来，但是若研究分时图的绘制方法，就会发现分时图价格曲线是每一分钟最后一笔成交价格的连线。其实在这一分钟内，会发生很多交易，有高有低，同样可以绘制成K线，但是级别太小，对于技术分析能力不强的投资者来说，还不具备研究价值。

在市场中，绝大部分投资者所观察的走势图都是建立在K线图的基础上。K线图原本为蜡烛图，每一个蜡烛图包含四个元素：开盘价、收盘价、最高价、最低价。不管什么周期的走势图，都是以K线形态展示给投资者。投资者也是根据K线分析过去和当下的行情走势。

图5—3 安科生物（300009）2016年9月2日至2017年12月22日周线图

图5—3展示的是安科生物从下跌到筑底，再到上涨的一个完整走势图，而呈现整个走势图的正是K线。每一根周K线的四个元素描述了一周的整体状况，当众多K线组合在一起的时候，整个股价走势就愈加明朗。左侧高点至最低点9.77元处是下跌走势，从最低点至2017年9月，股价一直在10元至12元之间小幅横盘震荡，属于典型的筑底阶段，主力震荡吸筹。而从2017年9月开始，股价突破

12 元的高点，开始上涨，2017 年 12 月达到 19.72 元最高价，整个上涨走势结束。因为有了 K 线，整个走势一目了然。

3. 套娃的玩法对应行情级别的分析方法

拿到一个完整的套娃，扭开最外面的套娃，可以取出一个小一点的；再扭开一个，又会有一个小一点的……行情级别也是如此，先要研究分析大级别，判断大级别的走势，然后再分析小一个级别的走势，接着分析再小一个级别的走势。例如，先分析周线图走势，然后分析日线图，再分析 30 分钟图上的个股走势。

如图 5—4 所示，在大族激光上涨走势中，投资者应该时时关注在高位的滞涨走势。这就需要在观察周线图的同时，观察日线图、60 分钟等小周期的图，观察当下走势的运行形态，看是否到了股价背离的程度，以此决定仓位控制。

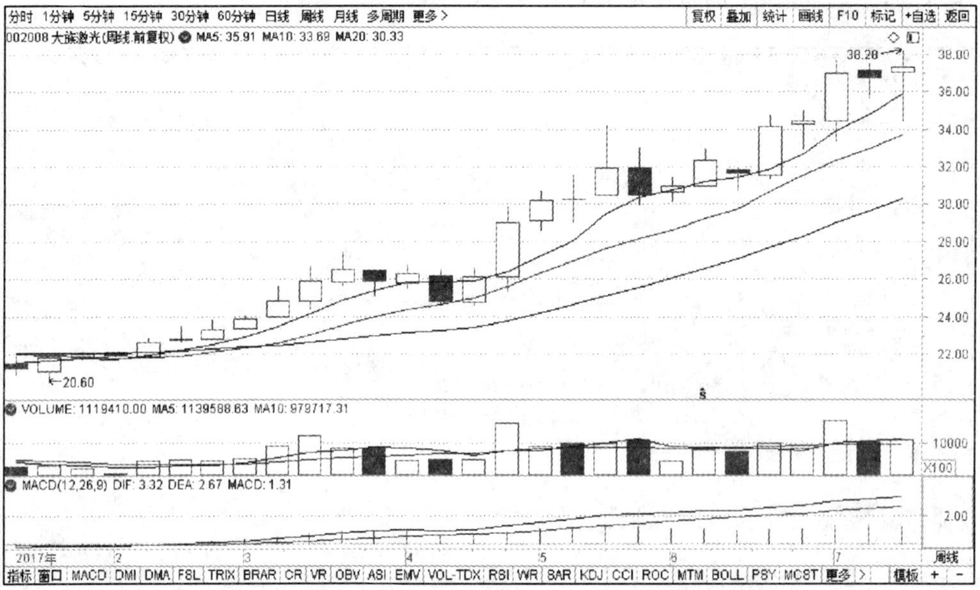


图 5—4　大族激光（002008）2017 年 1 月 13 日至 7 月 21 日周线图

## 三、行情级别的重要性

真正的技术分析的本质就是人性博弈，筹码置换。外行人只能看到股价的涨跌，内行人看到的是股价涨跌背后是资金的推动，人性的博弈，筹码的置换。技术分析分为量价型技术分析和指标型技术分析。而所有的指标型技术分析都是从量价型数据分析衍生出来的。因此，首先要掌握的就是量价型技术分析。

在投资活动中，重中之重是制定操作策略。操作策略的对错直接关系投资的成败。而操作策略不是一成不变的，不同级别的行情，其对应的操作策略是完全不同的。如果是做短期行情，操作策略就是快进快出；如果是做中期行情，操作策略就是持股不动，做足一个该级别的波段；如果是做中长期行情，操作策略就是不管风吹浪打，坚决做足整个上涨趋势。

在股市中，我们常常看到这种情况，在市场行情是 30 分钟级别的时候，很多投资者却想着做中长期行情；而当市场行情是中期行情的时候，部分投资者却选择做 30 分钟级别的行情。本来是下跌走势中的一次短线反弹，因贪婪买入被套就不得不中线持股，相反一波上涨行情买入后却很快卖出，又当成一次短线行情来做。因此陷入一买就跌，一卖就涨的误区。

解决这种问题的关键是知行合一。首先必须得判断当下的行情，是中长期行情还是中期行情，是反弹行情还是反抽行情。对每一种行情都必须做到心中有数，了如指掌。然后是行动务必与操作策略一致，跟着行情级别来操作，先分析行情级别是什么，再分析行情是以什么形式在运行，以及趋势运行的角度、趋势运行的动能。因为级别不同，运行的时间和空间也是大为不同的。别让行动出卖了操作策略。

## 第二节　中长期趋势行情机会

### 一、中长期趋势行情

1. 级别

中长期趋势行情是指指数和个股在周线或周线以上级别的走势图上形成的一个行情循环。从走势图上能够看到股价筑底、上涨、中枢整理、做头、下跌的整个过程，其间包含两个或两个以上的中期行情。

在走势图上筑底之前，需要前期有充分的下跌，确保做空动能得到足够释放。之后，股价会有一段复杂的筑底形态，判断行情是否有起色，最重要的是要看到在筑底的过程中要有主力建仓的痕迹。筑底之后行情上涨的方式多种多样。能够产生上涨的行情，大都是之前都被压制、前期没有大幅上涨，头部复杂且有诱多行为，周线上的上涨波段由两波或者两波以上日线上的上涨波段和一波以上的调整波段构成。

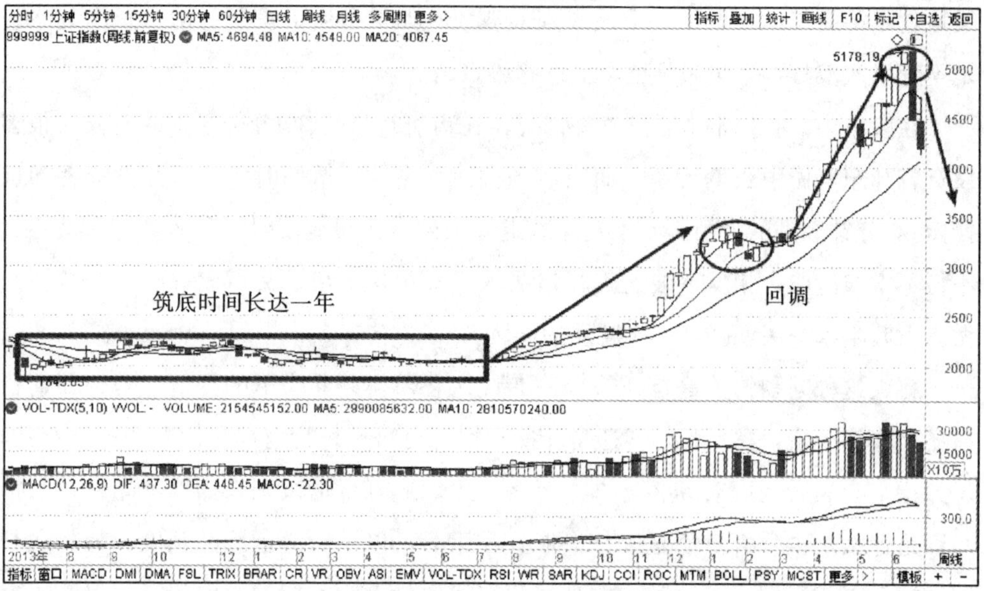


图 5—5　上证指数（999999）2013 年 6 月 14 日至 2015 年 6 月 26 日周线图

中长期行情是在周线级别的走势图上展示出来一系列的图形。如图 5—5 所示，上证指数在底部坚持了一年左右的横盘震荡，进行了充分筑底，为后续的上升行情打下了基础。底部构筑完之后，就开始了第一波的缓慢拉升行情，在这一阶段只有先知先觉的人才能够果敢买入，从而持有比较廉价的筹码。在一段上涨走势之后，进行一个为期两个月的回调走势，也是中枢整理。回调是为了将获利盘赶出，同时将场外观望的人带入场内，为后续的拉升充实后续力量。充分回调之后又开始了第二波拉升，速度更快，涨幅更大，但这也注定了这波涨势会很快到头。最后在高价位横盘震荡一阵后就开始了下跌走势。

2. 时间维度

中长期上涨趋势行情的前提是要有一个中长期的下跌，至少要求 8 个月左右的下跌。而在筑底的过程中，也要求有 8 个月以上才能够走出中长期行趋势行情。前期的下跌与筑底时间只是产生中长期行情的必要不充分条件。下跌趋势之后，要确认中长期走势无风险，至少还要有 8 个月以上的震荡，同时资金量、换手率从量大到量小到芝麻量的转变。只有股票下跌把自身风险完全释放后，才会出现中长期上涨行情。

中长期行情趋势的机会，上涨空间大，从筑底建仓到做头出货上涨时间在一年以上。同理，要想达到一年以上的上涨，也必须是中长期行情趋势。能够在周线及周线以上级别的走势图上走出中长期趋势行情的，一定是主力资金比较雄厚，而且在建仓完成后高度控盘，对后期股价的走势把控能力强，未来股价上涨空间难以预计，投资者要抓住这种中长期行情的机会。相反，一旦中长期下跌趋势形成，市场就会进入漫长的寒冬。

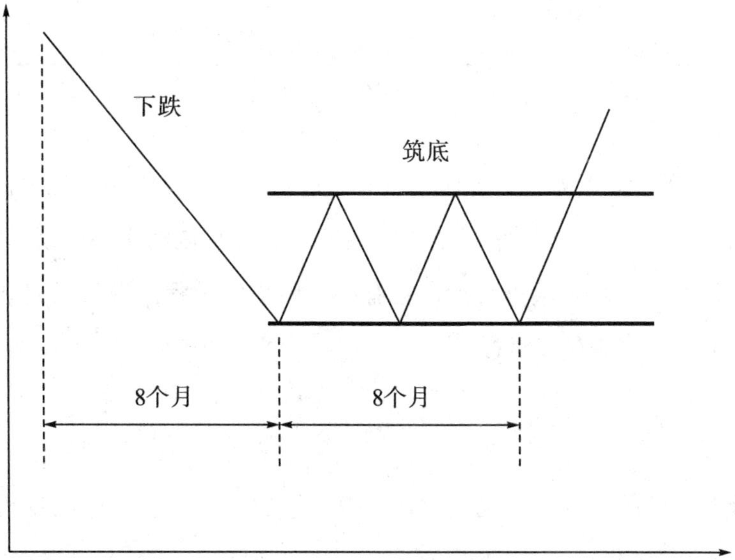


图 5—6　行情循环

## 二、运行方式

能否从市场上赚到足够多的财富，主要看投资者是否善于从中长期走势图上发现大波段行情机会。

市场经过长期下跌，充分释放了大跌风险后，在底部进行复杂的调整建仓，并构造复杂多变的底部形态。股票在横盘调整过程中，股价会有小幅调整，但是投资者不宜在此时接盘，只有股票经历了长期的横盘调整，积累了较高人气，才能有真正的上涨行情。

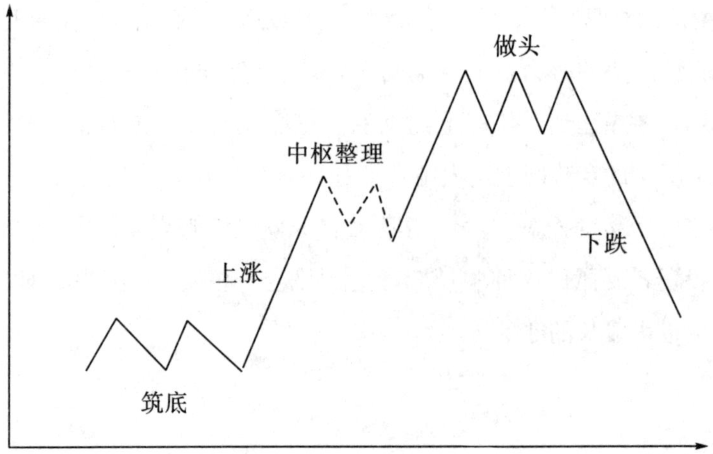


图 5—7 行情运行

如图 5—7 所示，股票在底部区域筑底之后，突破横盘震荡的压力位，开始进行拉升。股价上涨方式多种多样，在上涨过程中，会形成两次小级别的中枢盘整。而在股价上涨至高位后，量价背离，会有一个做头的过程。做头以复杂的头部形态为主，并且头部多有诱多过程。

## 三、中长期行情解读

一个完整的波段结构，包括完整的下跌、盘整、上涨。波段的背后是资金的布局。资金会选择什么时候布局，什么时候拉升股价，只有主力资金时怎么做，什么时候买入，什么时候卖出，这些都属于波段操作背后的主力资金的行为分析。投资者研究股票过去的结构，就是为了预测股票未来的发展形态，当股票真的达到盘整芝麻量，并且盘整维持了一段时间之后，才会有主力资金的介入。市场主力资金喜欢的都是一些负担轻的个股，负担轻说明之前的时间段内交易非常少，那么主力资金一介入就能够很快扭转市场的走势，用较少的成本获到较大的收益。

当在走势图上，股价突破趋势线之后回打，这个时候投资者就可以低吸，这种波段是投资者应该去把握的。而在下跌趋势中，主力资金没有行为，投资者也应该没有行为。一旦有构筑底部形态的，就去选择构筑底部形态更强的个股。因为同一个板块中，有的股票资金布局，有点股票资金不布局，投资者需要选择那些资金布局的股票。当然，没有突破下跌趋势线之前的股票都不能操作，因为这里的上涨都不能持续，很大可能是今天进去了明天就下跌。而判断上涨有没有持续性，首先需要打破盘整趋势的放量阳线，它代表着向上拉动，只有这个位置的阳线是最确定的。

如下图所示，方大炭素经历了从量大到量小再到芝麻量，然后进行盘整调节震荡的过程。当反复震荡达到8个月以上时，在构筑底部的盘整期间，需要成交量的配合。底部的成交量放大，才说明有主力在建仓，主力入驻其中，才能突破盘整趋势。横盘的时候没有量，没有达到足够的时间，但在超过8个月之后，个股酝酿出了大牛市。

图5—8　方大炭素（600516）2006年3月31日至2017年9月29日月线图

在观察个股时，当股票还处在芝麻量的时候，是不需要关注的。因为股票跌到芝麻量，只说明下跌够了，但是如果后续没有主力资金认可，就很难预测会有一波行情。投资者需要关注的是股票在突破盘整区域的时候所形成的形态，这才是投资者一直在寻找的买点。

如图5—9所示，用友网络前期经过了两年左右的下跌，成交量达到了芝麻量的状态。对于股票的成交量来说，放量是可以作假的，因为主力资金可以自由买卖，相当于左手换给右手，筹码还是在自己手里，但是达到了股票放量的效果。而股票的缩量是没有办法作假的，因为缩量代表没有人参与这只股票。股价在底部区域盘整达到了8个月以上，成交量也在放大，这些条件背后都是看这只股票过去的负担是否沉重。如果股票的负担不沉重，那么就非常适合资金布局。

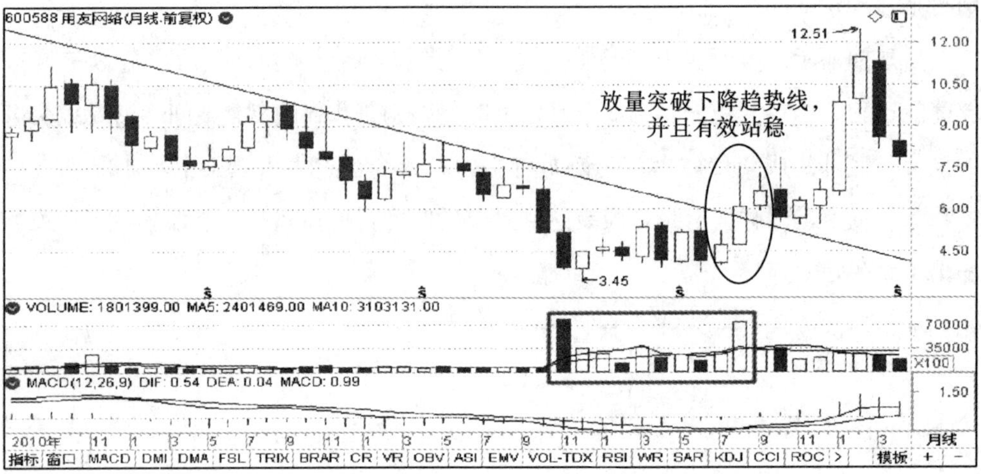


图5—9　用友网络（600588）2010年7月30日至2014年4月30日月线图

如下图所示，电子支付板块前期充分下跌，股价在突破下跌趋势后再次启动。从趋势的角度来看，处于盘整趋势，只出现了一破还没有出现双突破，仍然处于资金布局中。建议投资者在没有出现扭转下跌趋势前不要碰，任何操作都是被动的，运气好就赚点钱，运气不好就被套牢，完全是看天吃饭。

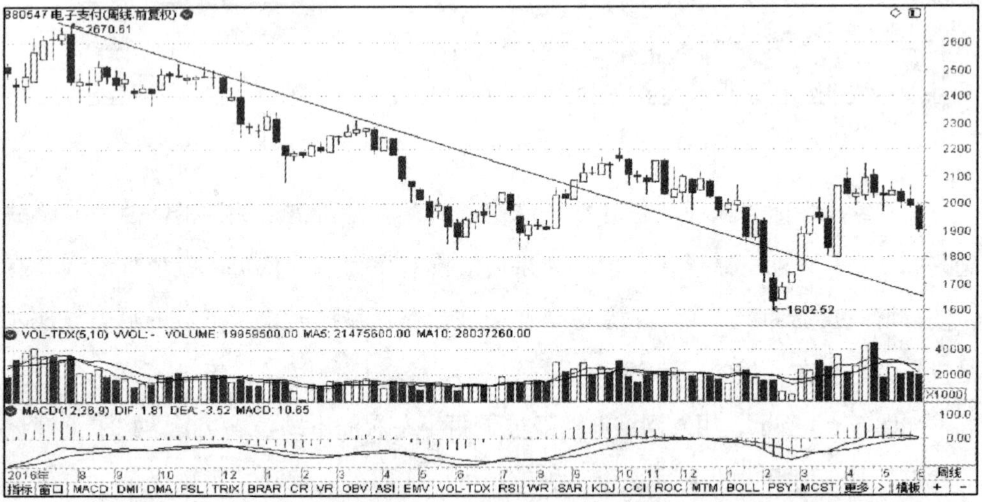


图5—10　电子支付（880547）2016年6月8日至2018年6月1日周线图

# 第三节　中期趋势行情机会

## 一、中期趋势行情

### 1. 级别

中期趋势行情机会是指在日线上形成一个趋势循环的过程，日线上形成筑底并充分调整，包括上涨、中枢盘整、盘头、下跌的过程，其中包含两个以上反弹行情运行，从日线上看，能明显找到上涨波段和下跌波段。

前期市场走势也应该在日线上充分下跌，随后在构筑底部形态过程中也有充分建仓的痕迹。筑底形态以箱型整理形态与双底形态为主。上涨过程复杂，以低开高走阳线为主，阳多阴少。中期趋势行情反应在日线上为上升趋势，由两波或两波以上的 60 分钟或 30 分钟走势的上涨波段或者是一波以上的调整波段构成。而在上涨趋势的末期，主要以双顶形态构筑顶部，也是一个诱多的过程。

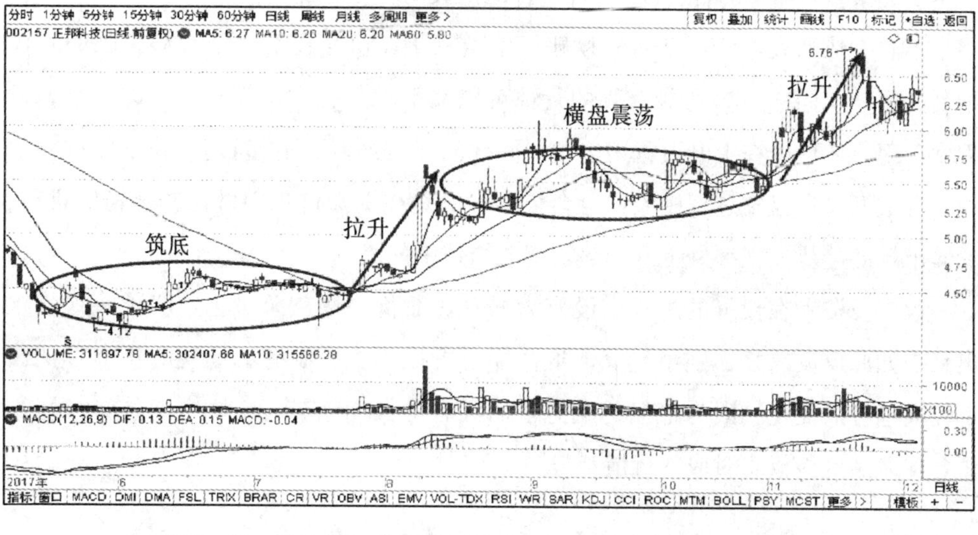


图 5—11　正邦科技（002157）2017 年 5 月 4 日至 12 月 5 日日线图

如上图所示，正邦科技经历了长期的下跌，在低价位处开始为期三个月的构筑底部。待底部坚实之后进行上涨拉升，在 5.5 元价位处开始了长期的横盘震荡，主力在清洗获利盘，同时也在暗中高抛低吸并且慢慢出货，最后拉了一波，主力也出逃了。没有主力的个股是没有继续上冲的动力的，等待个股的只有下跌，别无其他退路。

2. 时间维度

投资者若想要做中长期趋势行情，选择的周期走势图为周线；若想要做中期趋势行情，选择的周期走势图为日线。中期趋势行情运行时间一般在3～8个月，前期有一个下跌过程，一般在3～6个月。在构筑底部的过程中，时间最短也要3个月，上涨时间也会在3个月以上，上涨中的盘整状态时间在1个月以上。

市场能走出中期趋势行情是主力在低位充分建仓，且主力吸足筹码，具备了较强的控盘能力，后续走势的上涨幅度较大，通常能够达到50%～100%。

3. 操作方式

在学习趋势交易的过程中，学一遍是学不透的，需要进行第二遍乃至第三遍的学习。第一遍的学习是把握总体脉络，第二遍才可能真正地学透看懂，从而建立自己的交易体系。

市场有自己的节奏，而投资者在筛选符合目标的个股时，首先应跟上市场的节奏。如果投资者只专注于15分钟这种两三天的转变，那么他们是不看大趋势的。一个不看大势的人，即使某些时候账面上盈利了，也会在下一个大势来临的时候把利润回吐。同样，30分钟级别的行情可以在下跌过程中出现，也可以在盘整过程中出现，还可以在上升过程中出现。同样的30分钟级别的行情，在下跌过程中做，会被套；在盘整过程中做，也会被套；但是在上涨过程中做，就会轻松获利。看懂市场的趋势，把握好上升趋势，就能抓住中期级别的个股机会。

很多投资者在投资的过程中没有大局观，股价一涨就杀进去，股价一跌就跑出来，如此反反复复，别说利润，本金都会折损不少。没有大局观的投资者把握不住大趋势的变化。因为他们的脑海里面没有中长期趋势行情、中期趋势行情等概念，以及这些概念对应的行情走势。

## 二、运行方式

在形成中期趋势行情过程中，首先是3～6个月的充分下跌，下跌的要求是成交量从量大到量小，最后是芝麻量。价格从高位下跌到低位，风险充分释放。在低位建仓后充分调整，以箱体形态或者双底形态为主，建仓期以阳多阴少、低开高走阳线为主。股价在低位区域盘整，横盘要求达到 3～6 个月，在构筑底部过程中，后期看它能否突破底部形态，构造一个中期级别的行情。中期级别的下跌和中期级别的盘整产生中期级别的上涨。

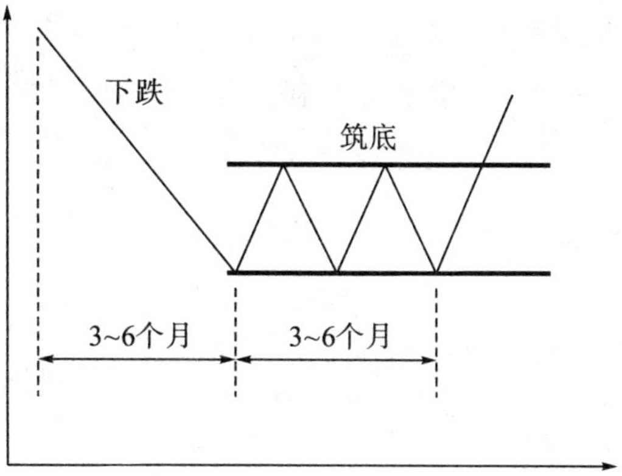


图 5—12　行情循环

若是在盘整的过程中，成交量持续放大，说明有大资金的注入，后续上涨行情非常乐观。上涨过程较为复杂。上升趋势确认后有两次以上中枢整理，头部以双头形态为主，头部有诱多过程。一旦确认为中期级别的行情，盘整之后的上涨空间有 50%～100%。而在形成上涨趋势后，一旦后续走势跌破上涨趋势线，量价背离，投资者就应该离开市场。

## 三、中期行情解读

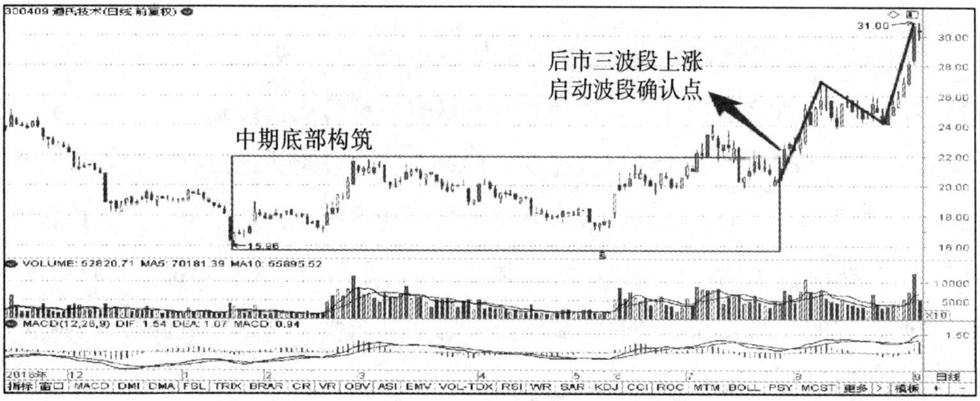


图 5—13　道氏技术（300409）2016 年 11 月 15 日至 2017 年 9 月 4 日日线图

如图 5—13 所示，道氏技术前期充分下跌，走出了 3～6 个月的行情，成交量从量大到量小，最后到芝麻量。之后，股价以横盘震荡的方式开始构筑底部，在底部区域股价盘整时间长达 5 个月，同时成交量比前期的下跌趋势大，构筑了中期级别的底部形态。因此通过前期的下跌和盘整，才能判断出后期会有一波中期级别的上涨。中期级别的资金布局之后，后期会走出中期级别的上涨。只有思考资金的布局，跟着资金的转换，才能抓住盈利。道氏技术终于在 2017 年 7 月底，一根放量大阳线突破横盘区域，构成了启动波段确认点。后市以三波段的方式上涨。

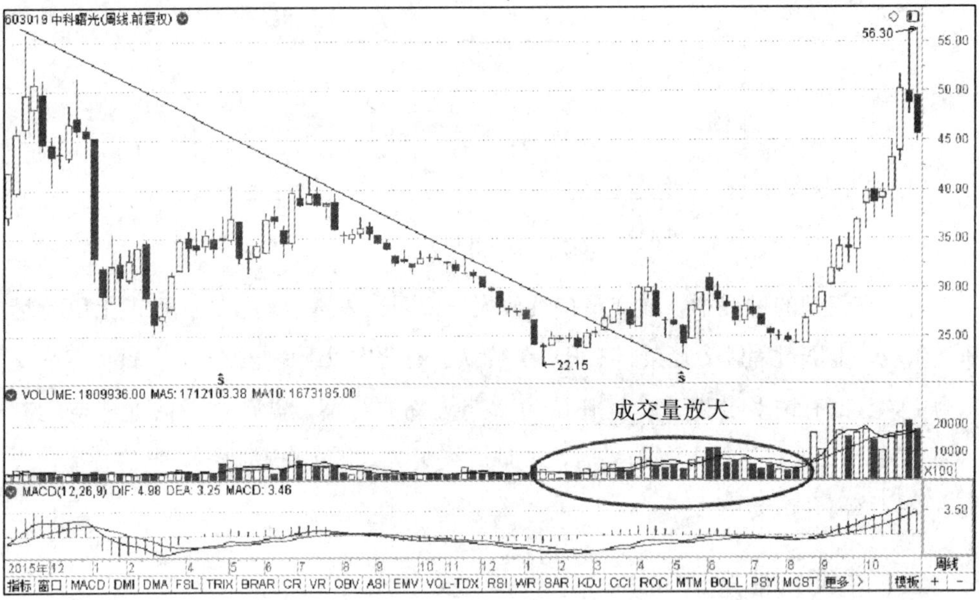


图 5—14　中科曙光（603019）2015 年 10 月 30 日至 2017 年 11 月 24 日周线图

如上图所示，中科曙光前期经过 6 个月的充分下跌，成交量也从量大到量小，最后到芝麻量。在实盘操作中，主力是否强洗盘，就看成交量是不是从量大到量小最后变为芝麻量，因为缩量是没办法作假的。当个股走势还没有突破下跌趋势的时候，投资者不要盲目买进。投资者不要去碰还没有跌破的个股，没有扭转下跌趋势的股票，不要看，更不要操作，因为任何操作都是被动的，都是自我幻想。运气好点，股价上涨，还能赚点；运气不好，就会被套牢。在资本市场逐利，最重要的是保证本金的安全。

随后在 2017 年 2 月至 2017 年 8 月，中科曙光股价横盘震荡构筑底部形态长达

6 个月之久。在此盘整期间，成交量呈放量趋势，说明中期级别的资金进场布局半年。而当走势突破盘整形态，说明主力资金将要进行拉升，因此成交量的放大和突破底部的形态才能说明将会形成中期级别的上涨。

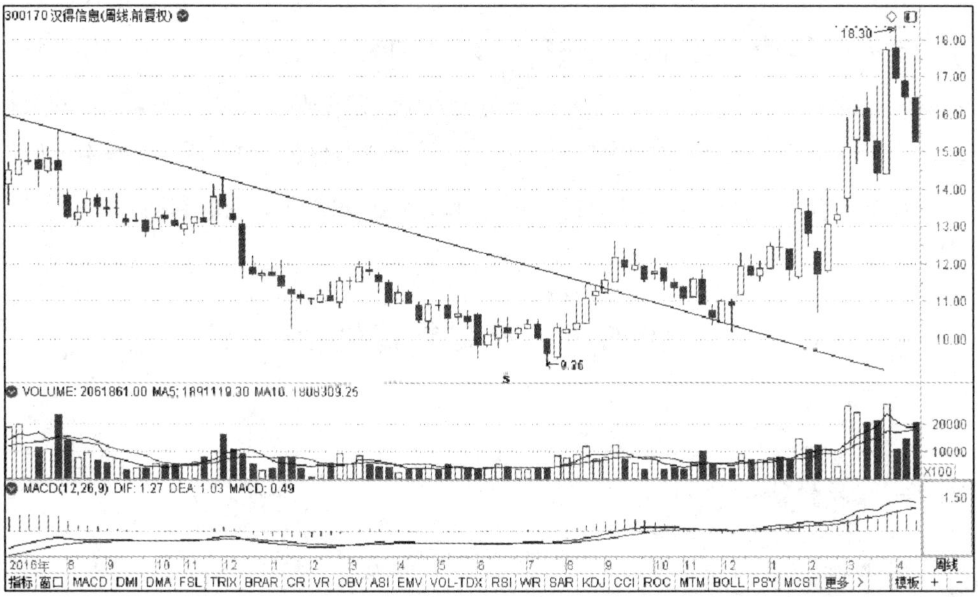


图 5—15　汉得信息（300170）2016 年 6 月 24 日至 2018 年 4 月 20 日周线图

如上图所示，汉得信息股价持续下跌，经过充分下跌之后，成交量从量大到量小，后期股价对下跌趋势产生突破。突破之后没有创新低，没有创新低就构筑底部形态，此时成交量小，后期上涨力度不够。如果中期资金布局较强，那么后期上涨力度就会变强。中期级别的上涨空间为 50%～100%。如果力度不强，上涨空间就只有 50%；如果力度较强，上涨空间就达到 70%；如果上涨力度更强，上涨空间就达到 100%。后期汉得信息每股从 11 元左右涨到 18 元左右，达到了中期级别的涨幅。因此，上涨幅度是由主力布局资金强弱决定的。

投资者在交易过程中，会存在惯性思维，而且这个惯性思维不会轻易改变。如果经常做短期的股票买卖，就会形成短线的思维惯性。在市场中，做短线的投资者是拿不住票的，因为在持股的过程中不可能是一帆风顺的。只有拥有自己的思维体系，才知道应该在哪个点买入，在哪个点卖出。而当股价突破底部形态之后，会有多少个涨停板，或者多少个跌停板，投资者是不知道的。投资者只需要知道主力资金在上涨50％的时候才能挣钱，知道了上涨空间的大概范围，就拿得住股票，知道什么时候该卖出。

本书讲解的是波段交易，不仅教投资者如何识别波段，也会讲述应对各种情况的方法。从过往的交易经验来看，真正能让人舒舒服服、安安稳稳地挣到钱的从来不是短线操作，真正能让人获利的都是中期级别的波段，波段交易分享的就是如何抓住50％～100％的上涨空间，如何赚到中期级别的利润。根据股票的交易经验，股票赚钱的几率只有50％，准确来说，能把握住的只有30％的概率，所以投资者至少有50％的时间是休息的，这样才能赚到确定的30％的利润。

## 第四节　反弹行情机会

### 一、反弹行情

#### 1. 级别

学习技术最难的不在技术本身，难的在于对技术的理解和运用。而且市场是在不断变化的，成功的投资者都是以不变应万变，每个投资者应有属于自己的投资理念。

反弹行情的机会是指在大级别下跌过程中，在60分钟或者30分钟的走势图上有明显的筑底建仓的行情，显示在分析图上有一个完整的筑底、上涨、中枢盘整、盘头的循环过程。从60分钟或者30分钟的走势图上，能明显找到上涨波段和下跌调整的波段，反弹行情中包含两个以上的15分钟级别行情。

在底部的建仓不一定要有明显的筑底形态，也有可能是主力短期所为，在不断拉高过程中收集筹码建仓。反弹行情机会要求最好在小级别上先走出5个波段的下跌。

在大级别趋势的下跌行情的过程中，反弹行情发生时大周期的环境不是很好，尽管也有涨幅，但是时间有限、空间有限，涨幅通常在30％～50％，大部分是30％。而且反弹行情的上涨空间在很大程度上是由前期的重要压力位来决定的，一般不会突破前期的实质性压力位。

2. 时间维度

30 分钟行情或者 60 分钟行情属于短线反弹机会，一波反弹行情的运行时间一般在 2～6 周。之前的下跌时间最好有 2～3 周。

因为反弹行情运行时间较短，主力没有充分建仓，还不具备控盘能力，所以实盘操作时，应以控制风险为主，适用投资对象为短线投资者。

3. 操作方法

操作反弹行情的时候，操作级别明显要小于中长期行情和中期行情。反弹行情的空间和时间都有限，投资者应该根据大盘来定个股，管理仓位。此时，要做的个股应该要比大盘强势。

如果大盘有一个 30 分钟的反弹行情，那么投资者做个股应该做中期级别的行情，做日线的上涨。因为个股会借着大盘 30 分钟的行情做出一个中期拉升级别的上涨波段。反之，如果大盘是一个 15 分钟级别的反弹行情，那么做个股就应该做 30 分钟级别的上涨波段。例如，个股是创业板的个股，创业板会走出一个月的反弹行情，那么个股会走出一个中期级别的波段，这是投资者应该去把控的。反弹行情的风险在于短期有 K 线复杂整理形态，中长期风险较大，趋势破位止损。

## 二、运行方式

反弹行情的运作方式就是阶段性充分调整后的一个反弹行为。阶段性充分调整是指充分下跌的过程，而反弹行为就是在下跌过程中出现。经历下跌过程后，30 分钟只是一个反弹行为，资金不可能一次性入场布好局，它会在反复涨跌的过程中买入筹码布局，因此不会构筑一个非常复杂的底部形态，一般以单一的底部形态为主，少部分会有双底形态，时间范围在 2～6 周。

图 5－16 就是第二种形态，前期 5 浪充分下跌，然后股价筑底构筑双底形态，筑底时间持续 2～6 周，后期股价突破底部形态，就会走出一个 30 分钟反弹行情，这个反弹的时间也是在 2～6 周。其间，反弹行情的上涨过程以单边震荡上涨为主，会有一个中枢整理。做头以单顶形态为主，不会突破实质性压力位。反弹行情中，主力未能完全控盘，投资者需用技巧拉出利润空间。

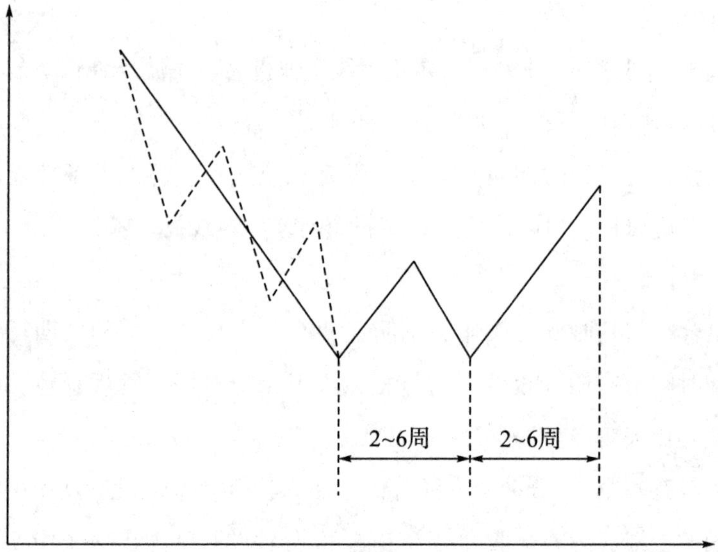


图 5—16 行情循环

## 三、反弹行情解读

图 5—17 上证指数（999999）2016 年 1 月 22 日至 2018 年 4 月 20 日周线图

如上图所示，上证指数大阴线跌破上升趋势，随后下跌 6 周，成交量放大。这里的破位是 30 分钟级别的下跌，只会出现 15 分钟级别的反弹结构。在股价下跌过程中，如果股价没有跌破下降趋势线，那么反弹也只能是30分钟级别的趋势。

波段交易的魅力在于，把四个级别的行情研究透后，按市场的变化来判断其相应的行情，投资者这样操作就会很安心。

# 第五节 反抽行情机会

## 一、反抽行情

### 1. 级别

反抽行情通常发生在严重超跌后，在15分钟走势图或者5分钟走势图上形成个循环周期，在走势图上形成一个筑底、中枢整理、做头的循环过程，从走势图上，能够明显找到上涨波段和下跌波段。

在构筑底部的过程中，无明显底部形态，会有低开震荡或小阴线整理，不会形成明显的整理形态。反抽行情的上涨过程单一，大部分分时盘口均以震荡方式和尾盘拉高的方式上涨。因为主力没有足够的时间建仓，没有控盘能力，导致反抽行情持续时间短。行情运行过程中，冲顶形成头部，以放量、巨量长上影线K线、纺锤线为主，反抽到下降趋势线或重要均价线结束。反抽行情不会突破对应周期和大周期实质性的压力位。

### 2. 时间维度

反抽行情是比反弹更小的行情，属于短线行情。发生反抽行情时，主力资金没有充分建仓，导致其没有控盘能力，是一种涨幅获利最小的行情，上涨空间最小，上涨空间一般在5%～20%。行情运行时间有限，根据行情大小，持续时间一般在2～13天。

### 3. 操作方法

投资者要先把指数判断对。指数没有控盘，指数是市场上所有参与者的一个综合体，因此指数比较容易判断。个股是需要控盘的，所以看盘会比指数难一点，在诊断指数的过程中，需要把时间跨度拉长一些，因为资金的布局需要时间扭转大级别的趋势，所以个股真正走好需要周线和日线都走好。

股价在下跌走势过程中，必定会有15分钟级别的反抽行情。在日线走势图上看15分钟级别行情，在周线走势图上看30分钟级别行情。越小的周期波段越无序，越无序的波动越吸引人。短线波动一般是市场的随机波动，而看大势是可以看出市场未来的发展方向。

下跌过程中的反抽行情，多是诱多行情，对于技术不强的投资者来说，千万不要冒险去抢短暂的收益。投资者要拥有波段交易的思维，抛弃惯性思维、短线思维，不能因一时的涨跌而频繁交易。

## 二、运行方式

如图5－18所示，股价在下跌过程中，出现了2～6周的30分钟级别的行情，图上依次为A、B、C，它们都是15分钟级别的行情。

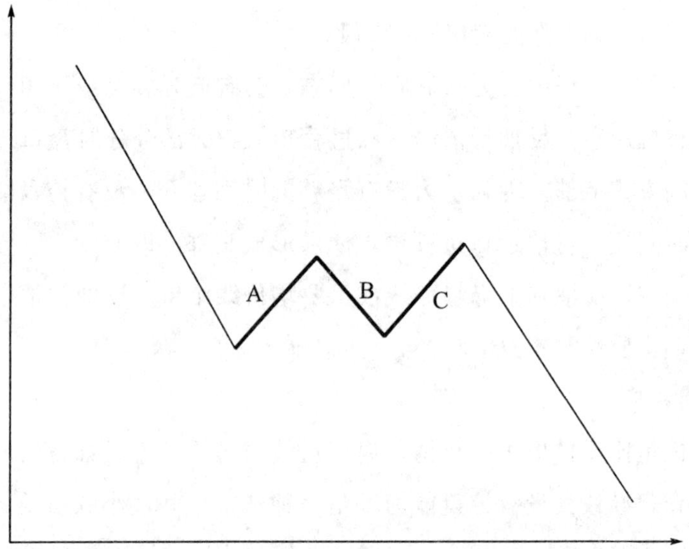


图5－18 行情循环

严重超跌后简单做底，无明显的底部形态，上涨过程以单一方式运行，大部分分时盘口以震荡式和尾盘拉高的方式建仓。中途会有低开震荡或者小阴线整理，无明显的整理形态，头部以放量、巨量长上影线K线、纺锤线为主，反抽到下降趋势线或重要均价线结束。不会突破大周期的下降趋势线，也是主力不具备控盘能力。运行时间在3天以内，是一个5分钟级别的行情。

下跌中的反抽行情特征是上涨幅度为5%～20%，持续时间2～13天，反抽到下降趋势线或重要均价线结束。

## 三、反抽行情解读

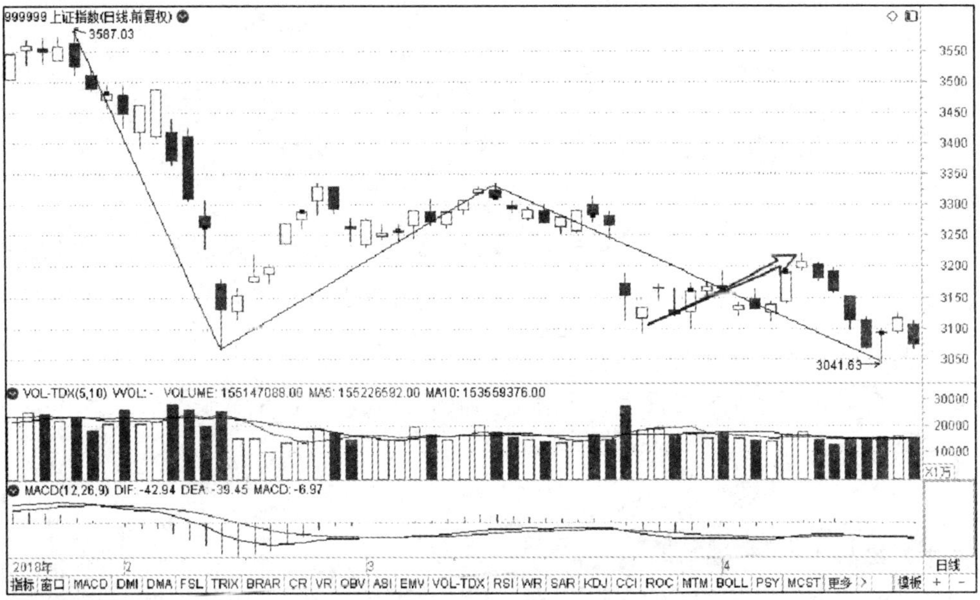


图5—19　上证指数（999999）2018年1月23日至4月20日日线图

如上图所示，上证指数在下跌过程中，首先是一个30分钟级别的下跌，紧接着的是一个30分钟级别的反弹行情，第二个下跌是30分钟级别的下跌结构。在30分钟级别下跌没有走完的情况下，是不可能出现15分钟筑底和反弹结构，这里只是15分钟的反抽。

# 小　结

中长期行情和中期行情是主力具备控盘能力。所谓主力的控盘能力，就是主力布局资金，扭转个股股价趋势。而反弹行情和反抽行情是主力不具备控盘能力，即30分钟级别的行情和15分钟级别的行情不具备主力拉升的先天条件，是短期的小反弹。

充分认识市场走势的涨跌规律，养成趋势操作的思维习惯。在不同行情级别下，赚取不同的利润，在大趋势中赚大钱，在小趋势中赚小钱。中长期行情的大牛市就应该赚取翻倍的利润，小牛市也会有机会，但是要适可而止。财富积累就是遵守了顺势而为的规则才能实现最大收益。

**【股市答疑】**

2018 年 8 月 5 日，广州的赵先生给我们打来咨询电话。

**赵先生：**

老师您好！我对于波段操作的认知还只是停留在表面的层次上，尽管能够在上涨波段买入，但是往往不能够在合适的高点附近卖出，导致最后到手的盈利只有一点点。而且有的时候买的价位高了，一波下跌就把我的利润弄没了，自己又不舍得卖，导致最后损失很大。希望老师能够指点一二，尽量让我在股市中做到少亏损多盈利。

**股市解答：**

赵先生您好！市场趋势有它自己的节奏和规律。我们要按照市场的节奏和个股的规律来操作。在你操作之前，一定要清楚你是要做中长线还是做波段，因为任何一只股票，在同一时间点，在不同的周期上，都有可能是三种趋势并存。你要做的是哪一周期，就应该按照哪一种周期去做。也就是说，你只需按照某一种周期趋势去做，不必前怕狼后怕虎。

如果你想做长线，却很在意波段涨跌，就很容易被波段涨跌迷惑，也就很容易做出错误的决定。如果你想做波段，却很在意短线涨跌，就很容易被短线涨跌迷惑，从而很可能在短线高点或短线调整的时候清仓出局。

当你看到一只股票，见底之后，先破趋势后破形态的，尤其要关注破趋势线后下跌的力度，下跌的力度变大，就会创新低，下跌的力度变小，再次上涨的到前高的时候（红多阴少）给前高点解套，后期才有可能向上突破。

在这个过程中，前面充分下跌后，我们需要关注股价破趋势的动能，下跌的力度，我们要求这个下跌的力度是缓缓的下跌，这里的下跌力度决定了此时的下跌是真还是假。如果在破趋势的过程中动能加强，那么正常的下跌是缓慢下跌。如果在破趋势之后下跌是极速下跌，那么这里的破趋势是无效的。

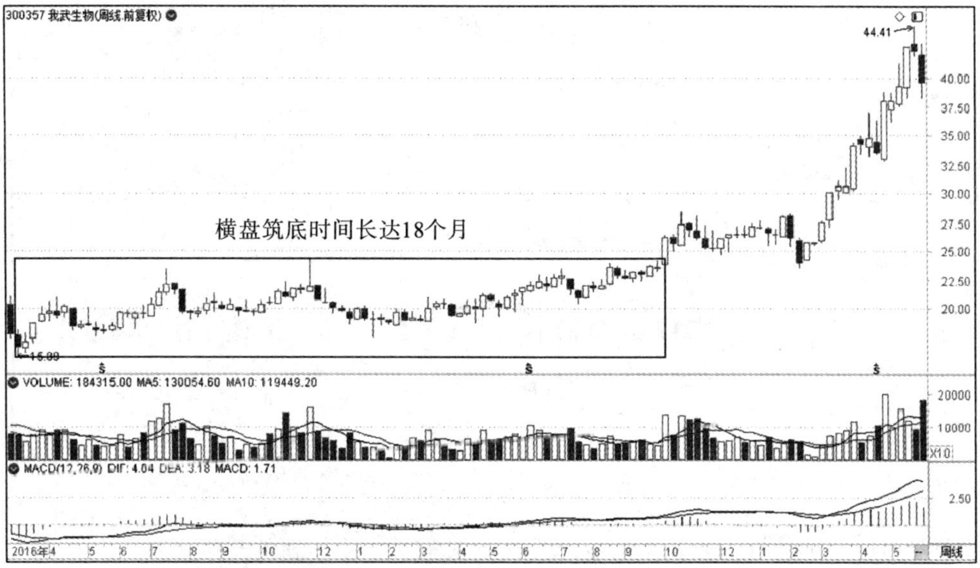


图 5—20 我武生物（300357）2016 年 2 月 26 日至 2018 年 6 月 1 日的周 K 线图

如上图所示，我武生物在底部横盘筑底的时间超级漫长，达到了 18 个月，将会有一波中长期趋势行情机会在后面等待着。在周线图上所展示的横盘筑底，上下震荡的幅度有 50%之多，足够让投资者去日线图或者是 60 分钟图上寻找到相应的买卖点。

投资者在判断买卖点位的时候，看下 K 线走势图，确定当下的行情到底是属于什么行情级别的，到底是中长线还是中线机会，这样当走势走出来之后就能够判断具体的行情结束时间以及涨幅。我武生物在底部横盘震荡的时间足够久，在突破横盘区间价位时，股价开始一波拉升，预示着这在周线图上是一波中长期的上涨行情。

投资者在介入后，就应该将投资时间拉长，将眼光放长远，一旦在调整前卖出后，记得调整到位后再次买入，别被抛出去，丢失理应得到的利润。

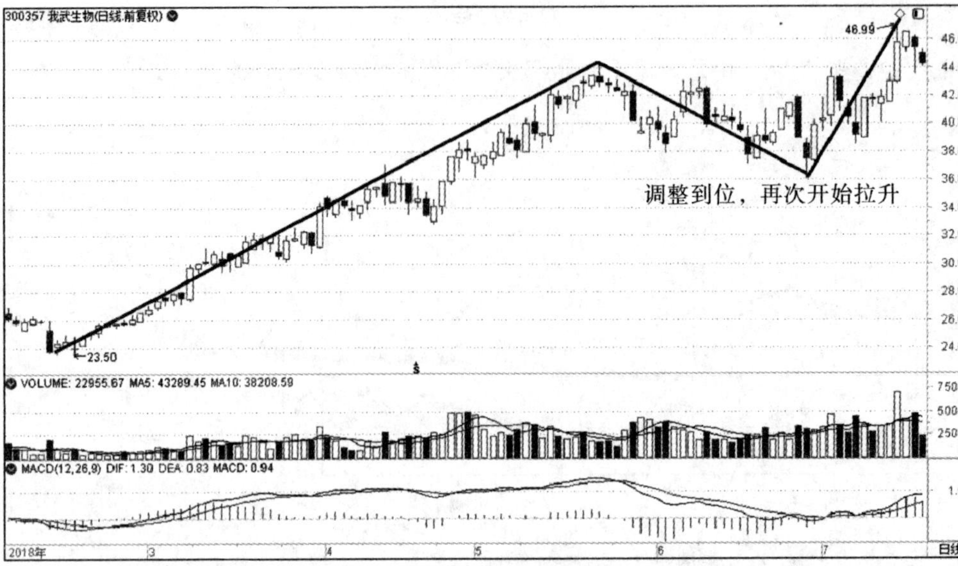


图 5—21　我武生物（300357）2018 年 1 月 30 日至 7 月 18 日的周 K 线图

如图 5—21 所示，我武生物在周线图上调整到位后，股价开始上涨，上涨过后再次经历调整，这时候股价创新高，但是上涨力度明显弱于之前的上涨力度，证明市场面临趋势方向转换的风险。而且同时周线图上所展示的中长期趋势行情已经到了背离点，此时不管是周线图还是日线图，都说明此时市场已经到了一个顶部阶段，卖出是最恰当的选择。

根据自己所学的技术对行情走势进行研判，从大周期的图表开始，眼光放长远些，那么市场的走势也能够看到更长远，对于市场的趋势方向就能做到心中有数，临事不慌。判断行情机会之后，所有的注意点，例如买卖操作的图表级别，大周期和小周期走势图的共同研判方法，以及后续走势的力度比较都掌握了，那么所有的操作都是手到擒来，不再像之前那样，买了怕跌，卖了怕涨。

# 第六章 周期

**时间周期最重要。市场穿越顶部或跌破底部的时间越长，上升或下跌得越大。**

**——威廉·江恩**

## 第一节　认知周期

### 一、价格与趋势

1. 时间周期与价格

价格和时间周期是所有交易的固有属性，不以人的意志为转移。从交易开始至终止，价格和时间就不间断地运行，价格变化如同波幅，时间就是频率，时间周期匀速前进，价格变速运动。

当价格落后于时间周期，价格就以快涨或快跌来追赶时间周期，也就是常说的空间换时间；当时间周期落后于价格，价格就以盘整方式等待时间周期赶上，也就是常说的时间换空间。价格和时间周期两者相互作用。

如图 6—1 所示，中国平安在低价位处横盘震荡达半年之久，但是股价却没有太大变化，一直处于 32 元至 35 元之间。这就是常说的时间换空间，以较长的时间周期来换取小幅的股价波动。而当股价开始快速拉升时，涨幅瞬间就超越了之前横盘半年的涨幅，并且绝尘而去，这就是所谓的空间换时间，用大幅度的上涨空间来换取短暂的时间。

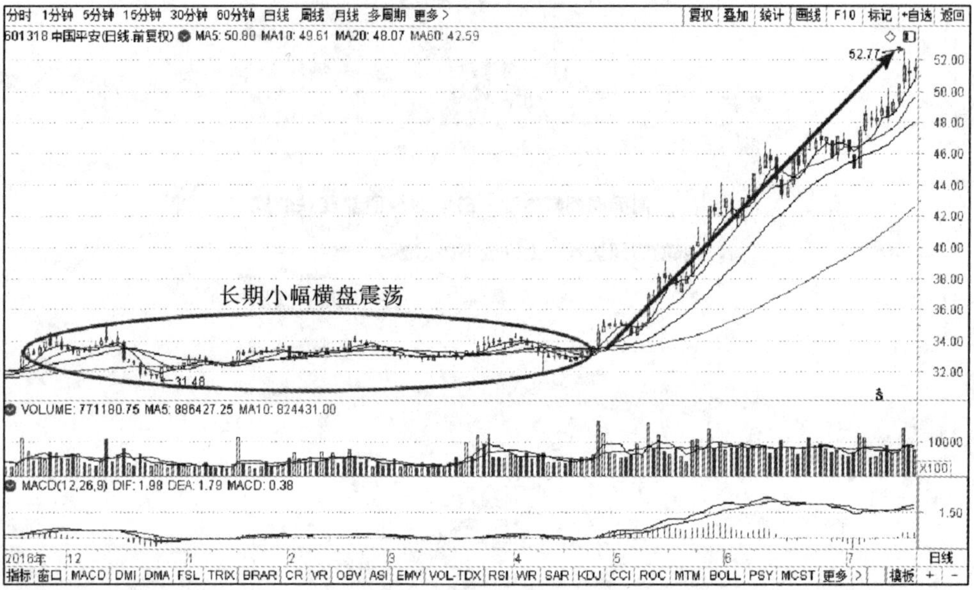


图 6—1　中国平安（601318）2016 年 11 月 16 日至 2017 年 7 月 19 日日线图

理解了价格和时间周期的相互作用后，就能容易理解价格的涨跌与盘整，也就能够预测市场出现顶部和底部的大概位置，以及未来行情会以什么形式出现。

2. 周期与趋势

无论是长期、中期或是短期的交易数据所体现的趋势，都呈现特征和形态相同的趋势。简而言之，不同时间周期跨度的趋势，其特征大同小异。尽管每个投资者的投资周期完全不同，但是由于不同周期跨度的趋势有很多共性，他们完全可以使用相同的、最基础的趋势分析方法来研究和分析市场。

投资者都希望能够在一开始的时候就把握住新的趋势，能够在其启动之际买进，在其即将结束之时卖出，但是这种理想状态在现实中少有。只有在事后分析时，趋势才能了然于心。因此，投资者应该尽早确定趋势的起点和终点，学习研究 K 线走势、移动平均线、支撑位和阻力位以及本书教给大家的技术分析方法。

有些投资者可能很看重延续数年的商业周期趋势；有些投资者可能会紧盯未来半年乃至一年的市场动向；还有一部分投资者会热衷于日内交易趋势的研究分析。交易市场中每个时间跨度都会有相应的趋势，而且趋势的时间跨度数量是无穷尽的。这就要求投资者根据个人偏好以及投资目标来选定对自己最有利的周期跨度。

尽管趋势的周期不同，但是确定趋势的起点和终点的方法是一样的。但这并不意味着投资者可以忽略趋势的周期跨度。因为短期趋势构成了长期趋势，长期趋势包含短期趋势，两者相互影响、相互制约。因此，要精准分析一定时段的趋势，就得分析这一时间段内相关的长期和短期趋势。

例如投资者要研究日线图的走势，不仅需要分析日线图的走势，还要分析比日线周期长的趋势，因为长期趋势会直接影响该时间段内的短期趋势。同样，30分钟图或者60分钟图也得研究，因为分析短期趋势可以发现长期趋势发生转变的早期信号。因此，投资者无论研究什么周期的趋势，都得研究比相应周期更长和更短的周期趋势。

## 二、周期的属性

时间周期具有独特的属性。

1. 嵌套性

时间周期具有嵌套性。1年有4季，1季有3个月，1个月有4个星期，一个星期有7天，一天有24个小时，1个小时有60分钟，1分钟有60秒，一秒有1000毫秒……

同样，在股市中，1根年K线包含4根季K线；1根季K线包含3根月K线；1根月K线包含4根周K线；1根周K线包含5根日K线……一直可以延续到1根5分钟K线包含5根1分钟K线。

2. 偏移性

时间周期之间具有偏移性。如果前一个周期时间变短，那后一个周期时间很可能会变长，但从一个较长的时间跨度看周期是不变的。例如周K线由5根日K线组成，日K线由8根30分钟K线组成。周线和日线之间的比例是5倍，日线和30分钟线之间的比例是8倍，倍数的差别就是偏移性。但5根日K线周期一定等于40根30分钟K线，两者也一定符合一根月线周期。

3. 变盘性

小周期受制于大周期并且牵制大周期，两相邻周期具有互补性。当1小时、4

小时、日线时间之窗重合时，就是重大变盘拐点的来临。例如第 60 秒完成的时候，就变成了 1 分钟；60 分钟完成时，就成了 1 小时。同样，当小周期完成时，会带动大周期的转变，也就是变盘。

掌握了价格、时间周期、交易心理以及波段操作之后，就可以不用担心价格的涨跌，专心操作属于自己的波段，实现稳定盈利。

## 三、周期的分类

在应用周期图表分析时，操作一个波段行情要用三个周期看盘，双周期操盘。

1. 大周期

大周期的主要作用是判断市场行情发展方向，辨别市场是否具备波段行情条件。从整体来看，明确现阶段的股价处于什么样的位置；预期上涨的空间和时间有多少；确认市场的压力位与支撑位所在的位置，从而判断该大周期是否具备产生某一级别行情的基本要素。

简单来说，大周期的作用就是看行情趋势、看股价位置、看上涨空间、看压力和支撑，而且大周期是不会发出交易信号的。

2. 主周期

大周期确认有机会的前提下，用主周期研究目前处于什么位置，该周期处于波段的哪个阶段，是否发出等待、买进、持仓、卖出等交易信号。

3. 小周期

在主周期发出交易信号后，用小周期寻找下单价格区间和点位，以及分析主周期中每一个波段的形态结构是否完整。切记，一定要在主周期发出交易信号后，才可以在小周期找到交易点位。

综上所述，大周期是给交易制定一个框架，无论目前的行情如何，处于什么阶段，都不能做出是否交易的结论，一定是在看了主周期之后，才能决定是否存在交易的机会。也就是说无论大周期的走势如何都可能存在交易机会，但不一定有适合的交易点位。

大周期是根据波段行情性质而定的，在使用时，只有主周期发出交易信号后才能确认小周期的交易点位，持股与否以主周期与小周期综合分析研判为主。当然还需要参考大周期的重要支撑压力位。

### 四、周期的重要性

1. 分清主次

股市投资就是两点一线的游戏，在买点和卖点之间不停轮动，而买点与卖点之间的曲线运动，投资者根本就无须理睬。投资者需准确描述和捕捉市场维持波动状态的时间跨度，避免频繁交易，回避市场杂波的迷惑。而相邻周期对后期价格的影响大于之前时间周期的影响。

2. 精准出击

熟练掌握波段操作，能够对股市的涨跌规律了如指掌，从而捕捉相对精准的出击时机，避免把波段做成了短线，或者做成了中长线。通常情况下，价格遵循次级波动以下级别的时间拐点要准确于其以上的级别。

3. 准确信号

通过时间周期，进一步完善交易系统，通过采样得出的交易信号具有准确性。同时结合其他简单的趋势追踪工具，就能充分发挥作用了。比如小波段的趋势线，或短期形态的关键阻力和支撑位置，价格突破选择的方向，就是短期交易的方向。

得到时间周期，便能得到一切；得不到时间周期，便得不到一切。

## 第二节　三周期看盘

### 一、中长期趋势机会

1. 大时间：月 K 线图

用月 K 线图确定中长期波段行情的目标价位与上涨的性质，研判是否具有产生中长期波段行情的要素。

2. 主时间：周 K 线图

用周 K 线图确定中长期波段行情的交易信号，分析判断股价当下运行在哪个波段，从而确认是持仓还是空仓。

3. 小时间：60 分钟 K 线图

当周 K 线发出买卖信号后，用 60 分钟 K 线图找出交易的价格区间，分析股价的上升、盘整走势点位是否与小周期的点位吻合。

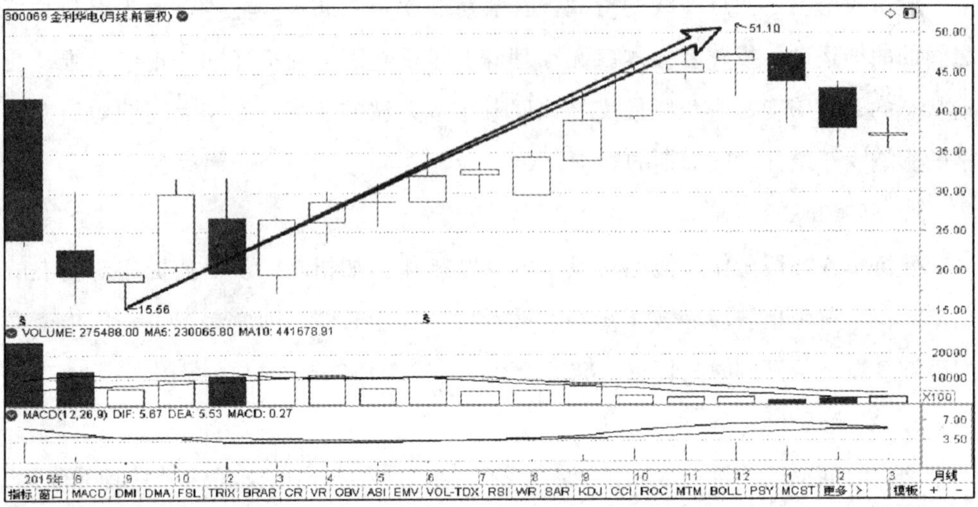


图 6—2 金利华电（300069）2015 年 7 月 31 日至 2017 年 3 月 31 日月线图

如上图所示，金利华电在月线走势图上，从 2015 年 9 月至 2016 年 12 月，从底部上涨至高位，持续上涨将近 16 个月。在寻找中长期行情机会的时候，应以月线为该波段行情的大时间，用于研判市场整体的大趋势。

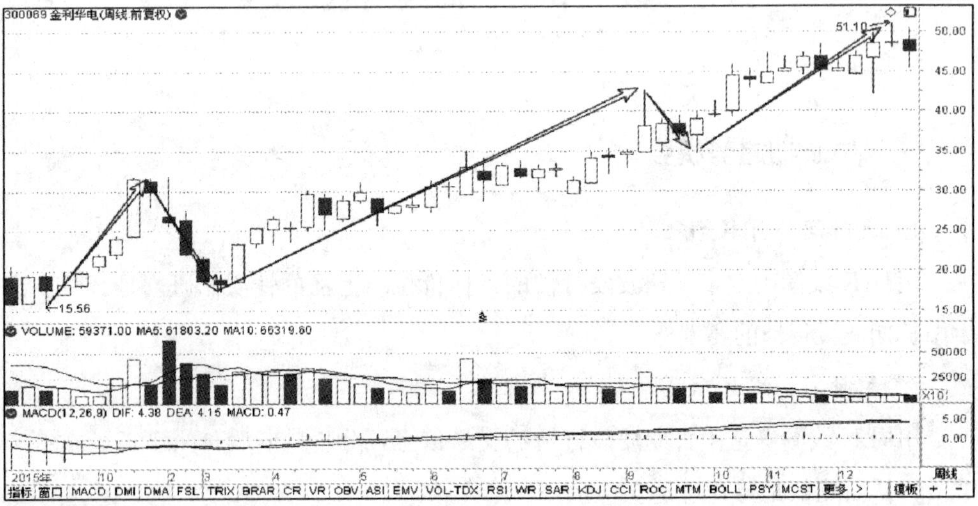


图 6—3 金利华电（300069）2015 年 9 月 2 日至 2016 年 12 月 30 日周线图

月线走势图上 16 个月的上涨走势，放大一级，用周线图来观察走势，以周线为该波段行情的主周期。如图 6—3 所示，可以观察到周线图上 5 波段的上涨走势，明显的 3 浪上涨，2 浪回调，第 4 浪回调未跌破第 2 浪的高点。

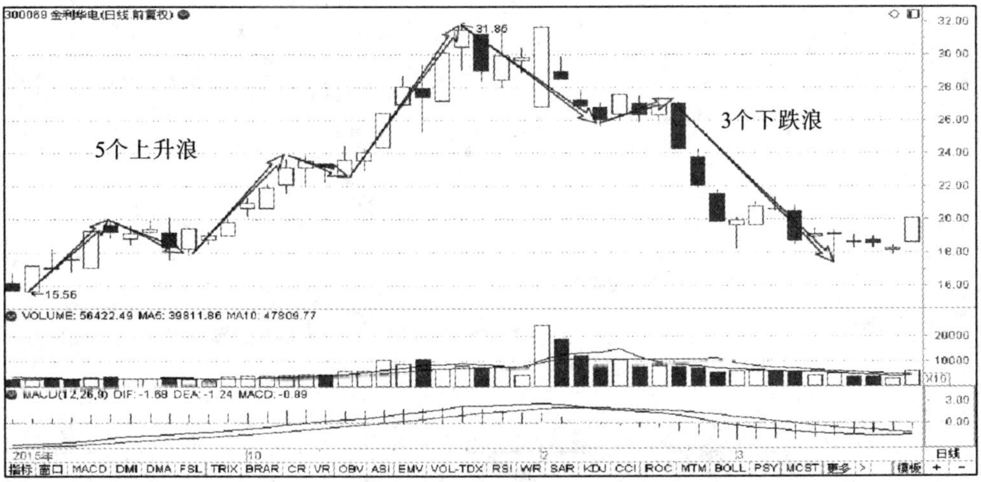


图 6—4　金利华电（300069）2015 年 9 月 15 日至 2016 年 3 月 14 日日线图

大时间以月线图为参照对象，主时间以周线图为标准，以日线图为小周期买卖指示。如上图所示，这一段走势为周线图上第 1 浪和第 2 浪的走势。日线图上的走势有明显的波浪理论的波段结构，呈现出一个完整的周期，即 5 个上升浪和 3 个下跌浪。当前期上涨走出 5 浪上涨，后面经过 ABC 浪调整后，形成的低点便是最好的进场点。

## 二、中期趋势机会

### 1. 大时间：周 K 线图

用周 K 线图确定中期波段行情的目标价位和所属周期，研判是否具备产生中期行情的要素。

### 2. 主时间：日 K 线图

用日 K 线图确定中期波段行情的交易信号，分析和研判股价当下运行在哪个波段，从而决定是持仓还是空仓。

### 3. 小时间：30 分钟 K 线图

当日 K 线图发出买卖信号后，用 30 分钟 K 线图找交易目标价位，并分析行情中每一个上升、盘整、见顶的周期是否符合波浪要素。

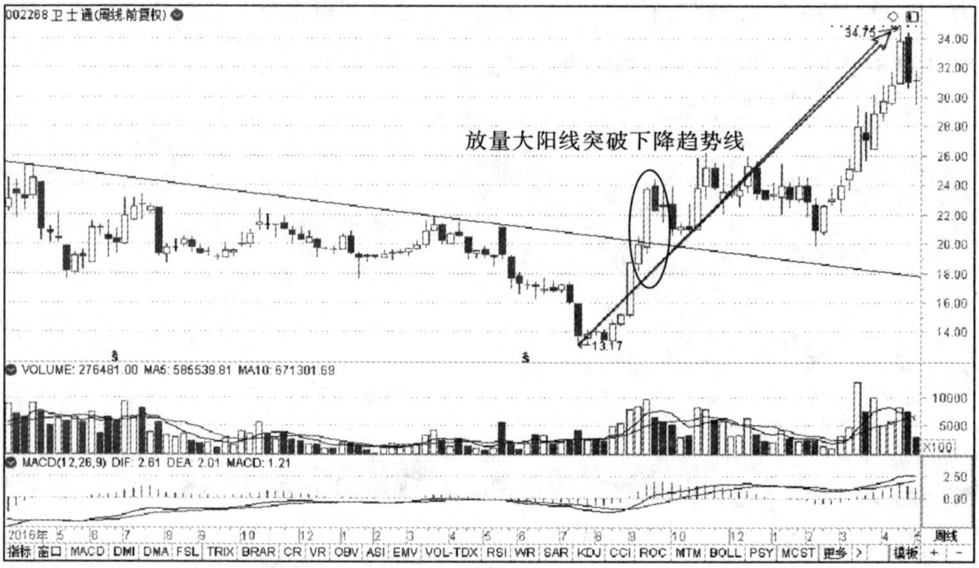


图 6—5　卫士通（002268）2016 年 3 月 25 日至 2018 年 5 月 4 日周线图

如图 6—5 所示，在卫士通的周线图上，前期持续 1 年多的充分下跌，成交量从量大到量小，再到芝麻量。然后股价上涨突破了下降趋势线，并且在突破期间成交量放量，鉴定为有效突破与引领。

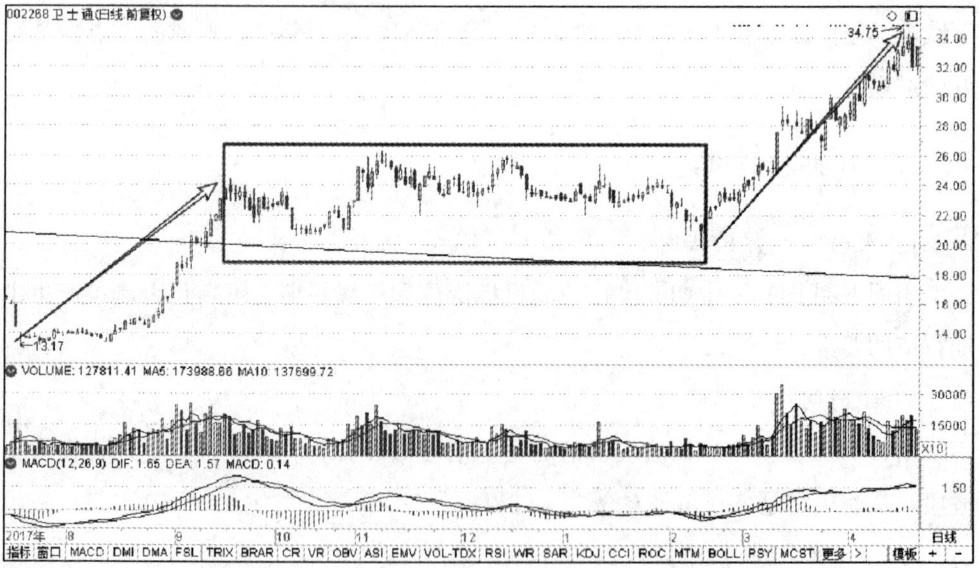


图 6—6　卫士通（002268）2017 年 7 月 13 日至 2018 年 4 月 24 日日线图

如图 6—6 所示，卫士通股价上涨突破了下降趋势线，并有短暂的回调，后续走势并未跌破下跌趋势线。下跌过程中的下跌趋势线为压力线，突破之后，压力线变为支撑线，后续走势未曾跌破支撑线，并且在扭转趋势的时间段内成交量呈堆量状态。股价在前期横盘的位置盘整，解放之前的套牢盘，有利于之后的拉升。

资金在进行了有效的布局后，后续会引领股价继续拉升。从 2017 年 7 月到 11 月，卫士通经历了一个中期级别的上涨。后续紧跟一个 3～6 个月的中期级别的盘整结构，所以后期是一个中期级别的上涨，上涨幅度为 50％～100％。

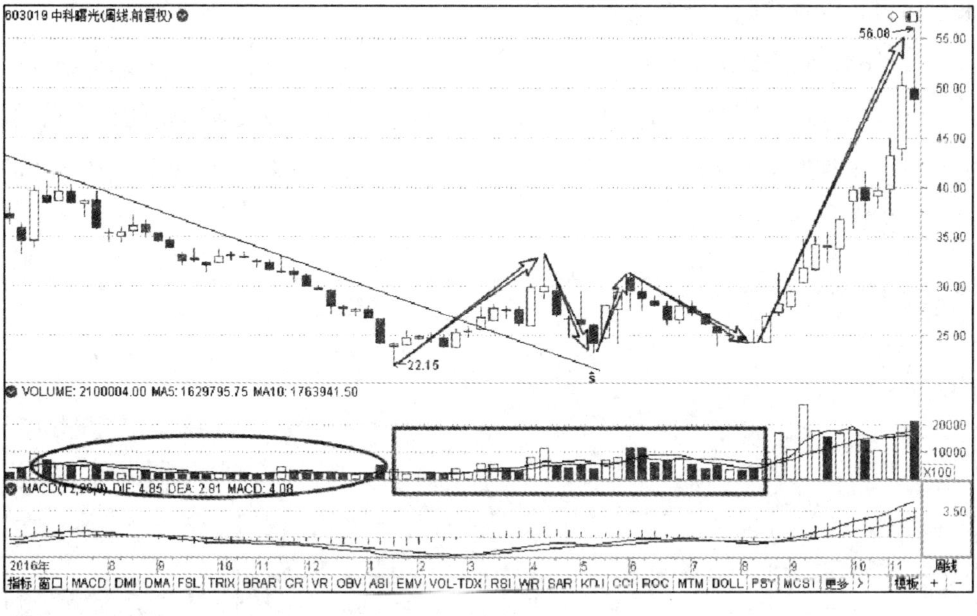


图 6—7　中科曙光（603019）2016 年 6 月 8 日至 2017 年 11 月 17 日周线图

如上图所示，中科曙光前期是一个下跌趋势，然后破趋势线进行盘整。下跌趋势中，成交量从量大到量小再到芝麻量。股价在低位盘整期间，成交量堆量，解放了最近的套牢盘；逆转趋势是标准的 5 浪上涨结构。所以这里的单阳突破能有效地带领上涨行情，产生 50％～100％的上涨空间。而且成交量非常重要，如果资金一直都在进场，然后横盘，就说明后期主力资金会拉升股价。

## 三、反弹行情机会

1. 大时间：日K线图

用日K线图确定反弹行情的空间和性质，研判是否具备产生反弹行情的基本条件。

2. 主时间：30分钟K线图

用30分钟K线图确定反弹行情的买卖信号，分析并研判股价运行在哪个过程、阶段，以及持股、空仓的区域。

3. 小时间：15分钟K线图

当30分钟K线图发出买卖信号后，用15分钟K线图找反弹行情的买卖点位，并分析中长期波段行情中每一个上升、下跌、整理波的小周期走势，以及波段操作的买卖点位。

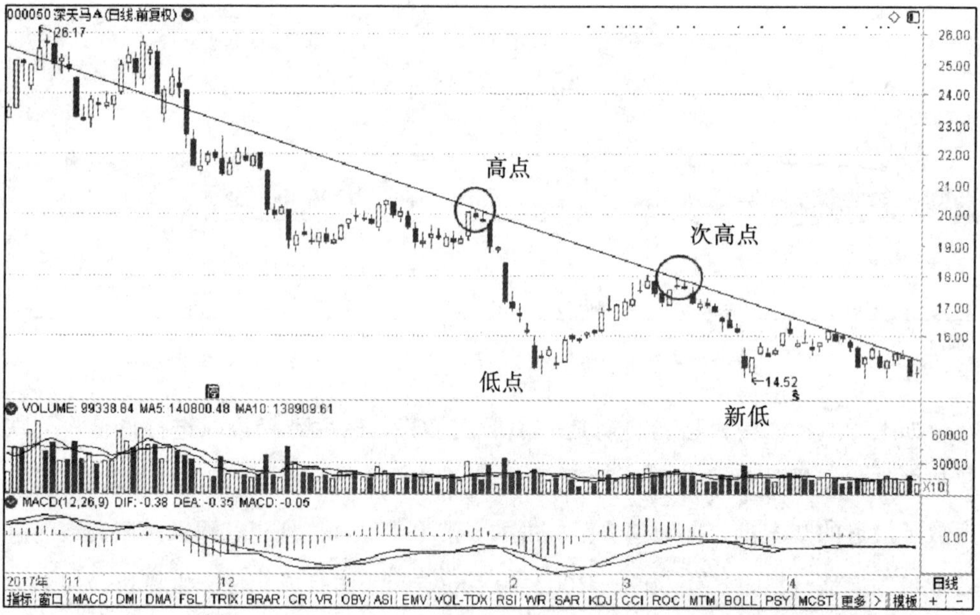


图6—8 深天马A（000050）2017年10月20日至2018年4月27日日线图

在日线图的下跌趋势中，必定会有小级别的反弹行情。如上图所示，深天马A处于日线级别图的下跌趋势中，股价还在下跌趋势中，没有扭转趋势的迹象，下跌途中下跌趋势线也未突破。对于技术不强的投资者，不推荐操作这种股票。

在日线图上的下跌走势，最多有30分钟或者15分钟的反弹行情，等到股价有一个15分钟的上升，并且成交量放大，之后股价横盘，成交量缩量，股价突破趋势时，就是一个好的买入点，属于15分钟的小短线，在没有出现这个结构之前，都没有操作机会。

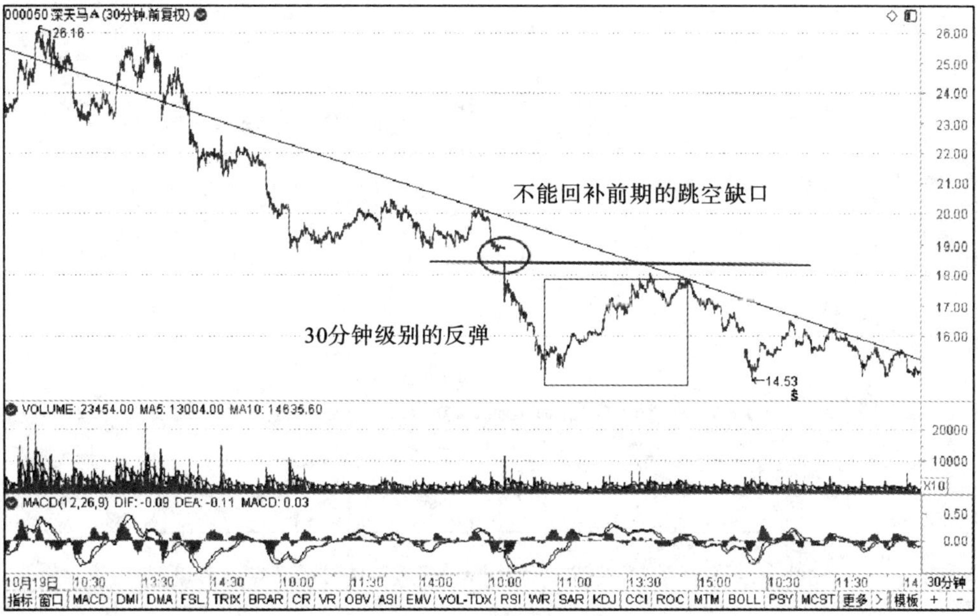


图6—9 深天马A（000050）2017年10月20日至2018年4月27日30分钟线图

如上图所示，在深天马A30分钟级别的走势图上，股价跳空低开，继续下跌走势，在低价位处构成双底形态，MACD指标背离，开始构筑30分钟级别的反弹行情。股价在上涨至前期跳空窗口，而未能放量突破，则属于反弹行情的卖点。

## 四、反抽行情机会

1. 大时间：30分钟K线图

用30分钟K线图确定反抽行情的空间和性质，研判是否具备产生反抽机会的基本条件。

2. 主时间：15分钟K线图

用15分钟K线图确定反抽行情的买卖信号，分析并研判股价运行在哪个过程、阶段，以及持股、空仓的区域。

3. 小时间：5 分钟 K 线图

当 15 分钟 K 线图发出买卖信号后，用 5 分钟 K 线图找买卖点位，并分析行情中每一个上升、下跌、整理波的小周期走势，以及波段操作的买卖点位。

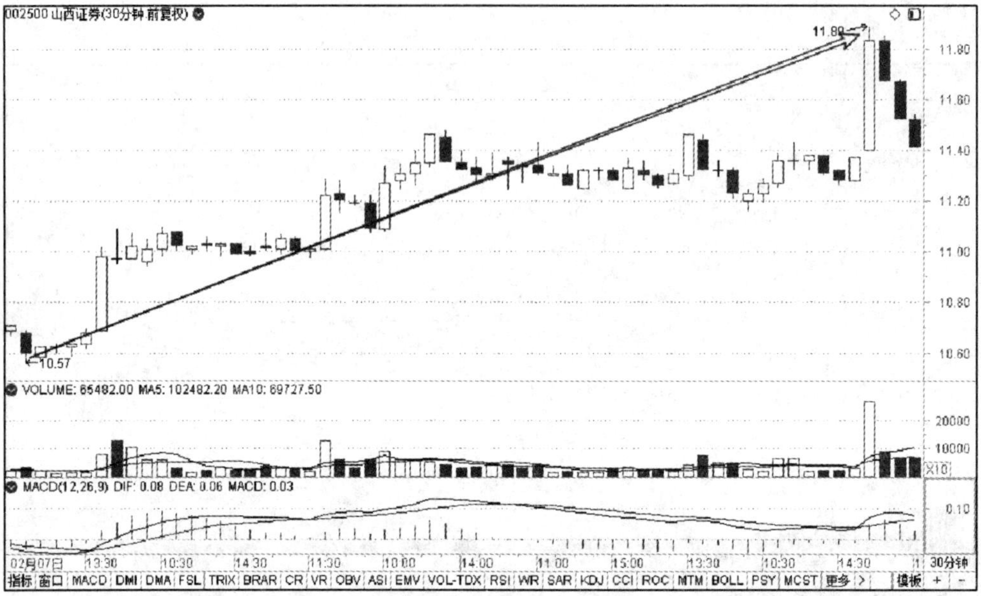


图 6—10 山西证券（002500）2017 年 2 月 7 日至 17 日 30 分钟图

反抽行情通常发生在严重超跌后，在 15 分钟走势图或者 5 分钟走势图上形成一个循环周期，在走势图上形成一个筑底、中枢整理、做头的循环过程，从走势图上，能够明显地找到上涨波段和下跌波段。山西证券在日线图上显示为下跌走势，而在 30 分钟图上则可以看到一段明显的上涨反抽走势，这一波段有 12%左右的涨幅，符合反抽行情定义的涨幅。

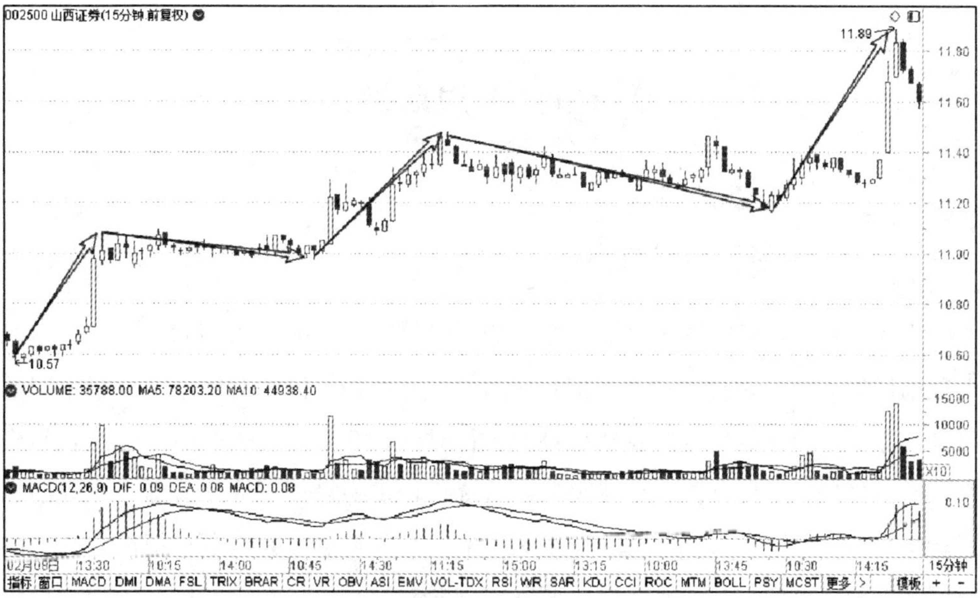


图 6—11　山西证券（002500）2017 年 2 月 8 日至 17 日 15 分钟图

放大 30 分钟走势图，在 15 分钟走势图上观察走势，就可以明显看到 3 段上涨波段和 2 段调整波段走势。再到 5 分钟走势图上寻找 2 浪内部的 ABC 调整浪买入点。

**【特别提示】**

不同行情机会对应的时间周期研判标准：

| 行情机会 | 大时间 | 主时间 | 小时间 |
|---|---|---|---|
| 中长期波段行情 | 月 K 线图 | 周 K 线图 | 日 K 线图 |
| 中期波段行情 | 周 K 线图 | 日 K 线图 | 30 分钟 K 线图 |
| 反弹行情 | 日 K 线图 | 30 分钟 K 线图 | 15 分钟 K 线图 |
| 反抽行情 | 30 分钟 K 线图 | 15 分钟 K 线图 | 5 分钟 K 线图 |

# 第三节　多周期操盘

## 一、多周期操盘的必要性

操盘实战中，研判行情要解决多个问题。第一，要解决周期问题。因为不同时间周期的K线走势图对应不同的行情机会。只有用不同的时间周期分析不同的行情，才能真正看清行情的发展趋势、运行时间、空间，才能更好地把控交易模型，掌握最好的买卖点位。在波段交易系统里，主要采用三周期看盘、双周期操盘的交易方式。第二，要解决波段操作；第三，要解决形态问题；第四，要解决时间和空间；第五，是动能问题；最后要判断趋势是否形成，波段是否完整，当下的行情是否具有操作机会。

## 二、各周期作用

### 1. 大周期

大周期根据波段行情性质而定，作用是看趋势和方向，趋势和方向代表着压力和支撑位。

### 2. 主周期

主周期的作用是看结构。中期级别的行情看周线，中长期级别的行情看月线。主周期是看位置，看是刚突破的位置，还是上涨的尾声，看结构位置是初期，中期还是尾期。有效的买点是初期上涨的单阳突破，而不是尾期的单阳突破。

### 3. 小周期

小周期的作用是找买卖点。在使用时，只有主周期发出交易信号后才能确认小周期的交易点位，持股与否要以主周期与小周期综合分析研判为主。

15分钟的反抽行情是不能参与进去的，因为其持续时间只有1～2天。最低也应该做30分钟的反弹行情。最小要看30分钟K线图。

# 第四节 周期共振转换

行情的运行是大小周期互相牵制，又相互促进。在大周期趋势未改变之前，大周期会制约小周期的行情；在大周期行情趋势末期，小周期的走势拐点能引领大周期行情的扭转。

## 一、主周期向上，中期做多

如果股价在主周期上处在明显的上升趋势中，一旦趋势形成后，应以主周期做多为主，不可以随意转换操作。

1. 小周期向上

在主周期上涨波段不完整的前提下，每一次小周期上涨波段就是持股盈利波段，小周期上涨动能减弱，量价背离的时候就是小周期的卖点。

在主周期上涨波段末期，股价上涨，而成交量却缩小，形成价涨量缩的背离形态时，小周期上涨波段拐点会引发主周期趋势的逆转，从而形成小周期和主周期的趋势共振扭转。

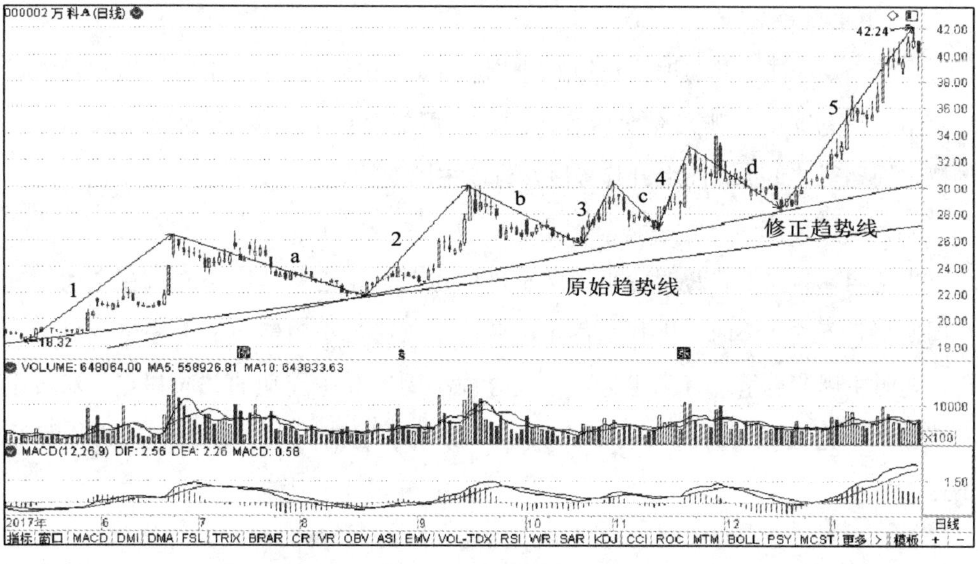


图 6—12 万科 A（000002）2017 年 5 月 12 日至 2018 年 1 月 25 日日线图

如上图所示，万科A在2017年5月至2018年1月之间涨幅高达130%。在主周期日线行情上涨的情况下，波段1、2、3、4、5为小周期的上涨波段，这5个上涨波段都可以放到60分钟K线图或者30分钟K线图上进行操作。这可以理解为主周期向上，小周期也向上，小周期的买点就是主周期的进场点。

波段5为小周期的上涨波段，主周期也正好处于量价背离状态，导致波段5小周期的反转引发了主周期趋势的反转，形成了小周期和大周期的共振扭转。

2. 小周期向下

当主周期处于明显的上升趋势之中，如果在上升趋势中做波段，要以小周期进行买卖，小周期的卖点只是短期的卖点，待小周期调整到位后再进场。

如上图所示，主周期处于上涨趋势中，波段a、b、c、d为小周期的下跌波段，在下跌波段卖出后，等待小周期下跌背离，或者调整到上涨趋势线或支撑位处，再选择合适买点进场。

## 二、主周期向下，中期做空

当股价在主周期上处在明显下跌趋势时，一旦趋势形成，应以主周期做空为主，不可以随意转换操作。如果主周期为下跌趋势，只有突破了主周期下跌趋势线后，才有可能形成小周期级别的做多。

1. 小周期向上

当主周期为向下趋势时，可以在小周期上进行操作，一旦小周期出现卖点就要卖出。只有等待突破大周期趋势线后，才可能会形成大级别行情的操作机会。等待主周期行情形成新的上升趋势后，再以主周期持仓做多为主。

2. 小周期向下

当主周期为向下趋势时，小周期呈现的也是向下趋势，则空仓。在主周期和小周期都是下跌趋势时，做什么都是徒劳的。只有当小周期向下走势出现量价背离，同时主周期也呈现背离走势，才能寻找小周期和主周期的共同拐点。对技术和心理承受能力一般的投资者而言，还是等到小周期向上突破趋势线再进场也不迟。

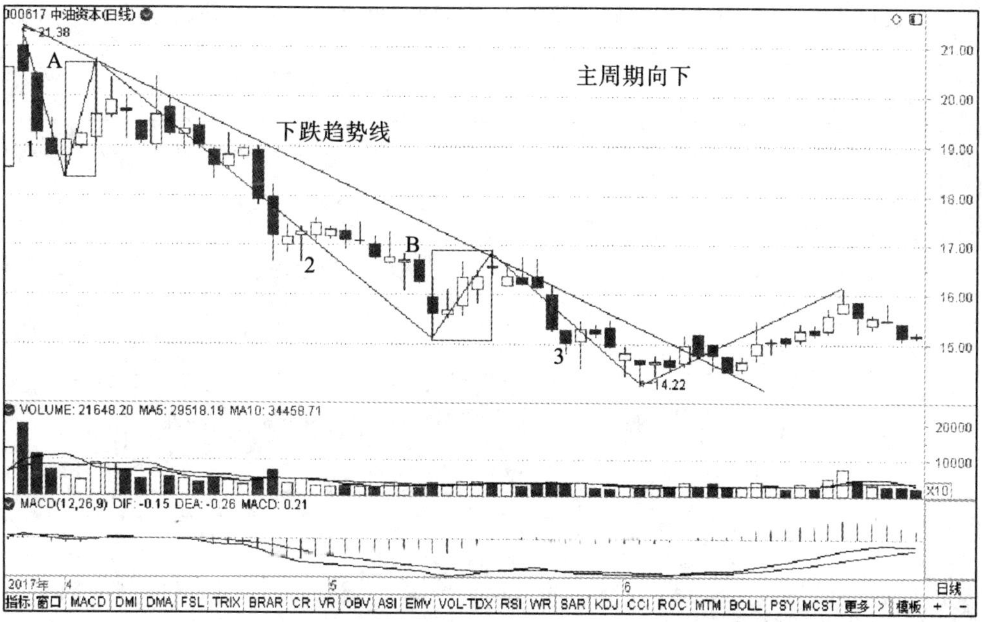


图 6—13　中油资本（000617）2017 年 3 月 28 日至 6 月 29 日日线图

如上图所示，中油资本日线图中主周期为下跌走势，小周期的波段 1、2、3 同主周期一样，也为下跌走势，并且在下跌过程中未曾有走势突破下跌趋势线，因此波段 1、2、3 的操作策略为空仓。而波段 A、B 为小周期的反弹行情，持续时间太短，对于投资者的要求太高，能够抓住机会的投资者寥寥无几。

## 三、主周期横盘，小周期操作

### 1. 小周期向上

主周期在低价位横盘震荡，还未形成上升或下降趋势之前，即在平衡区间震荡时，该区间为能量蓄势区，要以小周期进行高抛低吸。当小周期向上时，要随时注意主周期横盘震荡的压力位，以及小周期的背离点，如果不能放量突破横盘震荡的压力位，小周期的高抛点就是短期的卖点。

### 2. 小周期向下

当主周期盘整时，小周期向上不能突破引领主周期趋势改变，便会继续在平衡区间震荡。小周期向下运行，如若小周期在主周期的支撑位稳住，则构成小周期买点，持有一个小周期波段；如若小周期跌破主周期的支撑位后，反弹不能达到支撑位，则支撑位转化成压力位，小周期继续下跌，同时引领主周期趋势改变，由横盘震荡转变为下跌趋势。

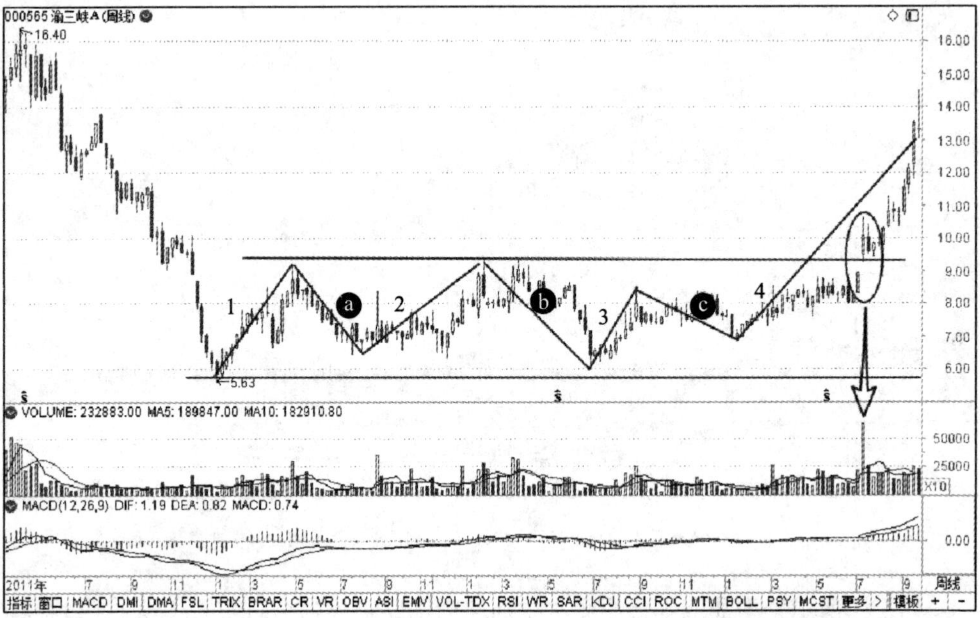


图 6—14　渝三峡 A（000565）2011 年 3 月 4 日至 2014 年 9 月 26 日周线图

如上图所示，渝三峡 A 周线图中主周期在横盘震荡，股价在 6 元至 9 元之间上下运行。波段 1、2、3 在小周期上呈向上走势，在向上运行的过程中，触碰到 9 元的压力位，没能放量突破，转而向下运行。而波段 a、b、c 在小周期呈向下走势，在向下运行过程中，6 元的支撑位为股价向下运行形成了阻力，导致小周期下跌趋势扭转为上涨走势。最后小周期的波段 4，在向上运行过程中，在 2014 年 7 月 11 日这周，股价放量跳空高开，突破压力位，随后的回调也并未回补缺口，波段 4 由小周期的上涨走势主导主周期的趋势改变，股价至此由盘整扭转为上涨走势。

股价突破趋势线之后，必须要经过时间的验证，标准是在趋势线之上，连续站稳三天。突破趋势线以后，在趋势线的另一方停留的时间越长，突破越具有效力。

# 小　结

任何一个短期趋势，都是某个中期趋势的一部分；任何一个中期趋势，都是某个长期趋势的一部分。也就是说，相对较小的趋势，一定被包含在某个更大的趋势中。在操作之前，一定要清楚是要做中长线还是做中线，因为任何一只股票，在同一时间点，在不同的周期上，都是三种趋势并存。要做哪一周期，就应该按照这个周期去做。也就是说，只需按照某一种周期趋势去做，不必前怕狼后怕虎。

**【股市答疑】**

2018年5月30日，河南的茅女士给我们打来咨询电话。

**茅女士：**

老师您好！我在2017年8月2日融捷股份跳空高开那天买入了。本以为它会跳空高开之后往上涨，却没曾想到股价会调整了足足两周，才继续往上涨。而我在回补缺口后的30元附近卖出了。刚卖完，股价就继续往上涨，但是又不敢追高，只能眼巴巴看着。

**股市解答：**

如图6—15所示，融捷股份在买入的点已经是前期的高位。若仔细判断行情走势，便会发现这已经是第二波的高点处。第二波既然已经突破前高位了，那么当上涨力度减弱的时候，就是这波上涨到头的时刻。融捷股份在突破前高点后，立即跳空高开，当日成交量巨大，大有一飞冲天的劲头。但随即股价开始回调，成交量逐渐减弱，属正常的回调现象。并且股价在回调至前高点后便不再继续下跌，表明此处有资金在支撑股价，那么股价在30元附近便会调整到位后再次继续上涨。

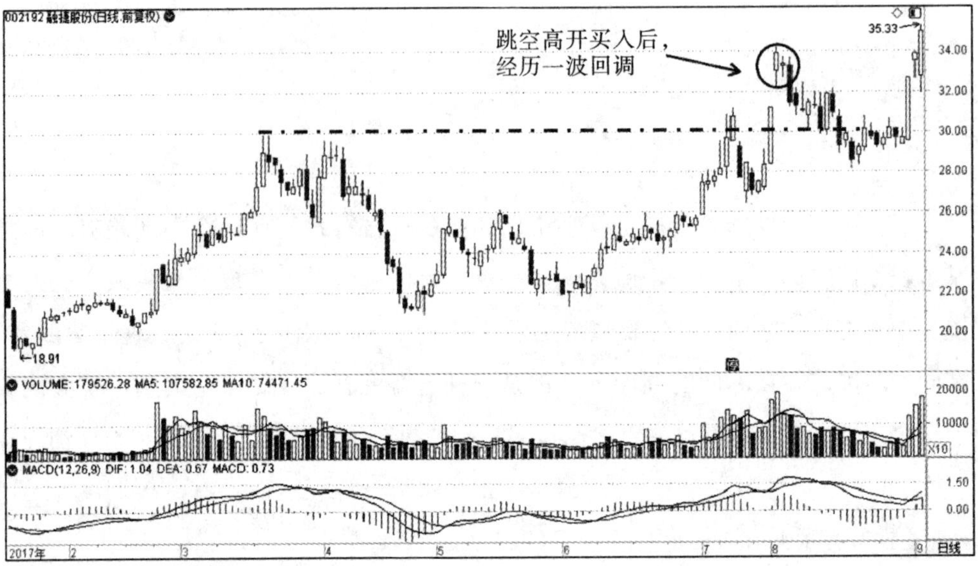


图 6—15 融捷股份（002192）2017 年 1 月 13 日至 9 月 4 日的日 K 线图

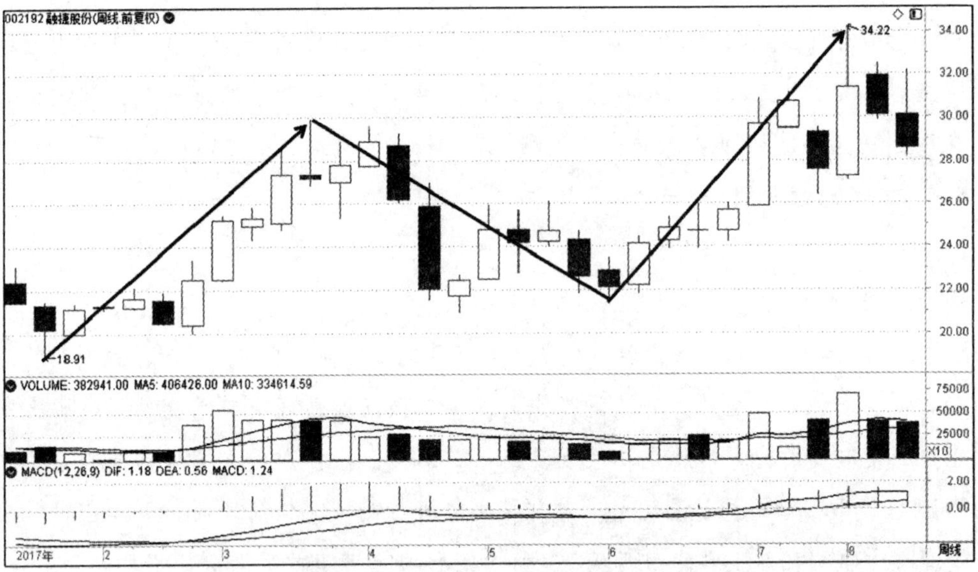


图 6—16 融捷股份（002192）2017 年 1 月 13 日至 8 月 18 日的周 K 线图

如图 6—16 所示，可以从周线角度看股价是否已经到了顶点。当股价创新高之后，前后两段的上涨力度相当，从 MACD 指标便能看到黄白线从零轴之下上穿，之后创新高。后续的两根阴线属于正常的回调情况，那么等待回调到位后，寻找低点买入。

图 6—17　融捷股份（002192）2017 年 7 月 31 日至 8 月 21 日的 30 分钟 K 线图

前期在高点卖出后，在判断了大周期涨势未结束的情况下，就应该到小周期的图表中寻找回调的低点买入。如上图所示，这是回调过程中的小周期的走势图。在 30 分钟的 K 线图中，可以明显看到有三波快速而凌厉的下跌走势，但是每一次下跌的力度都比上一次弱，而且每次下跌的时间也越来越短，更加验证我们的观点，这波的回调快要结束了。买入点就在眼前。

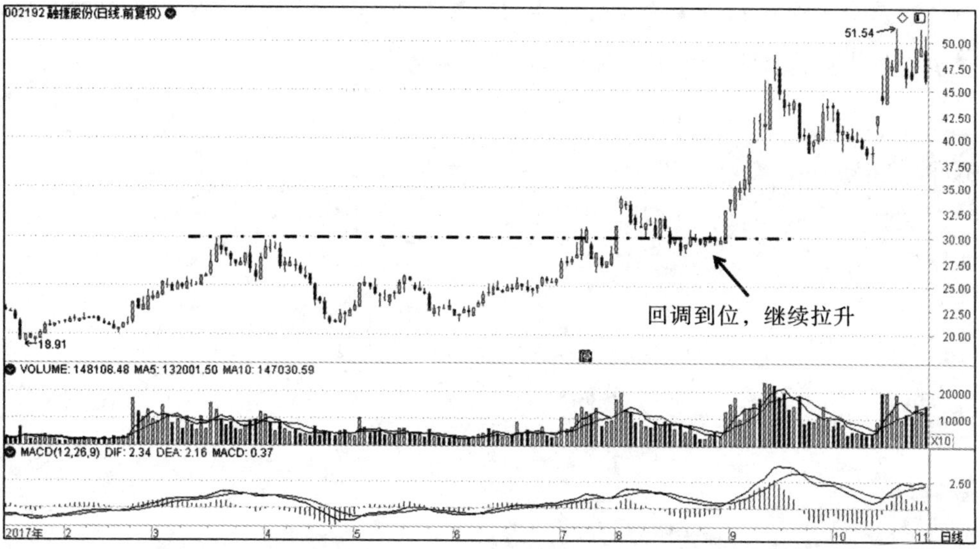


图 6—18　融捷股份（002192）2017 年 1 月 11 日至 11 月 3 日的日 K 线图

如图6—18所示，融捷股份在回调到位后，在30元附近，也就是在前高点附近，继续上涨，拉出了第三波。在大周期走势并未走坏的情况下，任何的回调都是一个降低成本的机会。如果在高点走了，那么必须要去关注走势，等待一个回调低点去买入。

不是所有的高点之后都是一个长期的下跌，那太千篇一律了。股价在突破高点后继续上涨的过程中，必然会有多次的回调。没有回调，怎么可能让自己的成本降低，怎么会将盘内的获利盘震出，怎么能让场外的资金入场拉抬平均股价。所以耐心等待股价的回调，回调到位就是一个很好的买点了。

如何判断这个走势到底是上涨过程中的回调，还是高点之后的下跌，这就需要去看大周期的走势图，从更大的视角看待当下的走势。如果暂时还处于拉升的过程中，那么股价的下跌只是一个回调而已，不用太过于担心，如果已经卖出了，就需要去等待买点的到来，不要因为卖了就放弃该股了。有很多人说自己曾经买入了那些后来成为大牛股的股票，可惜自己没能抓住，就是因为自己卖出后就只等待股价长期的大跌，而未及时择机重新介入。

如果在高点卖出后，务必是在小周期的图表中去寻找买点。小周期图表中的走势能够展示出更多的细节，帮助我们发现股价回调的力度与幅度，当股价不再继续回调或者是回调力度逐渐减弱后，那么小周期上的低点就是一个让我们重新买入的机会。如果我们在高点没有卖出，那么就持股等待大周期图表中的高点，在这个高点全部抛出，将账面利润转换成实际的利润。

# 第七章 启动波段

**最终决定投资者命运的既不是股票市场也不是那些上市公司，而是投资者自己决定了自己的命运。**

**——彼得·林奇**

## 第一节 底部突破确认

### 一、底部

1. 认识底部

春夏秋冬，日升日落，周而复始。市场的一切信息都反馈在波段走势图里，只有破解波段底部走势图中的秘密，把握市场运行规律，才能在残酷的市场中生存并获得盈利。

对于投资交易，真正的买入点只有两类：一类是买在转折点，转折点就是底部的区域；另外一类便是买在爆发点。只要明白波段的转折点和爆发点在哪里，投资者就赢在了起跑线上。

很多投资者都有一个误解，认为波段底部是一个最低价位，是一个拐点，只有在这个点买入才是正确的买点。投资者在波段操作的时候，应该首先树立一种观念：真正的波段底部指的是一个区域，并不是一个特定拐点或价位，不能把波段底部买入理解为对某一拐点的买入。

在波段底部实施买入操作时，必须转换思维：最低价或者拐点通常是一瞬间的事情，成交量也可能只是一丁点，因此不一定非要买在最低点或拐点，只要能在相对低位或在底部横盘震荡区域，任何时间和任何价位买到具有上涨潜力的个股都是正确的。

如果投资者将波段底部买入理解为对某一时点和价位的追求，并且心心念念地寻找这个底，那么必然会面临两种后果：一种是过早买入，被牢牢套在漫漫熊途中；另一种则是错失最佳入场时机，只能追高买入。

2. 底部的技术特征

对于每一个想在底部买入的投资者来说，不仅需要明白什么是底部，同时要明白底部的技术特征。市场大幅上扬均是从底部开始的，所谓的底部其实是一个筑底的过程，反复震荡的筑底行情往往会在底部形成一个区域，股价会在这一区域反复震荡盘整。若股价上涨过快，就会重新跌回到这个区域内；当股价下跌过急，也会触底反弹回该区域。股价在一个区域内长期横盘震荡的目的是清洗筹码，消磨持股者的耐心，调整多空双方的力量，等待选择突破的方向。

只有等待市场上的抛盘减少到微乎其微的时候，或者又有新生力量介入的时候，股价才可能维稳，底部区域才可能正式形成。股市有句老话："横有多长，竖有多高。"说的就是构筑底部的时间越长，相应的上涨走势时间也就越长。

3. 底部突破

底部一定要用突破来证明。市场在底部盘整期间等待突破，等待趋势转变，如果股价不能突破，那么结果就是继续下跌。这也是波段交易所要说明的，就是要股价突破盘整，才能确认底部形态。底部盘整形态突破时主力用自己的资金来证实是真的想要拉出一个上涨波段。底部形态由三个部分组成：盘整＋突破＋上涨。当股价在盘整的时候，并不代表股票在底部，只有在盘整＋突破同时出现，才能证明这是现阶段的底部形态，后续会继续出现上涨波段。

如图 7—1 所示，普路通前期是充分的下跌，在此处构筑底部形态。在两根趋势线内进行盘整筑底，并且在盘整的过程中成交量放大。但是在盘整的时候，股价并没有突破盘整趋势，底部筹码没有突破，所以在盘整之后股价继续下跌。

因此，横盘并不一定是底，底部横盘成交量放大也不一定是底，股价在底部横盘时候并没有筹码的转换，就增加了横盘调整之后继续下跌的概率。因此，在盘整期间必须对盘整形成突破，是底部形态的确认标志。

图 7—1 普路通（002769）2017 年 2 月 27 日至 10 月 16 日日线图

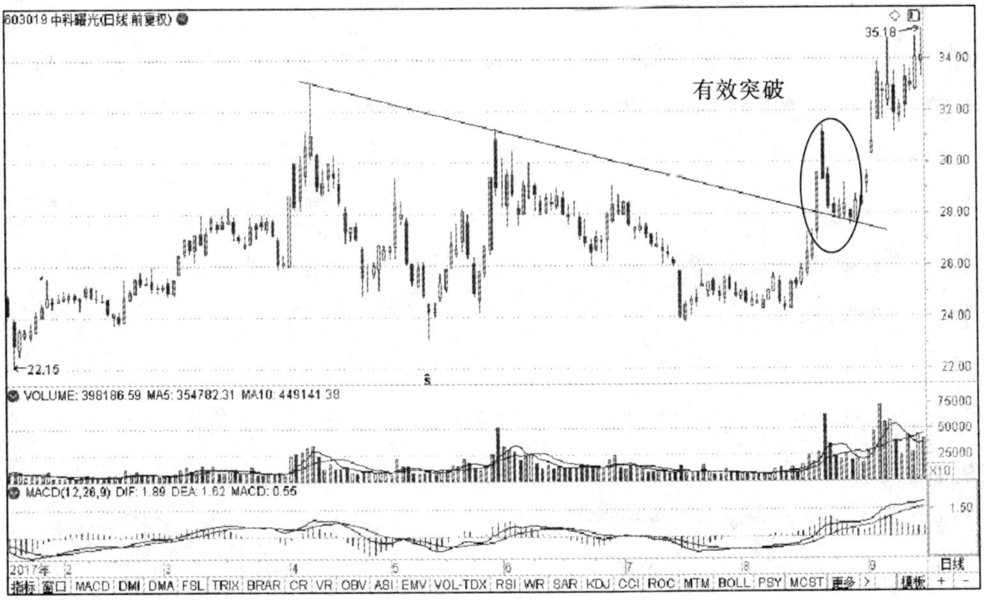


图 7—2 中科曙光（603019）2017 年 1 月 13 日至 9 月 15 日日线图

如上图所示，中科曙光前期经历了半年的下跌，而后又有6个月左右的横盘震荡。后期有一根放量阳线对它进行了底部突破。如果没有出现这一根阳线，是不能确认底部形态的。股价放量突破后回调，并未跌破趋势线，证明这是一个有效的突破。盘整是底部确认的一部分，盘整并不代表着底部。只有股价进行盘整并且股价有效突破才能代表后期会有上涨的波段。

在突破点出来之前，买进可能对也有可能错，因为此时谁也不知道这是不是真正的底部。只有市场才能证实这是真正的底部还是中枢盘整。如果市场想告诉投资者，现在股价处于真底，就会出现突破点。而正是这个突破点才能说明市场真的要脱离出去了，市场后续才可能会有上涨波段。

## 二、突破

### 1. 突破的必要性

"欲穷千里目，更上一层楼"，想要看得更远，必须登上新的台阶，才能迎来更广阔的发展空间。若没有突破，当股价稳定在一个区域的时候，很难有盈利的空间，而要获得更大的发展，必然需要突破阻碍。

称得上的是热门股或强势股的，肯定是能够在有限的时间内出现明显涨幅和能量的个股，而一个没有能力突破趋势的个股，肯定不会有足够的盈利空间。落实到具体的操作上，就是要清楚地知道，当前股价处于个股历史上的位置是大突破还是小突破。

在对趋势线的分析中，趋势线的突破具有极其重要的预测意义。当一条趋势线首次被突破时，投资者要判断这次突破是否意味着趋势的真正反转，能否对趋势线角度进行修正。

### 2. 突破点

技术分析中的关键点是目前股价所处的位置，以及从一个趋势到另一个趋势的转换关系。突破与否就是趋势转换的核心内容。对于突破，一定要先认清上一趋势形态，再谈及突破。买在趋势转化为上涨趋势的突破点是安全又快捷的最佳获利途径。为何要把突破点当作买点呢？因为突破阻碍的关键在于突破点。

趋势迟早都是会改变的，只是早一点或是晚一点。市场走势可能会由上升趋势掉头向下而成为下跌趋势，或者由下跌趋势转为上升趋势，也有可能由上涨趋势或下跌趋势转为横盘整理趋势，再经过一段时间，可能由横盘转变为上升趋势或者下跌趋势。简单来说，走势就是由上涨趋势、下跌趋势以及盘整趋势三者连接而成。

不打无准备之仗，这是投资者在股市中生存的一个必备信念。投资者在股市中出发点是实践，当一个盈利的投资者，千万不要误入歧途，进入一个怪圈：为了研究理论而研究理论，为了研究技术而研究技术。投资者的目标是从股市中盈利，而选择什么技术分析手段只是为了帮助盈利，切勿本末倒置，一味寻求技术的完美。应该根据市场的走势去调整投资方法，在实践中提高技术方法的成功率。

3. 突破信号识别

当股价在底部区域，经过长时间横盘整理之后，底部构筑得十分坚实，筹码已经吸收很充分了，那么向上突破也仅仅是时间问题。典型的底部启动信号，表明多头行情已经展开，并且不会轻易停止下来，一旦行情启动，投资者千万不可错过。之前被套或者已经买进的投资者，此时千万不可随便卖掉，以免卖在地板价上。

突破不单指对趋势形态的突破，也可以指对关键点位、支撑压力位的突破。突破信号的有效识别通常有如下方法。

（1）缺口

突破是否伴随着跳空缺口。带跳空缺口的往往能反映主力的坚定信心，突破缺口越大，表示未来的变化越强烈，有助于判断突破的有效性。

（2）成交量

股价在底部，底部堆量多，有主力建仓的痕迹，也是向上突破有效性的一个参考。若突破后出现短期震荡，但成交量比较活跃，而且高点持续上移，那么这也是一个向好的表现。

（3）突破的幅度

如果中期走势的趋势线清晰、良好，股价以很小的幅度突破，那么这次突破没有技术意义。对于此次突破，投资者可以对原先的中期趋势线进行一个微小的调整。若当日盘中突破趋势线，但是尾盘又被拉回趋势线并且收盘在趋势线之内，那么投资者就不应当认为趋势线受到破坏，尽管这种情况下的假突破后续走势常常会出现真突破。通常，当股价穿过趋势线，并且以较大的幅度收盘于趋势线之上，才可以说是有效突破。

（4）突破后的“反向试探”

在实际的走势中，经常会出现一种有趣的现象，被称为突破后的“反向试探”。这种现象指股价在突破趋势线后，在K线走势图上又会被迅速地拉回到趋势线附近，甚至有的会跌破趋势线。这种情形出现的频率很高，也具有实际的操作意义。

尽管这种现象经常发生，但也不是每次趋势线被突破后都会出现这种现象。现阶段投资者只要认识到，突破趋势线后会出现“反向试探”的可能性就足够了。趋势线被突破后，经验丰富的投资者可以据此进行操作，预期可能出现的回调走势。但是那些投资新手最好是保持耐心，不能被这不确定的试探蒙蔽了眼睛。应该注意到当趋势线被突破时出现跳空缺口，那么随后出现回调的概率较低。

## 三、底部突破价量关系

### 1. 下跌趋势的价量关系

投资者炒股的第一目标就是不亏钱，因此很有必要看懂下跌趋势，进而规避下跌趋势。若投资者能够看懂风险结束的信号，也就能看到机会。如果做到了规避风险保住资金，那么自然就能够在机会来临的时候获得收益。

股价长期下跌之后出现恐慌性卖出，随着日益扩大的成交量，股价出现大幅度下跌。在长期下跌形成谷底后，股价开始回升，成交量并没有因股价上涨而递增，股价上涨乏力，然后再度跌落至先前谷底附近，或高于谷底。当第二谷底的成交量低于第一谷底时，是股价上涨的信号。

下跌趋势成交量的特征：

（1）下跌趋势中，价格持续下跌，成交量放量大跌，是“量价齐跌”，这是非常强势的主动下跌。

（2）下跌趋势中，价格下跌，成交量缩量，这只是“量价背离”的迹象，并不能确认是见底的迹象。

（3）下跌趋势中，价格缩量下跌，出现几根K线上涨，而成交量是缩量，那么只是反弹，维持性不够。

（4）下跌趋势中，价格缩量下跌，出现几根K线上涨，而成交量反向增加，这也是一种“量价背离”，是下跌尾声的异动。

2. 下跌拐点

时间对判断行情走势有很重要的作用，一个已经形成的趋势在短时间内不会发生改变，中途出现的反向波动，只能是小级别走势，不会对原来的趋势产生大的影响。

成交量是一个非常重要的指标，能够帮助投资者判断走势是反转还是反弹。因此要看股价在触底之后的上涨是缩量的上涨还是放量上涨。如果价格上涨，但是成交量是缩量的，这段上涨就是反弹，这种走势是没有持续性的。如果价格上涨，但是成交量是放大的，就是反转。因此，只有成交量是放量情况下的上涨，才能够认为该上涨是有持续性的，才是真正的反转。

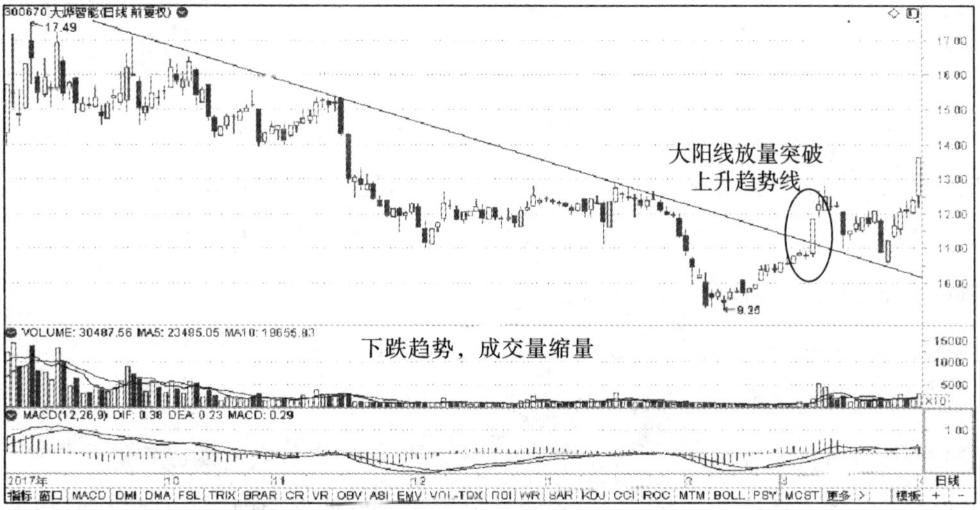


图 7—3　大烨智能（300670）2017 年 8 月 28 日至 2018 年 4 月 2 日日线图

如上图所示，大烨智能整个趋势是下跌趋势，价格不断下跌，成交量呈缩量状态，就是“量价背离”的现象，但并没有见底的迹象。市场底部的确认，需要加上资金的配合，如果后期上涨，同时伴随着成交量的放大，说明这是下跌尾声的异动。在下跌趋势中，连接下跌的高点和次高点，得到一条下跌趋势线。在触底反弹之际，有一根放量阳线突破了下跌趋势线，并在随后的下跌过程中，并未跌破下跌趋势线，说明下跌趋势线转变为支撑线，证明底部确认有效。

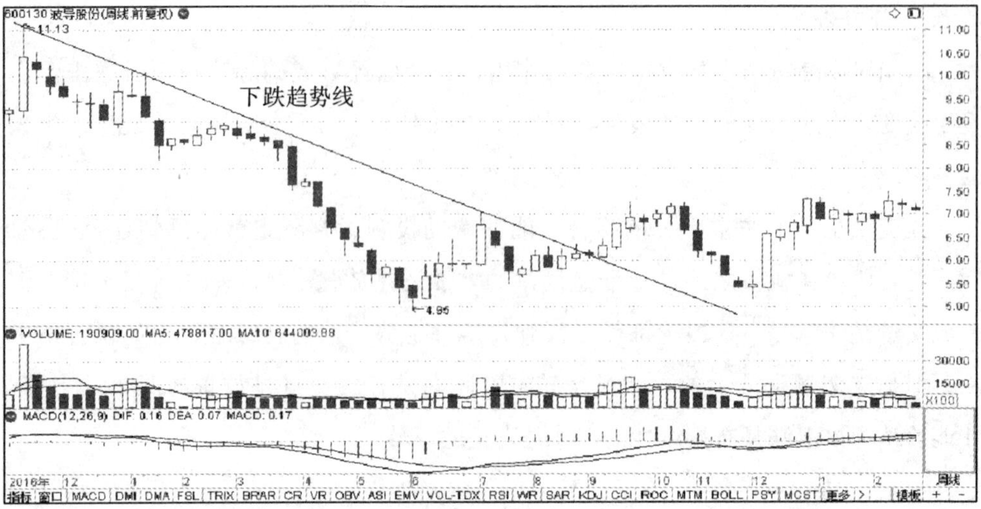


图 7—4　波导股份（600130）2016 年 11 月 4 日至 2018 年 2 月 23 日周线图

如图 7—4 所示，波导股份一路下跌，价量齐跌，而后期的反弹是有异动的，因为这段反弹成交量放大，才会造成后期的小反弹。当异动发生时，还需要后期回调缩量，缩量之后再次出现放量，才是买点。异动并不代表买点，异动之后缩量再放量才是后期股价反弹的信号。

3. 底部横盘价量关系

成交量是衡量多空双方力量的工具，对股价的走势有确认作用。从实际操盘经验可知，一只大涨的股票在底部区域必须具备充足的动力才能够将股价推高。这里所说的动力是指成交量，因为成交量是股价上涨的动力因素。在股票疯狂上涨之前，经常是长期的下跌或者遥遥无期的盘整走势。其间，成交量大幅萎缩，而成交量的萎缩代表着抛盘力量的消竭。一般情况下，量缩代表着一种反转信号。但是量缩之后还可能再缩，只有等量缩之后到量增的那一天才能确认底部。

当成交量再次出现放大或者温和放大，一只盘整在底部的个股便会像火箭升空前必须要有充足的燃料一样，只有具备充足的底部动力，才能将股价推升至高点。因此，投资者对于底部出现巨大成交量的股票必须跟踪，因为机会大于风险。当一只股票供求关系发生极大变化时，股价走向也会变化，投资者绝对不可以忽略这种变化，一旦价量配合，介入之后，股价将必然如预期的那样急速上扬。

因此，应重视成交量萎缩之后的成交量递增，只有量增才能反映出供求关系的改变，只有成交量增大才能使该股具有上升的底部动力。在一个超买的市场上，价格反弹时会变得冷清，而在价格下跌时会变得更为活跃；反过来，当一个市场被过度抛售，价格下跌时市场往往会变得不活跃，而在价格反弹时往往会变得更为活跃。这就是价格走势与成交量的关系。

# 第二节　解读有效大阳线

## 一、阳线

### 1. 阳线

“分时决定K线，K线决定位置，位置决定形态，形态决定浪形，浪形决定性质，性质决定盈亏”。这句话解释了市场所有的走势，市场的走势都是由微观决定的，微观可以看出宏观走势。技术分析就是由微观到宏观的循环。在学习的过程中，投资者要养成一种习惯，从后往前推，即从宏观到微观。

大阳线，红彤彤如擎天柱，是投资者司空见惯的一种K线。根据涨幅情况，可以把阳线分成小阳线、中阳线和大阳线。涨幅在3%以内的，是小阳线；涨幅在3%～7%的是中阳线；涨幅在7%以上的是大阳线。

大阳线的涨幅在7%以上，说明买方气势旺盛，力量很大。大阳线是涨势的信号之一，但也不绝对。希望投资者能够真正重视，深入了解其内涵，并能按照其意图去操作。

价格形态完成后，其预测意义就有确定性，该价格形态要么预示着趋势在停顿整理后仍将延续走势，要么预示着趋势将要发生反转。而价格走势变化不具有单一确定性，但在评估价格整体主要趋势重要反转时有重要意义。投资者可以通过价格走势从更高的角度审视当下走势的级别，或者更好地确定大型反转形态的出现，帮助投资者建立大局观。一旦投资者建立这种大局观，将会发现这对根据后续走势进行交易很有帮助，它能够帮助投资者理解这些走势所代表的更加广泛的意义，以及基本形态之间的相互关系，会使投资者在实际的趋势操作中受益匪浅。

2. 有效阳线

如果趋势线突破的同时，也是某种具有预测意义的形态，投资者便可以根据具体出现的形态，判断这次突破究竟预示着一个重要的反转，还是一个对趋势线角度的修正。如果投资者认为此处的形态具有非常明确的技术意义，那么此时投资者可以不需要再去考虑趋势线被突破。一般而言，大多数趋势的反转都是由一些特定的形态或组合形态引起的，有时趋势线的突破也会带来趋势的反转。

突破具有非常重要的意义，投资者切记，要将自己掌握的技术方法结合起来使用。投资者可以根据形态判断突破的可靠性，也可以根据趋势线判断形态的可靠性。尽管单一的趋势线并不可靠，但它为正在进行的交易提供了一个十分有利的指导，尤其是将其与形态以及一些具有经验性的图像联系起来综合考虑时更为有用。例如，某种技术形态预示着趋势的反转，趋势线也具备同样的预测功能。在某些情况下，具有重要反转意义的技术形态可能会在趋势线被突破之前就提供了可靠的交易信号；或者在某些情况下，趋势线的反转信号会提前于技术形态的突破。这就要求投资者能够结合多种技术分析方法研判市场的行情走势，加大正确预判走势的概率。

所有的阳线背后都是由资金推动，资金推动行为的背后都是主力做盘的行为。通常涨幅超过3%以上的阳线才需要留意，因为如果是主力推动，即有效启动，如果股价涨幅连3%都没有突破，那就说明这个做盘行为太弱了，而投资者的目标应是跟强势主力。因此，对有效阳线的第一条要求是涨幅必须在3%～7%，通过观察阳线的长短幅度，来判断涨势的强度。同时，大阳线出现时的成交量要大大高于5日均量，如果成交量不配合，那么这根阳线就值得怀疑，投资者应谨慎对待，不可重仓持有。

3. 分析K线

K线只是股价一天行为的表示，而操作股票都需要在一个区间内，或者说要在一个时间段内。区间行为和时间段行为需要站在整体的角度去思考，即站在趋势的角度去思考。因此，站在趋势的角度分析K线，会使得分析价值最大化。

趋势分三种：上升、盘整、下跌。再细分一下，上升趋势包括上升趋势的初期，上升趋势的中期和上升趋势的尾期；盘整包括盘整过程的初期、盘整过程的中期和盘整过程的尾期；下跌包括下跌过程的初期、下跌过程的中期和下跌过程的尾期。

后期的趋势都是由前期趋势决定的。在这个过程中，初期的第一根阳线作用最大。在上涨初期出现大阳线，表示后市看涨；在上涨途中出现大阳线，继续看涨；而在连续加速上涨行情中出现大阳线，则要当心多方能量耗尽，是见顶信号。在连续下跌的行情中出现大阳线，表明多方不甘心失败，发起了反攻，股价有见底回升的趋势，阳线实体越长，信号越可靠。反之，如果是阴线也要注意相应的风险。

如果做主升型的波段，那么下跌过程中的阳线是不能参与的，而对于盘整过程要看有没有 2～3 根阳线的有效转势。在盘整区间，间隔的同时出现 2～3 根阳线，最有效的阳线是打破盘整区间的阳线。

投资者在分析市场时更倾向于看到一些具有确定性的结论，例如某种现象代表着趋势的反转，某种技术形态意味着走势的延续，出现某种形态该如何操作等。但必须注意的是，只有对途中出现的各种因素进行综合考察之后，才能得出具体的、有可操作性的结论。市场是活的，技术分析方法也应该是活的，不要看到什么就是什么，而要去问问为什么，探究市场走势的本质，才能成为成功的投资者。

## 二、均线识别阳线有效性

在整个股价波动的情况下，很多位置经常会出现阳线，比如下跌趋势中出现的阳线，而下跌趋势中阳线出现之后趋势还是会向下的。如果趋势线画不好，其

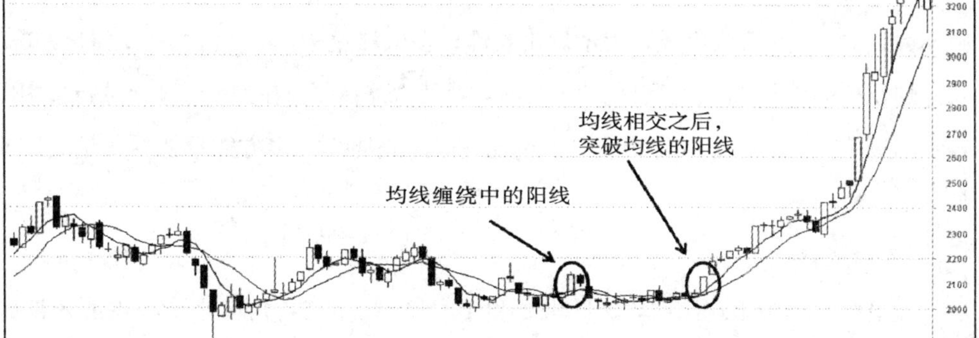


图 7—5　上证指数（999999）2013 年 1 月至 2015 年 1 月周线图

实可以参考均线来判断阳线的有效性，因为均线本身就代表着趋势。波段交易中，判断阳线有效性时使用最多的是5日均线和10日均线，相应地观察5日均线和10日均线的角度。

1. 均线相交向下

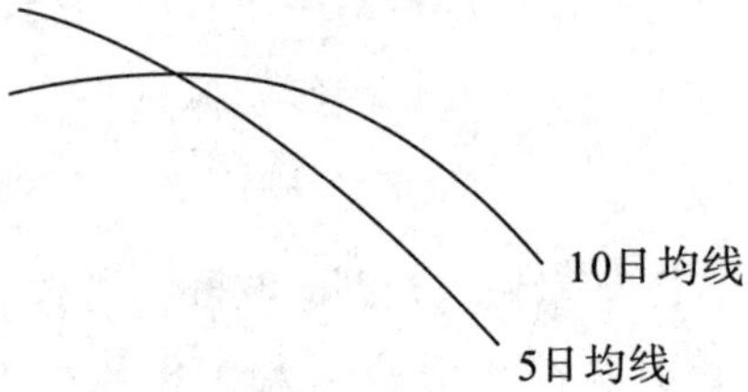

5日均线和10日均线

如果5日均线和10日均线交叉之后平行向下，那么这里出现的阳线就是下跌过程中的阳线。因为5日均线和10日均线属于短期均线，两者平行向下代表着下降趋势，而这个时候出现的阳线属于下跌过程中出现的反抽阳线，像这样的阳线要相当警惕。

角度也很重要。因为波段交易里面有一个非常重要的词语——动能。动能最直观的体现就是角度和涨幅，所以均线相交之后的角度就代表着趋势扭转之后的动能。如果这个角度是平行的，就说明不管后来的趋势是向上、向下或平衡，这里的动能是较弱的。此处角度是指5日均线和10日均线交叉之后的角度。

在下降趋势中，如果5日均线和10日均线交叉之后角度陡峭向下，那么这个过程中出现的阳线是反抽阳线，出现之后趋势还是会向下的，即使不是向下也没有什么太多的机会。

2. 均线相交向上

在上涨走势中，5日均线和10日均线交叉之后反转向上，这个过程中的阳线也要区分是出现在哪个阶段。在上涨初期，5日均线和10日均线走势平缓，两均线相距不大，这时候出现大阳线，表示后市看涨；在上涨途中，5日均线和10日均线走势陡峭，相距甚大，这时候出现的大阳线，继续看涨；而当在连续加速上涨行情中出现大阳线，5日均线和10日均线走势更加陡峭，则要当心多方能量耗尽，是见顶的信号。

3. 均线缠绕

在盘整过程中出现阳线，5日均线和10日均线相交，角度平滑，说明短期多空动能平衡。盘整过程中出现的阳线，分两种情况：一种是没有打破趋势的阳线，不需要关注；另一种是打破趋势的阳线，需要关注，并且这个大阳线必须是带动拐头角度向上的。

判断阳线的有效性必须建立在趋势的基础上，因为每一天的阳线形成了股票的趋势，而 5 日均线和 10 日均线的短期趋势是最有效的表现。如果在盘整期间，5 日均线和 10 日均线平滑交叉，要求的有效阳线是打破盘整区间的 2～3 根大阳线，并且这里的阳线必须带动 5 日均线和 10 日均线向上。

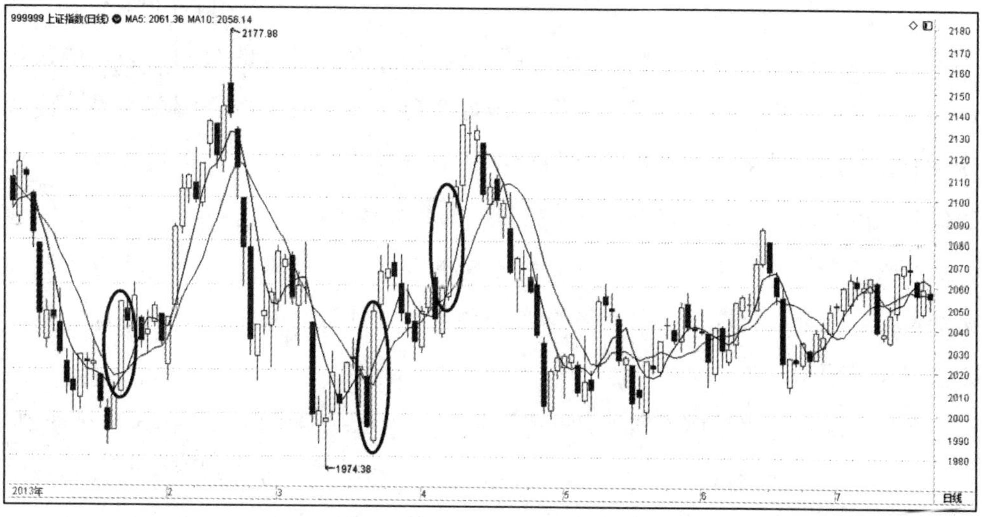


图 7—6　上证指数（999999）2013 年 12 月 30 日至 2014 年 7 月 21 日日线图

上图显示盘整过程中出现的阳线，在股票盘整区间内，左边和中间的阳线并没有突破盘整趋势，因此是无效阳线，只有最右边的阳线突破了盘整趋势才是有效阳线。在下降过程、震荡趋势以及在反弹趋势中，投资者不能被阳线迷惑，需要根据所处的位置和角度判断其有效性或无效性。

投资者需要对市场的结构一清二楚，做起来才能得心应手。市场上的买点不过就两种类型，一种是转折点，一种是爆发点。市场的爆发点往往会呈现出股价突破趋势线的特征，成交量再加以配合，说明资金真的进入市场进行布局，真正的上涨走势由此开始，这个突破点就是一个非常值得介入的买点。

## 第三节　单阳突破

### 一、大阳线突破

“乱花渐欲迷人眼，浅草才能没马蹄。”市场上存在许多的交易机会，也正是因为大量的交易机会，让人迷花了眼。若投资者本身不确定想做哪种交易，或者说没有自己的交易策略，那些交易机会都不属于他们。因此，每个投资者都先要找到自己的交易风格，然后不断地构建自己的交易体系。

只有符合标准的股票才去操作，看不懂的股票决不操作。但不是所有的股票走势都符合标准，只选择有强势资金布局的股票，并且只有中期资金布局才能走出波段交易模型。

波段交易的本质是捕捉属于自己操作级别的上涨趋势的波段，在这个过程中，是以价格结构和能量博弈的角度切入市场，切入主升浪。而波段交易的核心是单阳突破。什么是单阳突破？这里指的是启动阳线。投资者对单阳突破的理解有很多，但是波段交易中只有满足条件的才能被确认为单阳突破，并不是随意一根阳线就是单阳突破。投资者需要关注的是这根阳线是否为启动阳线及其对应的位置。打破平衡趋势的阳线才是最有价值的。

下跌过程中的阳线没有持续性，盘整过程中的阳线也没有持续性。只有打破盘整趋势的阳线才有持续性，后续才有上涨的持续性。千万不要被下跌趋势中的阳线迷惑，因为这个时候一旦冲进去就是亏钱，它不具有持续性。真正有效的阳线是打破趋势的阳线，而且是打破盘整趋势的阳线，而不是打破下跌趋势的阳线。要明白，上涨趋势的重心比平行趋势强，平行趋势的重心比下跌趋势强。做打破盘整趋势的阳线，因为此时趋势的重心处于上涨趋势之中。

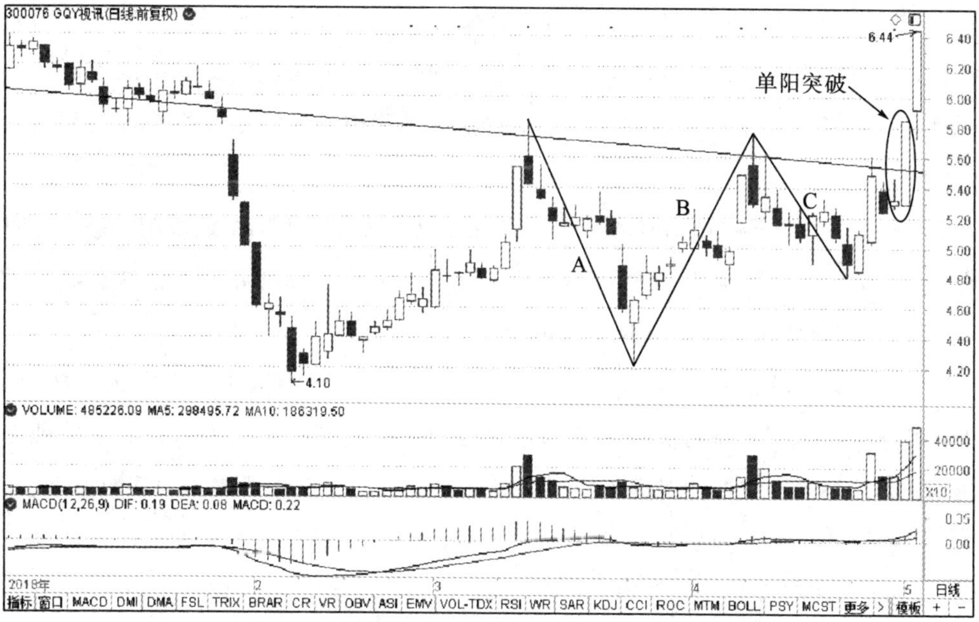


图 7—7　GQY 视讯（300076）2018 年 1 月 3 日至 5 月 3 日日线图

如上图所示，GQY 视讯下跌之后，触底反弹，首先是一个有效上涨，ABC 调整完之后，上涨打破 C 的调整形态。在日线走势图上可以看到，打破趋势的阳线才有持续性。关键的位置是打破趋势的单阳突破，这种突破可以是上升趋势中的单阳突破，也可以是底部盘整期间的单阳突破。这是一个标准的底部形态的单阳突破。

学习辨别趋势，重点看是什么级别的构筑底部，是中期级别的构筑底部，还是中长期级别的构筑底部。一旦有构筑底部的，在板块里面去选，比指数构筑的力度更强的股票就是好股票。有效的买点就是底部形态的单阳突破点。

A 股市场上，要寻找的好公司就是有资金布局的公司。投资者在 A 股市场上交易时要借势，首先看资金，其次再看公司所在的行业是否是未来的发展方向。所有别人提供的消息，都可以通过波段交易判断。

## 二、突破重要性

单阳突破一般指具有标志性意义的放量突破的大阳线，阳线实体越长，参考价值越大。

对于单阳突破出现的位置和趋势需要做出辨别，位置越是底部，横盘时间越持久，一旦出现巨量阳线突破，主力将会以快打慢，尽快脱离其底部成本区，此时就是投资者积极介入的突破点，是获取主力迅速拉开上涨第一浪的短线利润的最好时机。

一般处在历史低位或者初涨平台的末端，以及洗盘临近结束的单阳突破，此时介入的价值较高。但如果是高位盘整，以及连续不断的一波上涨累计涨幅已经很大了，如若这个时候出现加速长阳，很可能是最后的出逃机会，此时要谨慎追高。

突破性阳线代表主力做多。许多投资者都知道放量突破平台是介入的机会，但往往会因为当天升幅过大或者经验不足难以正确判断而不敢介入。对于这种突破形态，投资者在操盘的时候不要纠结于突破平台的这根阳线当天的涨幅是多少，此时，投资者的关注点应该是这根放量阳线，它代表了主力再次发动行情，是行情启动的一个标志。

在遇到突破阳线时需要注意，在个股出现突破平台大阳线的当天不要过早介入。因为在突破平台的当天，尽管股价盘中冲高，并不代表收盘价就能收在高位。股价很有可能会在冲高后戛然而止，收盘时可能已经出现大幅回落。如果突破平台的阳线收出长上影，那么很可能是上升走势遇到压力或者主力暂时还不愿意做多。

在实际操作中，若要在个股出现突破平台大阳线的当天考虑介入，一定要等到尾盘基本能够确认大阳线收盘，且不会出现弱势时，才能进行操作。而在大阳线突破平台后的第二天是否要介入也会困扰投资者。高开后买不买？盘中冲高买不买？盘中下跌买不买？这都是很现实的问题。比较好的方式是：把愿意买入的资金分为几个部分，开盘买入一部分；若上升，就代表主力积极做多，继续卖；如果盘中股价调整，也可以分批逢低买入。这种操作手法可以保证股价上涨时，投资者有筹码，可以稳稳地获利；而在股价下跌时，还有多余的资金加仓。这样操作可以起到很好地降低平均持仓成本的效果，同时一定程度上可以减轻追高或者当天被套对投资者的心理压力。

### 三、单阳突破画线

在股市中，股价的走势图形太多，因此，突破的表现形式多种多样。笔者此处主要讲几种在操作过程中常用的突破形态。

1. W 底形态

W 底形态是一个可靠的底部形态，是股价在某段时间内，连续两次下跌至相近低点并随后上涨而形成的走势图形。当市场走势出现 W 底形态时，通常反映当前市况正由跌市转为升市。W 底形态的两个低点通常在同一水平线附近，但也会出现两个低点或高或低的情况。当第二个低点比第一个低点高时，表示市场看好。

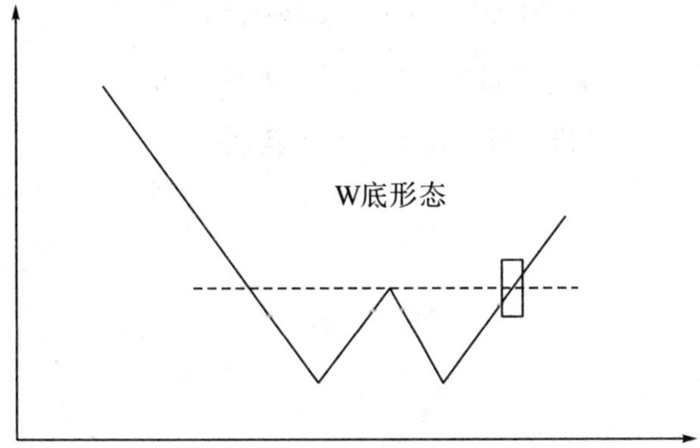


图 7—8 W 底形态突破

W 底形态出现的频率较高，可靠性强，容易识别和掌握，是较为重要的底部反转形态。而当股价放量突破颈线时，呈现出一根放量大阳线突破颈线，也就是单阳突破，表明一轮上涨行情来临了。

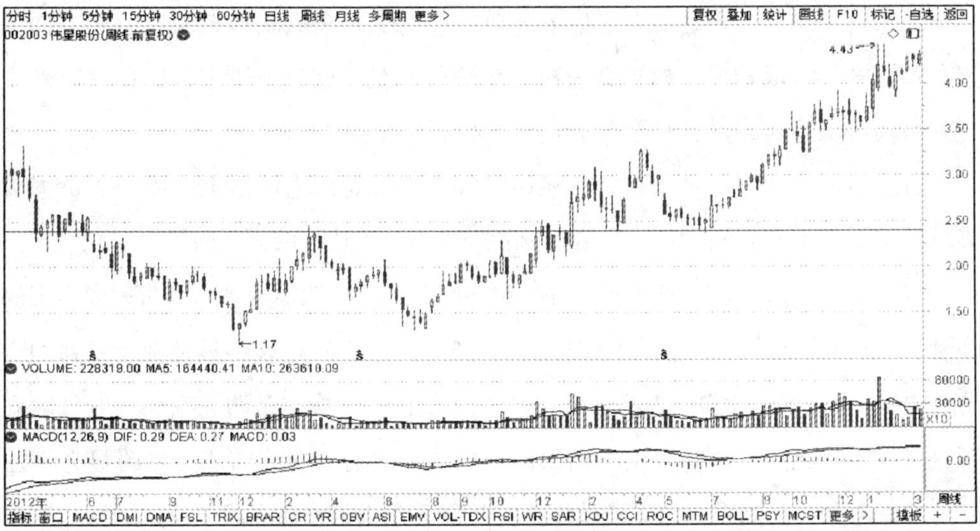


图 7—9 伟星股份（002003）2012 年 2 月 24 日至 2015 年 3 月 13 日周线图

如图7—9所示，伟星股份在走势图上呈现了一个W底的形态，右侧的W底形态出现后，股价持续上涨，并以一根放量大阳线突破了颈线2.4元。在随后的走势中，股价回调了两次，最终站稳了该颈线，说明颈线已经变成了支撑位，股价回调之后就开始了拉升行情。

2. 头肩底形态

头肩底形态同W底形态相似，也是主要的底部反转形态之一。在头肩底形态形成过程中，原有趋势为下跌趋势，左肩的下跌力度相对较大，下跌到头部力量减弱，随后右肩下跌力度再次减弱，无法创出新低。

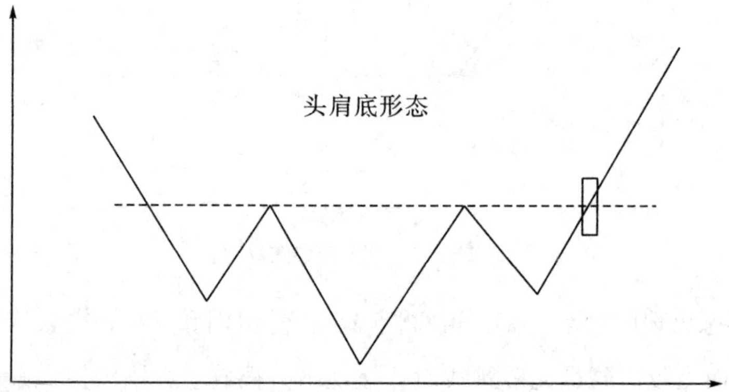


图7—10 头肩底形态突破

所有的形态都是要走出来之后才知道的。这里以头肩底形态的左肩和头部反弹的高点相连形成颈线，如果有一根阳线超过颈线，就是单阳突破。在它突破之前是没有办法确认的，只有等它突破了，才能确认单阳突破出现了。

在头肩底形态中，向上有效突破颈线的大阳线是买入的依据。而当股价突破颈线后的回抽不跌破颈线，这也给投资者提供了一个适当的买入时机。

如图7—11所示，在双鹭药业日线走势图上，可以明显看到一个头肩底形态的走势。股价在2017年5月份触底之前，经历了两波下跌以及一波反弹，反弹的高点在26.2元左右，构筑了左肩。第二波下跌过程中，成交量明显变少。股价触底反弹再次触碰到该价位，继续小幅回调，构筑了右肩。右肩的成交量明显大于左肩。在6月初，一根大阳线突破颈线，并且随后几天的回调站稳了这根颈线。这根放量阳线就会成为一个很好的突破点。

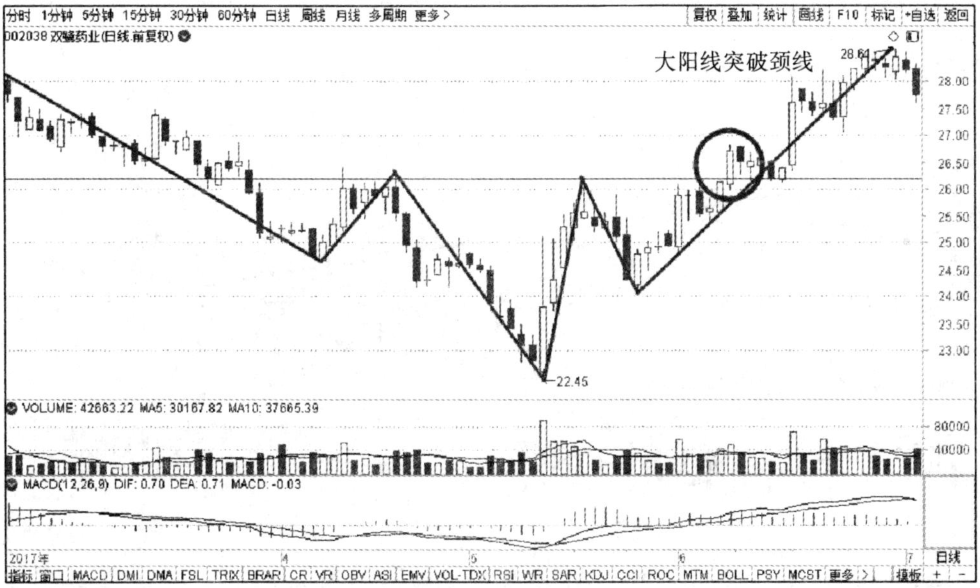


图 7—11　双鹭药业（002038）2017 年 2 月 24 至 7 月 4 日日线图

3. 横盘震荡形态

市场经过长期下跌，在低位开始横盘整理，成交量比较清淡，股价在一个箱体内震荡，箱体震荡的高低点的振幅不大，一般在 25%以内。横盘震荡的周期不固定，振幅也不固定，有的时候股价还未触及箱体的上下沿就开始反弹，在这种情况下，只要把握住一点，那就是箱体未被破坏即可。

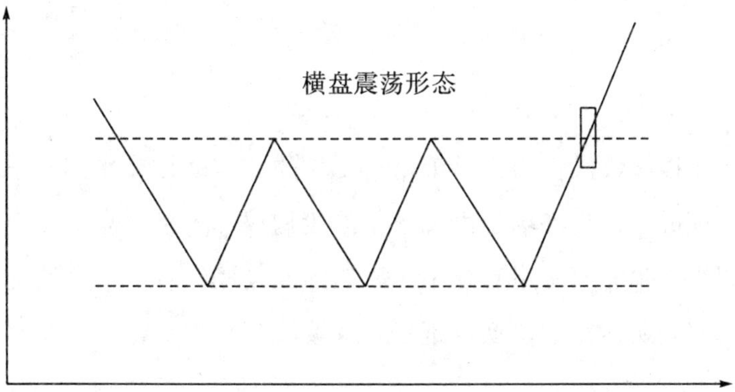


图 7—12　横盘震荡形态突破

在横盘震荡过程中，K 线在箱体内反复震荡，把所有的高点连成一条直线，就是标准线。当有阳线突破了这条标准线，就是标准的单阳突破。

图 7—13　德展健康（000813）2014 年 9 月 1 日至 2015 年 4 月 3 日日线图

上图是横盘震荡形态，连接高点和次高点，形成一条标准的下降趋势线。只有当未来股价对这根线产生了突破，才叫单阳突破，单阳突破的位置是波段交易的有效买点，单阳突破是对趋势的一个突破。2015 年 3 月 11 日，有一根放量的大阳线突破了标准线，这就是标准的单阳突破形态。

## 小　结

若在实战中以波段操作为交易策略，交易的基本动作就是回避下跌波段，操作上涨波段。能够认识到市场是由无数个波段构成，同时又懂得捕捉波段拐点的技术，就可以纵横牛熊而游刃有余了。高明的波段操作者，可以捕捉绝大多数波段的低点和高点，从而在波段低点进场，在波段高点出局，不但赚足了利润，还回避了风险。

**【股市答疑】**

2018 年 8 月 10 日，山东的袁先生给我们打来咨询电话。

**袁先生：**

老师您好！2017 年 6 月份登海种业在达到前期的低点 12 元附近，股价开始上涨，但之后再次下跌到了原有的支撑线附近。股价在 2017 年 12 月份 12 元处调整到位，我在附近买入，但是只是上涨了一点点之后便开始继续下跌。为何得到支撑的股价会一再跌破，并且一直创新低。

图 7—14　登海种业（002041）2016 年 2 月 5 日至 2018 年 1 月 12 日的周 K 线图

**股市解答：**

袁先生您好！我们一直在说的一点就是只有符合标准的股票我们才去操作，看不懂的股票我们不操作。因为强扭的瓜不甜，不是所有的股票走势都符合我们的标准，我们只去选择有强势资金布局的股票，并且只有中期资金布局的才能走出我们的波段交易模型来。

如图 7—15 所示，登海种业在下跌之后，在 2016 年的上涨启动点位得到支撑，因此从股价走势来看，12 元附近会有一条稳定的支撑线。在 2017 年 6 月份，股价在支撑线附近开始反弹，但只是小幅反弹，再次下跌去考验支撑线的作用。股价稍稍跌破支撑线后，再次站稳。袁先生在此处买入，认为后续股价会再次在支撑线处开始反弹走势。

走势也正如预测那样，股价开始了反弹。但是这波反弹的力度实在太小，并且成交量实在太低，根本就不足以支撑股价上涨。正如我们将一件物品从低处拿到高处一样，需要动力去作用在物体上。同样的，股价要上涨，就需要动力的支撑，动力不足，或者是动力持续性不够，都是股价下跌的缘由。

图 7—15　登海种业（002041）2016 年 2 月 19 日至 2018 年 6 月 29 日的周 K 线图

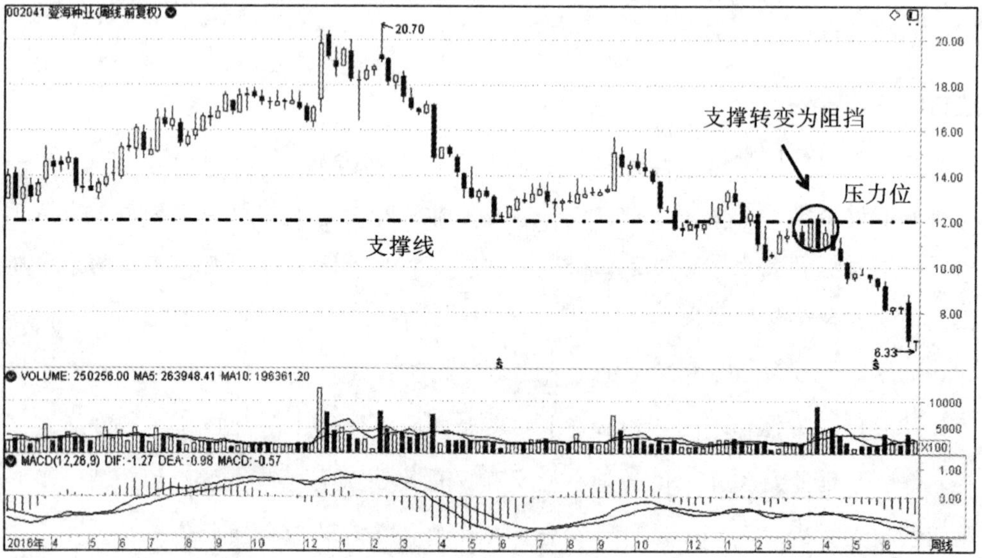


图 7—16　登海种业（002041）2016 年 2 月 19 日至 2018 年 6 月 29 日的周 K 线图

如上图所示，2018 年 3 月，股价再次回到 12 元附近，但是长达好几周，股价均未直接突破，所有的信号都表示，这次股价在 12 元附近遇到阻挡。股价在此处受到压制，并且之前的支撑线将扭转为压力线，股价将受制于压力线。市场总是要选择方向的，不可能一直处于盘整状态，所有的盘整都是后续方向转变前力量的积累。

股价在压力位盘整了一段时间之后，股价便开始下跌。下跌的力度和幅度很大，说明此处股价还有继续下跌的趋势。当股价止跌，并且成交量开始放大的时候，说明有资金介入，市场见底的可能性越来越大。但是股价触底，并不代表着一定会开始一波拉升，没有资金的拉抬，股价是不可能走出一段上涨波段的。没有外力的作用，市场是不可能自动向好的。

# 第八章

# 波段上涨高位的逆转

> **崩盘通常以暴涨为前导，而暴涨都以崩盘收尾，一再重复。**
>
> **——安德烈·科斯托兰尼**

## 第一节　上影线判断逆转

### 一、上影线

#### 1. 上影线形态

上影线形态是指当日K线形态带有长长的上影线，实体亦可为阳，亦可为阴。其K线上影线的长度远远大于实体的长度，无论当日收阳线形成长上影阳线形态，还是收阴线形成长上影阴线形态，总的来说，两者代表了相同的市场含义，因此可以不做细微区分。长上影线形态结构的特点是实体比影线短。

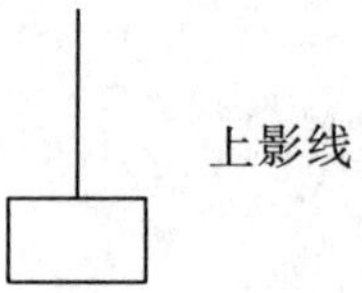


图8—1　上影线

2. 上影线的形成

上影K线绝大部分因为盘中股价拉高后遇到较强的抛压回落形成，只有很小一部分是由于买盘单笔过高的买价导致出现了长上影，这种情况可以忽略不计。股价在高位处形成的上影线，大都是主力拉高出货时操盘留下的痕迹，是市场获利盘丰厚导致逢高出局的投资者众多所致。简而言之，长上影反映了强大的空方力量，是股价回落的信号。

绝大部分个股出现长上影线时，通过分时盘面走势就能清楚看到上影线的形成过程。开盘后，主力为引诱跟风者介入，先大幅拉高，吸引跟风盘涌入，待投资者进来后，反手做空，开始撒网，大量出货。在当日剩余的时间里，主力不断出货，股价少有反弹，一路走低直至收盘，当日就在走势图上留下一根长长的上影线。

## 二、上影线形态要点

上影线的市场意义是什么？上影线代表有阻力，长上影线代表空方取得巨大的优势，后市不容乐观。事实上，上影线的意义有很多，要认真分析和灵活运用上影线。

1. 试盘

主力在一波行情启动前会进行一个操作——试盘。上影线就是主力用来拉高回调、强势震荡的一种工具。这根上影线与普通上影线无异，股价冲高快速回落，甚至表现为高开低走的巨量阴线，给人一种股价马上就要大幅回调的感觉，但是次日，股价反而高开高走，从此一路绝尘，展开了一波凌厉的升势。由于走势图上表现为抛压沉重，反弹无力，买盘承接力不强，因此多数投资者会闻风而逃。通常试盘性质的长上影线出现在横盘震荡区域，或者是股价不高的前压力位。

2. 出货

当股价进入高位区后，常常会出现一些标志性的信号，例如高位长上影线。本节重点讲出货，出现在阶段性高位，见顶出货，常用上影线K线形态去捕捉股价在高位的变盘点。

上影线是资金在高点进行疯狂抛售的结果，抛售的力度越大，上影线越长，随之引发的危险也就越大。特别是在弱势的环境中，在指数反弹的高点区间，一旦形成上影线，尤其是伴随着大成交量的上影线，表明上档压力沉重，股价后期回落的风险会非常大，这是投资者务必要小心的，因此一般投资者遇上上影线应该选择回避。

利用长上影线把握高位卖点。

(1) 对应的波段行情级别到位。

(2) 长上影线在重要压力位、重要黄金分隔位、重要均线压力位、前高点密集成交区出现是减仓或离场信号。

(3) 在波段上涨的高位，出现向下击穿多根 K 线的长上影线，称为吊顶线，也是明显的见顶信号。

(4) 高位长上影线击穿前阳线实体的 1/2 就是见顶信号。跟第三点类似。

(5) 高位出现长上影线时，当影线击穿前阳线实体时有效。

3. 区分试盘和出货

在上涨趋势中出现上影线后，为何后期有的股价会继续上行，而有的股价会反转，区别在哪里？出现上影线就一定会调整吗？答案是不一定的，投资者需要确认，满足条件的上影线才是调整的信号。

当出现一个长上影线之后，需要后期股价对它做一个证实。如果后期股价都在上影线上方，并不能代表出货；如果后期股价跌破上影线的底部，这就是出货信号。上影线是真的出货还是只是洗盘的过程，是需要后期股价的证实。如果后期 K 线对上影线的最低价进行了一个下破，那么就代表这条上影线是出货的确认信号。如果上影线出现之后，随后的价格一直没有跌破上影线的最低价，那么这个上影线可能就是上升过程中的一个洗盘行为。

学习辨识上影线具有实际意义。如图 8－2 所示，在金雷风电上涨走势中，后续交易日的股价一直在上影线的最低价上方运行，说明价格还处于上行状态。如果价格以一根阴线跌破上影线的最低价，或者直接跳空低开上影线的最低价，那么这根上影线就是出货信号。这里跌破最低价，就说明这只股票短期会有一个调整。

股价出现上影线，然后跳空低开，这里的上影线就是确认点，说明接下来将进入一个调整阶段。如果上影线后面，没有跌破上影线的最低价，那就说明之后价格还有新高。判断出货有两个需要同时具备的条件：出现上影线，之后股价跌破上影线最低点，确认出现调整结构。如果股价在高位，那么跌破上影线之后股价就要下跌；如果处于中位，那么跌破上影线之后股价就要进入调整状态。

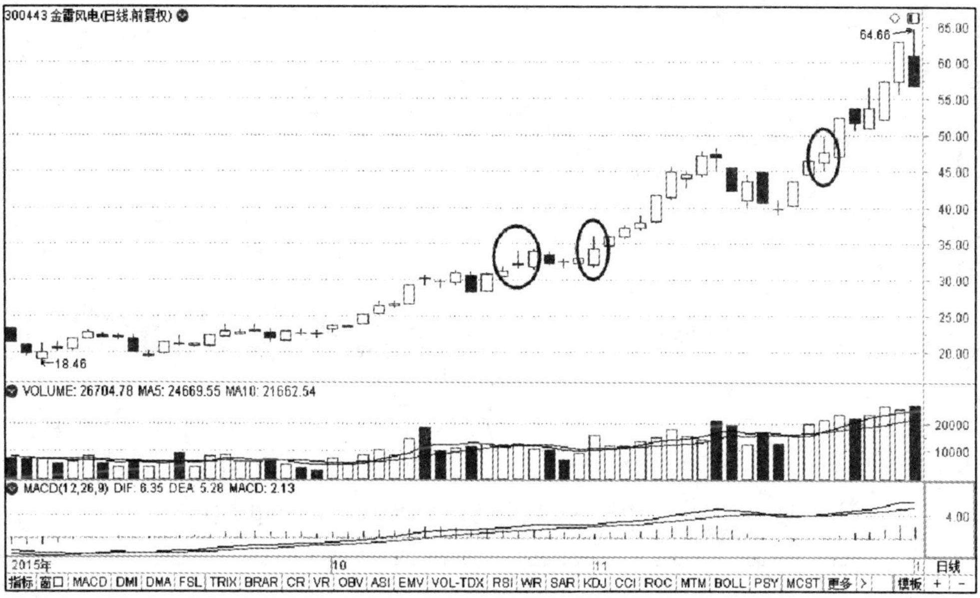


图 8—2　金雷风电（300443）2015 年 8 月 31 日至 12 月 1 日日线图

## 三、解读上影线

在阶段性高位通过辨识特殊 K 线形态来卖出获利的要点：首先，波段行情空间已经到位；其次，面临左边密集成交区的压力，然后出现一根放量长上影线。长上影线可以是阴线，也可以是阳线，这根 K 线就是可能见顶出货的信号。

如图 8—3 所示，华塑控股在连续充分上涨之后，在高价位区域出现了一根很长的上影线，上影线出现之后，股价便在后期展开下跌走势，结束了原先的上涨走势。充分上涨的高位代表波段行情到位，上影线出现配合着成交量的放大，说明空方力度较为强劲，这就是阶段性高位出货的信号。出现的上影线说明上方抛压很严重，如果多方力量强大，股价很难在盘中形成大幅回落的走势，这就是出现长上影线时股价下跌或调整的主要原因之一。

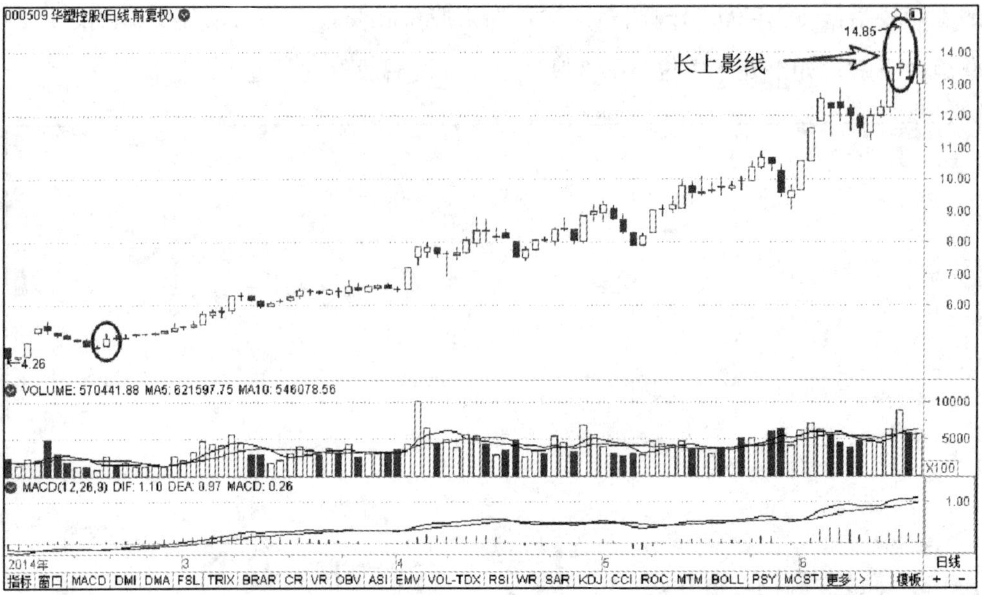


图 8—3 华塑控股（000509）2014 年 12 月 22 日至 2015 年 6 月 17 日日线图

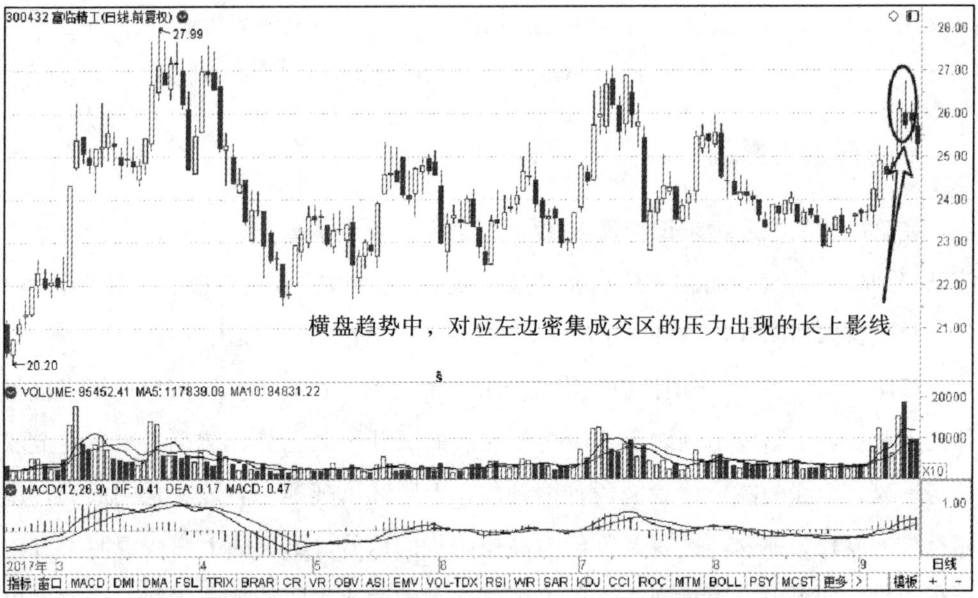


图 8—4 富临精工（300432）2017 年 2 月 17 日至 9 月 14 日日线图

如图 8—4 所示，富临精工股价处于横盘震荡阶段。在箱体震荡过程中，图上这根上影线面临左边密集成交区的压力，后来趋势也下跌了。在分析过程中，对待上影线要分清所在趋势。首先需要判断这只股票属于什么趋势，是横盘调整走势，还是下跌反弹走势，或是上涨回调走势。

如图 8—5 所示，蓝思科技在下跌趋势后反弹至前压力位，出现长上影线。之后跌破上影线，就是一个非常确定的出货信号。如果这一天卖出，之后的下跌调整都不用担心了。

图 8—5　蓝思科技（300433）2017 年 11 月 16 日至 2018 年 3 月 14 日日线图

总之，利用上影线出货的标准：判断的行情级别到位，对应左边有压力区（密集成交区，黄金分割的压力位、趋势线的压力位、大阴线的压力、缺口的压力、重要均线的压力），在压力区出现放量上冲的长上影线，随后的价格要跌破上影线的底部。如果随后的价格不跌破上影线的底部，说明股价还有上行的空间。反之，如果是价格跌破上影线的底部，说明股票进入调整阶段或者上涨阶段。

# 第二节 上切入与下切入

## 一、上下切入线形态

### 1. 下切入线

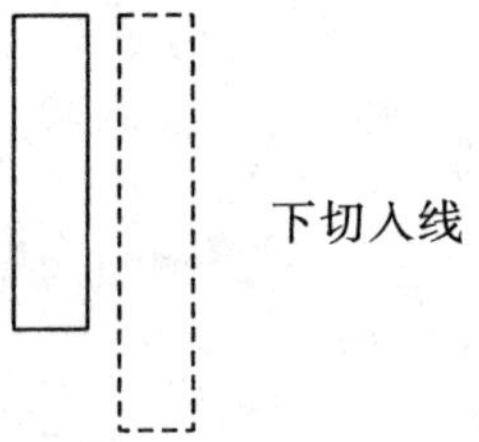


图 8—6 下切入线

在上升趋势中，市场首先形成一根阳线，第二天出现一根阴线，阴线的开盘价在阳线的最高价附近，两根 K 线具有相同水平的最高点，这两根 K 线的端点一样平齐。第二根 K 线开盘之后股价一路下跌，使得收盘价跌破阳线的开盘价。这种 K 线组合，就是下切入线，也就是阴线向下把阳线全部包牢了。

若在股价上升过程中形成下切入线，表示市场在一定高位的抛售压力非常大，股价连续两次上冲依然失败的情况下可能见顶回落，下切入线代表卖点。因此在碰到下切入线形态时，在操作上应给予足够的注意。

### 2. 上切入线

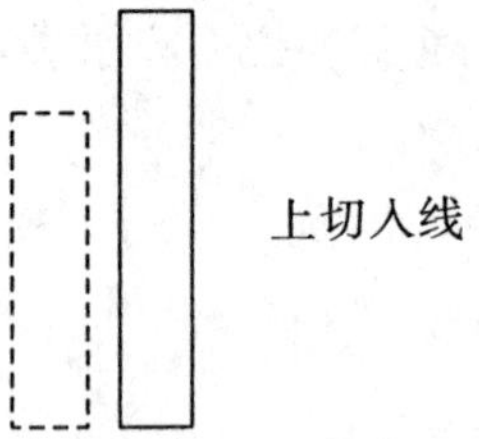


图 8—7 上切入线

在下降走势中，先出现一根阴线，然后第二天的阳线在阴线收盘价附近开盘，阳线的收盘价超过阴线的开盘价，这样的 K 线形态就是上切入线。上切入线的形态特征就是两根 K 线的最低点保持基本一致。

股价在下跌过程中，推低价格的空头力量逐渐衰竭，市场买盘不断涌现，开始承接抛盘，卖方力量在同一价位受到买方强烈抵抗，寡不敌众，预示股价即将上扬。之后，多头推高股价，从而形成价格运行的底部，后市股价有可能上涨。对于希望获得长期市场看法的投资者来说，不妨选用周线图和月线图进行研究。在这种情况下，由相邻的蜡烛线形成的下切入线和上切入线可能构成重要的反转信号。

## 二、三种作用

### 1. 掌握结构

投资者在学习波段交易的过程中，首先需要掌握好趋势，会运用黄金分割找准可能存在的支撑位和阻力位，然后找到相应位置的特殊 K 线形态。当支撑位和阻力位出现特定的 K 线组合时，就会出现市场信号。市场走势是有语言的，当市场中出现下切入线时，就是市场要休息的信号。反之，当股价跌了很长时间后出现了上切入线，说明市场会有一个阶段性的上涨。趋势交易是价格结构学，而价格结构学是投资者的必修课。

### 2. 支撑阻力转换

当市场出现什么样的 K 线组合时，能判定股价会进入一个支撑位或者阻力位呢？上切入线代表底部的 K 线组合，在未突破之前是强力的支撑，一旦价格向下突破，将引发一轮下跌行情，同时也转换为后市的重要阻力位。下切入线代表头部或者暂时性头部的 K 线组合，在未突破之前是强力的阻力位，一旦价格向上突破，将引发一轮上涨行情，同时也转换成后市的重要支撑位。

### 3. 见细节识整体

不要只判断单一的 K 线形态，要注意结合整体技术面来操作。因此投资者在判断上切入线时，要参考重要的支撑位；在判断下切入线时，要参考重要的压力位。结合重要的支撑位和压力位，再应用上切入线和下切入线，会提高判断后市的能力。同时在研判上切入线和下切入线时，要考虑当前所处的趋势方向，不要掉进只见细节，而不看大趋势的陷阱。

## 三、解读上下切入线

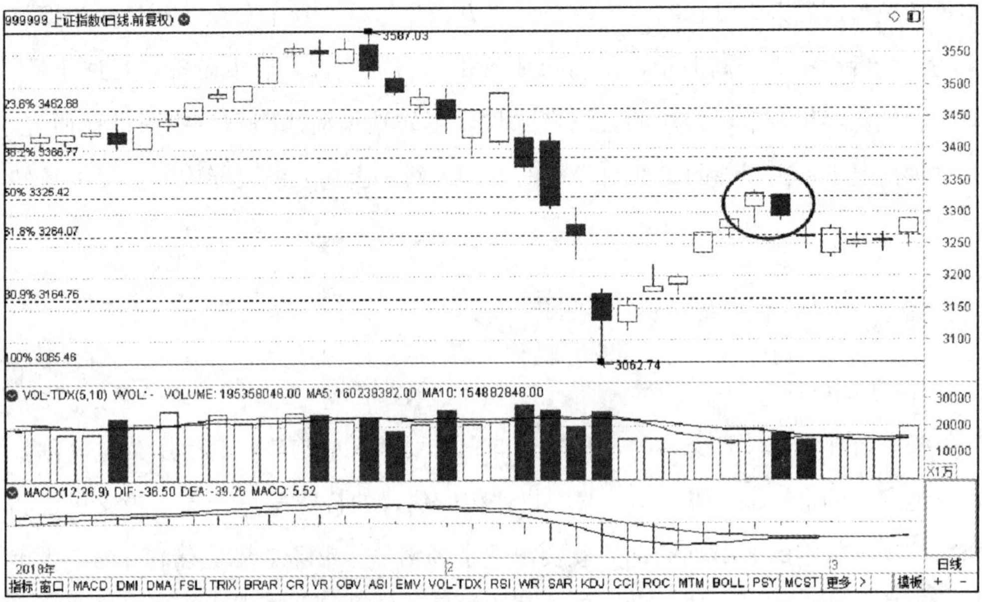


图8—8 上证指数（999999）2018年1月9日至3月6日日线图

如图8—8所示，上证指数经过下跌之后开始反弹，在快速上涨之后出现了下切入线的K线组合，说明这里的反弹结束了。如果运用黄金分割，可以看到股价反弹到一半产生了下切入线，也预示反弹结束了。但是如果出现阴线的收盘价并没有跌破阳线的开盘价，就说明这里只是一个休整，并不代表完全的切入。而一旦在K线的高位，出现下切入线，就是股价进入阶段性调整的一个信号，未来的2～3天如果股价不能有效站上阴线这个实体，那就代表这是短期的一个头部，并且头部进入调整状态。

# 第三节　顶部逆转与价量关系

## 一、上涨趋势的价量关系

“成交”是商场里的专用术语，表示买卖双方共同达成的交易行为。在每日交易的过程中，交易价格因客户偏向买或卖的意愿而引起波动。在股市中，受外在因素的影响，不同交易时间的不同交易价格，有不同数量的买或卖，使交易紧凑而复杂，而投资者买卖股票的信念与行为直接影响每日成交数量，即成交量。

在市场交易中，成交量是一种供需表现，代表股票市场投资者购买股票欲望的强弱。投资者对股票价值观愈有偏差，表明市场人气愈旺盛，买卖则愈活跃，成交数量自然增加；反之，则成交量减少。

当市场在长期寂静的行情中，突然出现大成交量，表示有主力资金开始进场，但是股价却不一定立即上涨，这也许是多头在试探买进，成交量稳定扩大而萎缩时不明显。

在行情初起时，成交量值开始增加，直至无法再增加，行情便告一段落，市场进入整理阶段，成交量值逐渐减少。当另一段行情再起，股价继续上升，成交量再度逐渐增加。当股价创新高而维持不回落，必须有大成交量做支撑。股价不断上涨，换手率积极，就如接力赛跑一样。

在股市进行波段操作的过程中，投资者务必一边观察成交量的变化，一边掌握价格波动，这才是完备的技术分析方法。

## 二、上涨趋势的顶部拐点

个股股价涨跌与成交量大小有密切的联系，因为成交量是股价上升的原动力，亦是股价下跌的主因之一。从股价短期的变动来看，股价上升与下跌的速度是多空双方力量较量的结果，成交量多寡扮演重要角色。

当股价处于低价位时，成交量稳定增加，成交量具有调节股价的功能，在需求大于供给时，股价大涨较容易，上升过程中成交量增加迅速，买气聚集快而发散也快，妨碍继续上升动力，涨幅将有限。当股价处于高价位时，成交量无法再扩大，导致卖方力量增强，因供需不平衡，成交量萎缩而导致股价无力再盘旋于高价位，空头乘势打压，造成市场不安情况，下跌行情由此产生。

当市场在多方力量下被激发至高点时，实力派大户买进股票的数量开始减少，卖出反而增加，调节市场所展现出来的不平衡现象。在短期内，由于买方的力量未退却，股价尚可维持，甚至创出新高。但是比较明显的是接手力量转弱，导致成交量开始减少，供需关系随之转变。股价平均成本越来越高，持有股票的投资者盈利越来越少，导致投资者开始抛出股票，在这种供大于求的市况下，股价回跌是必然结果。

从技术分析角度，多头市场里，股价上涨，成交量增加，表示买进力量大于卖出力量；而在股价回跌时，成交量迅速减少，持股者惜售，股价在供给减少后又有力量再次上涨，这就是强势的表现。而在市场高位处，股价上升，成交量反而减少，表示买方力量减弱，卖方力量随时可能碾压买方，这时市场就是一个弱势的市场。

在空头市场中，股价持续下跌，成交量反而增加，表示供给增多，成交的多数皆为抢反弹行情的投资者在交易，没有信心长期持有，形成上升压力，或是一旦股价稍升，成交量减少，都是弱势的表现。而当在股价下跌过程中，成交量每日维持极少，不能再减少时，表示供给减少，一旦需求增加，大于供给，股价立即上涨。

## 小　结

时间与价位是一切趋势预判与大盘交易策略制定的两个最重要的考量因素。因为所有重大的趋势转折，几乎都发生“在一个重要的时间，见到一个重要的价位”之后。在走势图上的“重要的价位”处，总是会有特别明显的形态，这是市场在告诉投资者走势即将转向，及早做出相应的操作策略。如若对市场抛出的橄榄枝熟视无睹，那么等待投资者的只有无尽的亏损。

**【股市答疑】**

2018 年 7 月 20 日，河南的杨先生给我们打来咨询电话。

**杨先生：**

老师您好！我在 2017 年 10 月 10 日，在美年健康股价放出大阳线，突破前高的时候买入的。在 19 元附近卖出，当日收出了一根长上影的十字星线。中间有一波 20%左右的涨幅。但是当股价回调之后，又开始上涨。这期间的涨幅远远大于之前上涨的幅度。当再回头看的时候，当初自己买入的价位是一个很低很低的价，如何才能避免自己卖飞呢？

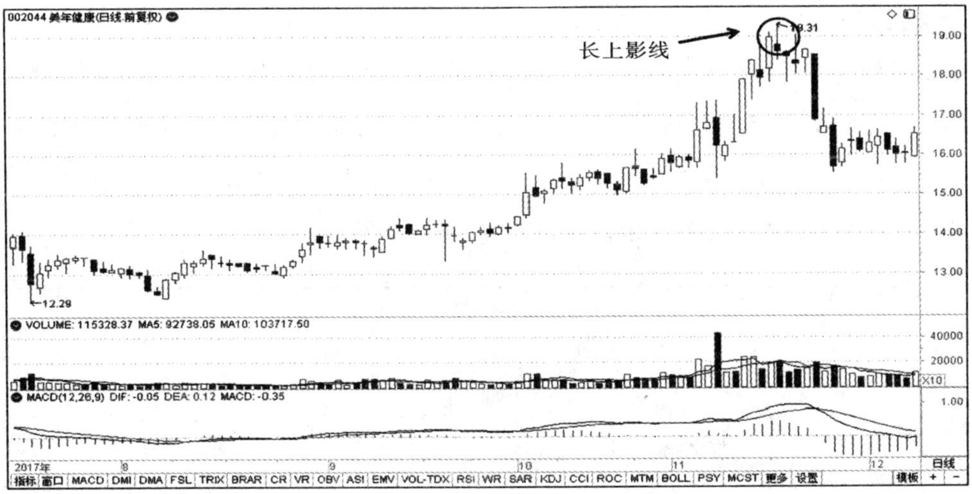


图 8—9　美年健康（002044）2017 年 7 月 14 日至 12 月 8 日日线图

**股市解答：**

杨先生您好！您选择的买入点位和卖出点位，在日线图中都是一个很好的位置。如果单从这波的走势来看，操作的准确率很高。买入当日的这根放量突破的大阳线，是一个走势将开始拉升的集结号。随后的股价一直处于这根大阳线上影线附近，更加证明这根大阳线的有效性。随后股价徐徐上涨，一根长上影的十字星线，代表着涨势随之结束，多方上涨的力量被空头的力量压制住了。市场面临调整或者是下跌。

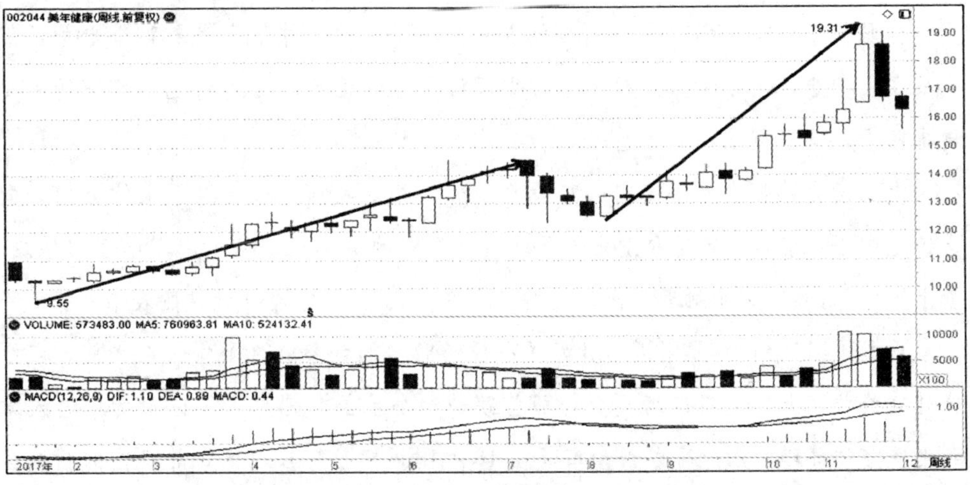


图 8—10　美年健康（002044）2017 年 1 月 13 日至 12 月 1 日周线图

判断一个走势是否已经到了顶部，首先不是从小周期图表上找答案，那样找到的只能是小周期内的走势方向，往往会错过大周期的上涨。如上图所示的周线图中，股价从10元附近开始了第一波上涨，这波上涨的幅度和力度都是很小的。经过了一个月的连续调整，股价继续上涨，这短暂的调整预示着后续的上涨力度将比之前更加激烈。如图所示，第二波的上涨斜率明显大于第一波。

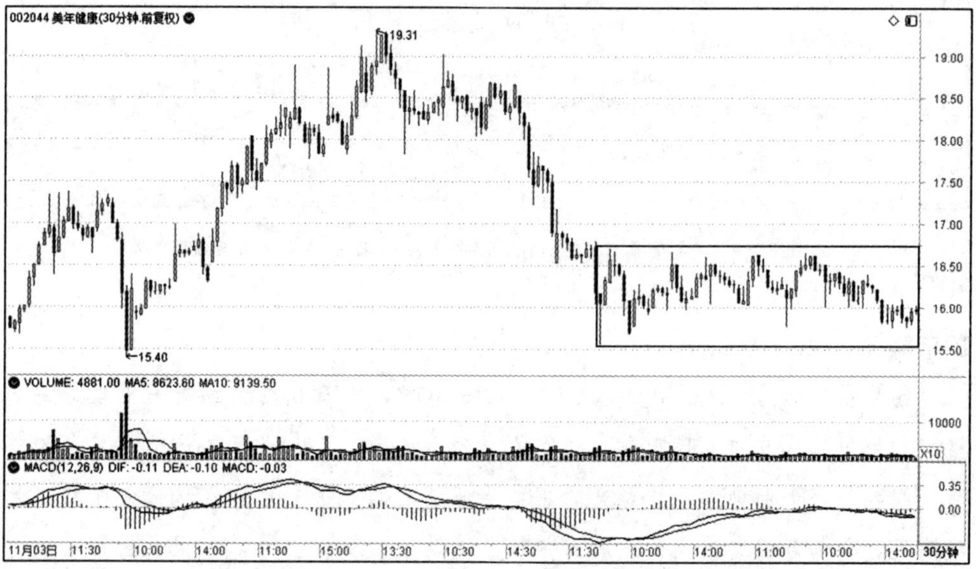


图 8—11　美年健康（002044）2017年11月3日至12月7日的30分钟K线图

在第二波上涨到顶后，股价又开始调整。从MACD指标可以看出，第二波的上涨让其创了新高，那么这个调整仅仅只是一个调整，并不代表着整个走势已经到头了。因此，在日线图上卖出后，当股价调整到位后，必须将之前卖出的筹码再捡回来，就当做了一个短差。

大周期的图表能够让我们判断股价是否已经走到顶，市场接下来的方向是向上还是向下。但是，市场在发出信号之后，真正的买卖点是从小周期图表中寻找。如上图所示，在19元附近卖出后，所产生的买点信号得从30分钟图表中寻找。

当股价回调到16元附近，开始了一段长时间的盘整。这个价位在之前大阳线突破的价位之上，说明市场不允许股价跌破这个价位，是为了不让市场中的人拿到更便宜的筹码。因此可以预判市场在16元附近横盘一段时间，等盘内的获利盘足够换手后，市场将继续上涨。整个大趋势的力度还未终结，那么大趋势的力度必然会带动小趋势继续上涨。

这就是盘面走势告诉我们的信息。技术分析的三大假设之一是价格反映了所有的信息。而我们所需要的信息只要从股价走势中便能得到，即研究股价的走势变化即可。在我们买入后，只需要耐心等待股价卖点的到来。一买一卖，就是股市炒股的奥妙之处，大道至简。

# 第九章
# 顶底研判法则

**市场趋势不明显时，宁可在场外观望。**

**——威廉·江恩**

## 第一节　时间对称研判法

对于顶底的研判是波段操作的重点，可以采取时间和空间的对称性来对走势的转折进行辅助预判。要想在股市赢利，归根结底就是四个要素：上涨的时间、上涨的空间、下跌的时间、下跌的空间，能研究好这四者之间的关系就足够了。

以股价显著的高点与低点之间的时间为周期，空间为尺度。市场走势的时间和空间也同样具有相似性，可以用来判断变盘的时间以及变盘的价位，判断股票强弱以及后期股价反弹的强弱。

在市场稳定运行过程中，股价上涨或下跌持续的时间有一定的对称性。若上涨或下跌趋势走出 3 个波段后再上涨或下跌时动能减弱，并出现头部形态或底部形态，而且该波上涨或下跌的时间已经达到上一波的上涨或下跌的时间，就有可能是这波上涨或下跌的高位变盘时间窗口或低位变盘时间窗口。

时间对称可以分为正向对称与逆向对称。

## 一、正向对称

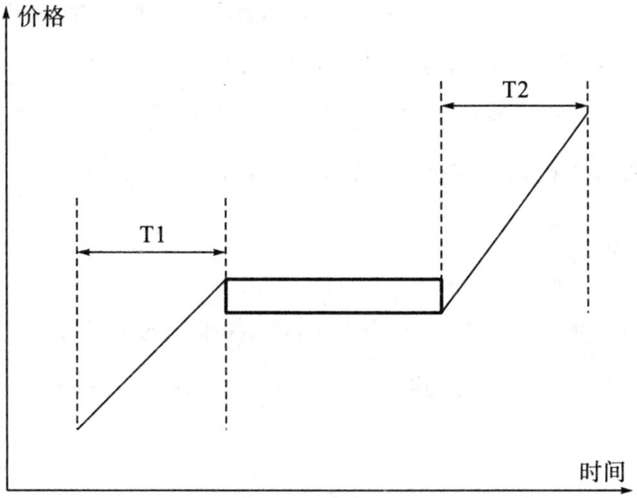


图 9—1　时间正向对称

如图 9—1 所示，股价经历了 T1 时间的上涨后，展开了一段时间的回调走势，股价在一定区间内横盘震荡，再次上涨 T2 时间，股价走势面临上涨动能减弱并且出现头部形态，此时当 T2 时间等于 T1 时间时，可能就是市场变盘的拐点。

图 9—2　上证指数（999999）2010 年 6 月 21 日至 11 月 19 日日线图

如图 9—2 所示，上证指数在这段时间内走出了一波上涨行情。先是一波 60 分钟级别的上涨，这段上涨由 23 根 K 线组合而成。上涨趋势之后开始横盘震荡，当再次拉出一波上涨走势时，价格开始滞涨，指标开始背离，在 23 根 K 线处，也就是前一段上涨的相同时间，市场走势可能面临转变。也正如预测的那样，上证指数在第 23 根 K 线处不再继续上涨，尽管后续指数创新高，但是 MACD 指标完全背离，那不过是多头的负隅顽抗，大势看跌，任谁也阻挡不了。

## 二、逆向对称

市场只有两个明确的方向：上涨或下跌。如果同时间的正向对称相似，股价走势可以组成如图 9—3 所示的两种逆向对称图形，其他的皆是这两种图形的转换或者说是衍生。

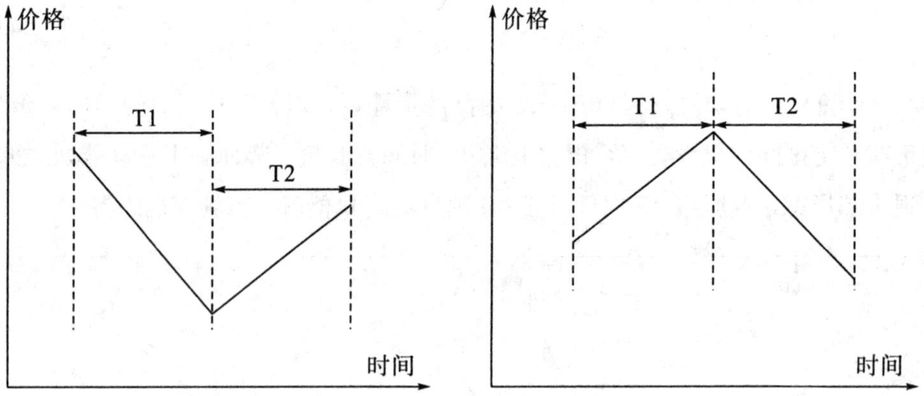


图 9—3　时间逆向对称

如图 9—3 所示，市场前期从高点开始下跌，经过 T1 时间后触底，或者从低点开始上涨，经过 T1 时间触顶。紧接着，股价直接进行了 V 形反转，当股价上涨或下跌动能减弱，指标背离之时，留意 T2 等于 T1 时的股价，这个时间点的走势可能就是一个变盘的时间窗口。

如图 9—4 所示，上证指数高点快速下跌，经历了 53 根 K 线后，快速触底反弹，由下跌走势反转为平稳的上涨走势。在上涨的过程中，指数在同样走出 53 根 K 线之后，上涨的动能减弱，由上涨趋势转变为横盘震荡。上涨或下跌的动能减弱，再结合时间的对称性，往往此时便是一个最好的拐点。

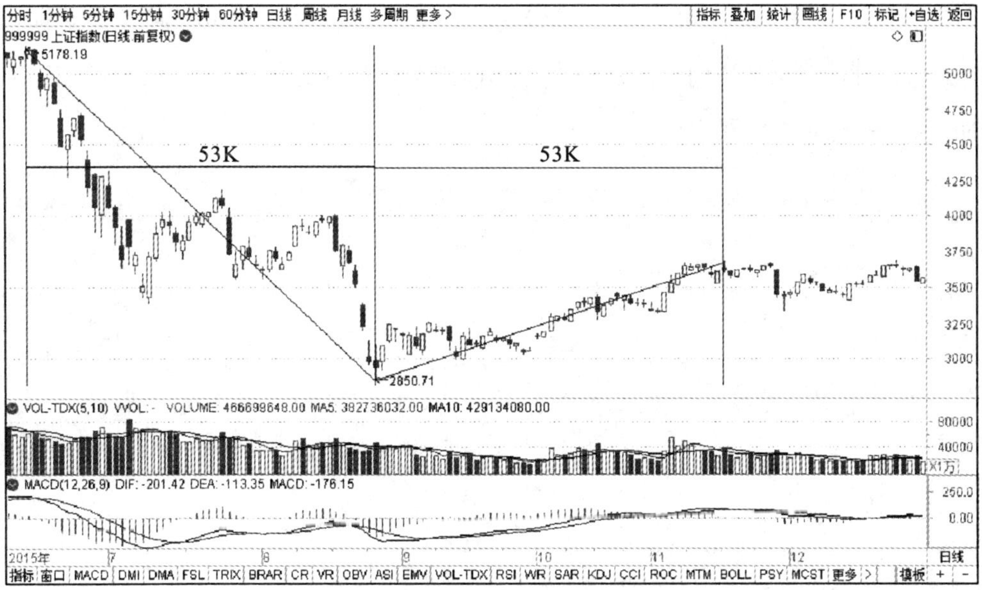


图 9—4　上证指数（999999）2015 年 6 月 9 日至 12 月 29 日日线图

# 第二节　空间对称研判法

## 一、上涨幅度对称

时间和空间是制定交易策略和预判趋势转折的最重要的两个考量因素。所有重大的趋势转折几乎都发生在一个重要的时间窗口和一个重要的价位处。市场在向前运行时，时间周期拥有对称性，在空间上也拥有对称性。

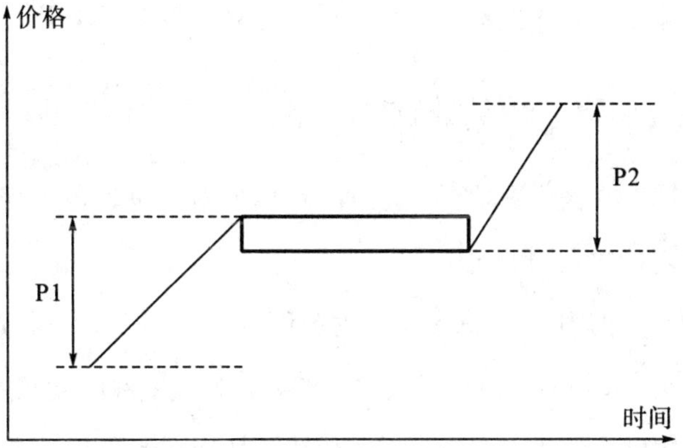


图 9—5　空间对称

如图 9—5 所示，该股第一波上涨幅度为 P1，经过一段时间的回调或者震荡走势之后，开始了第二波的上涨。当上涨动能衰减，而此时上涨幅度 P2 约等于 P1 时，就是一个可能的买卖点。

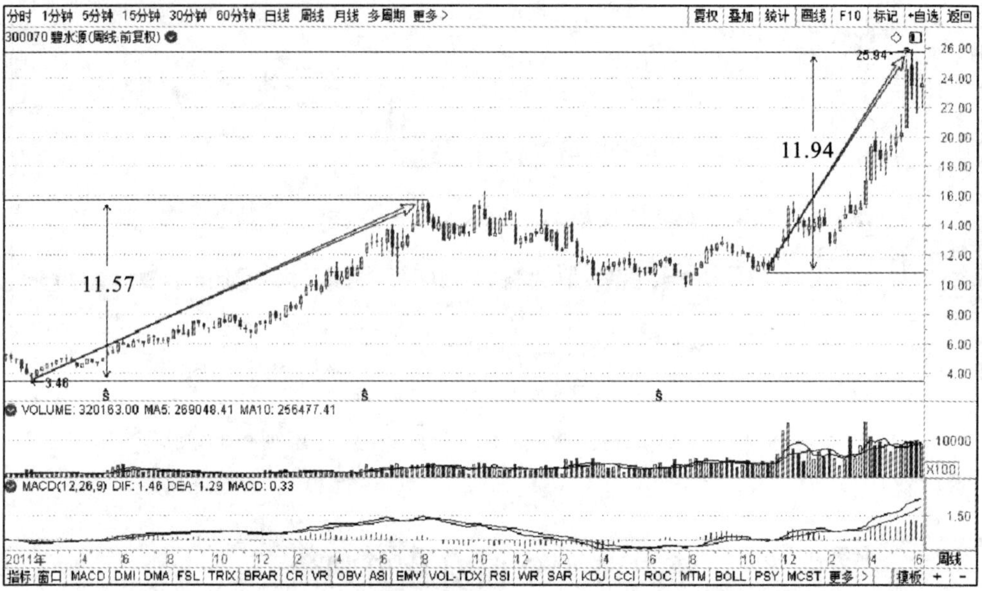


图 9—6　碧水源（300070）2011 年 12 月 16 日至 2015 年 6 月 12 日周线图

如上图所示，碧水源共经历了两波上涨。第一波涨幅 11.57 元，中间夹杂着一段回调，回调结束后再次上涨，第二波上涨幅度为 11.94 元。从两波上涨的股价涨幅来看，相差不大。表明空间对称在暗暗起作用。

## 二、上涨比例对称

在大多数情况下，空间对称更多的是每段上涨的比例相同，即 P1 和 P2 代表着每次上涨的比例。

如图 9—7 所示，宝钢股份经历了三段上涨走势，测算各段上涨的幅度，分别为 61.72%、67.91%、66.87%，各段上涨幅度相差不大。因此当第二段和第三段上涨走势力度有所衰减，而此时又分别上涨 60%左右，随后可能会经历一段回调。于是该段走势的高点可以作为短线的卖点，而回调的低点可以作为短线的买点，来做一波短线的价差。

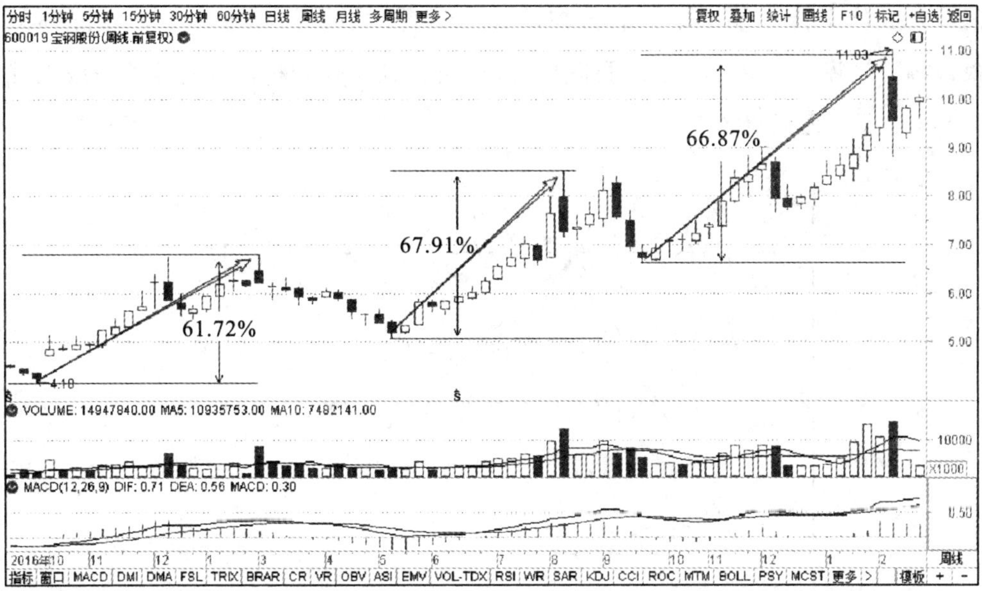


图 9—7　宝钢股份（600019）2016 年 6 月 8 日至 2018 年 2 月 23 日周线图

# 第三节　黄金分割研判法

黄金分割线是利用黄金分割比率的原理对行情走势进行分析，以此来给出相应的支撑位和压力位。黄金分割源于斐波那契数列，最常用的黄金分割比率是 0.382 和 0.618。黄金分割比率是一个神奇的数字，从巴黎埃菲尔铁塔和埃及金字塔均能找到黄金分割的影子。这个数字作为万事万物的一部分，在股市中也有着广泛的应用和独特的效果。

在一轮行情结束后，大盘指数或者股价都会往相反的方向运动，可能由上涨转为下跌，或者是下跌转为上涨。每一次的回调或者是反弹都可以使用黄金分割作为支撑位和压力位。将每一次上涨或下跌幅度的 0.382、0.5、0.618 等划分为黄金分割点，行情走势可能在这些黄金分割点位处遇到阻力或者支撑。

## 一、回调中的黄金分割

当股价从最低点开始上涨至高位后，市场走势开始往反方向回调。如图 9—8

所示，股价上涨动能不继，股价往反方向运行。回调的幅度为上一段涨幅的38.2%、50%、61.8%，然后可能会在这些价位处止跌企稳，重新开始一段上涨走势或者是一段横盘震荡。

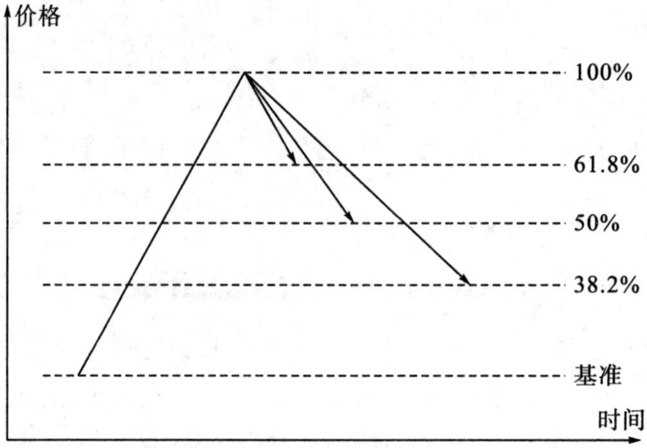


图 9—8　回调中的黄金分割

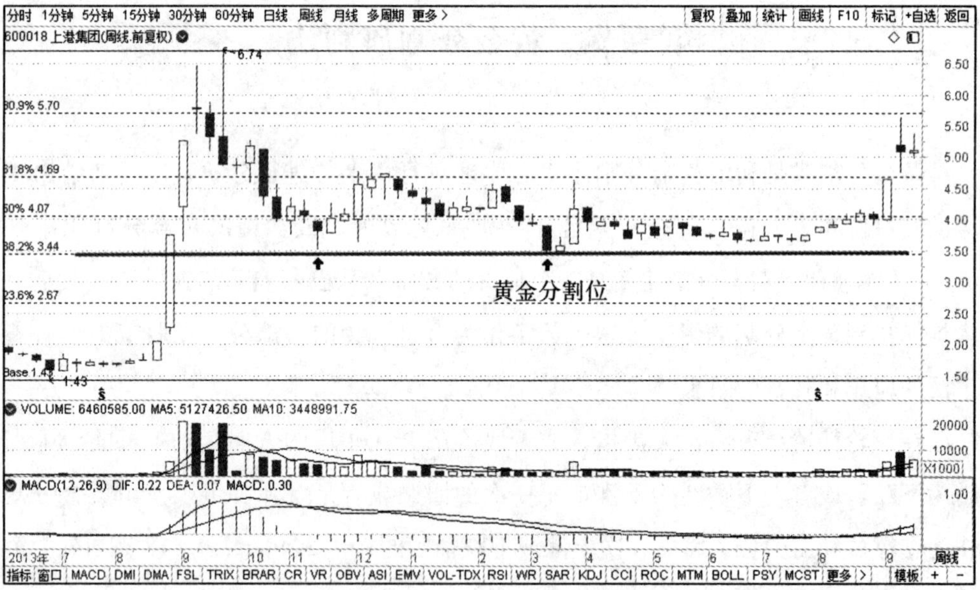


图 9—9　上港集团（600018）2013 年 6 月 7 日至 2014 年 9 月 28 日周线图

如图 9—9 所示，上港集团在经历一波上涨之后，股价从 1.43 元上涨至 6.74 元，上涨幅度 5.31 元，而 38.2%正好是 3.44 元。当第一波回调走势位于 3.50 元处，接近黄金分割数，股价开始止跌企稳，随后股价一直在3.5元至4元处横盘震荡。该走势完美符合上涨走势后回调的黄金分割比例。

## 二、反弹中的黄金分割

当股价从高位下跌至低位后，会有一波反弹。如图9—10所示，以上一波下跌走势的下跌幅度为基准，反弹该基准的38.2%、50%、61.8%等，然后再次开始一段水平震荡走势或再次下跌。

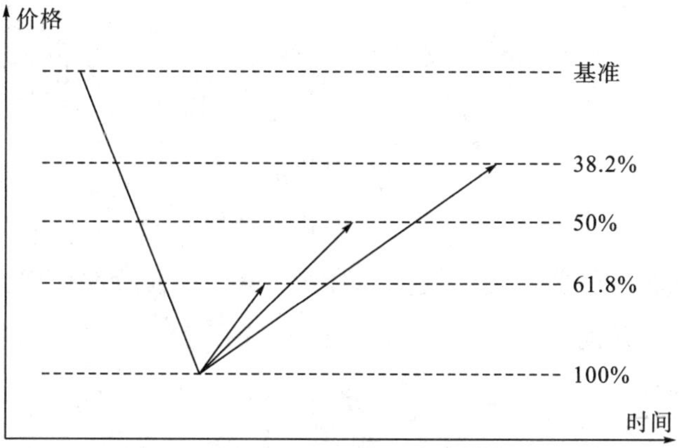


图9—10　反弹中的黄金分割

图9—11　中信证券（600030）2015年12月15日至2016年4月21日日线图

如图 9—11 所示，中信证券经历了一波下跌走势后开始反弹。下跌幅度为 8.47 元，若反弹 61.8%，即 5.23 元，因此股价 17.43 处即是黄金分割位，当股价涨至 17.40 元处便不再继续上涨，刚刚好是黄金分割位。股价后续经历一小段的横盘震荡后继续下跌。

## 第四节　斐波那契数列研判法

几个世纪以前，意大利数学家列昂纳多·斐波那契发现了一组对世界产生深远影响的神奇数列，称之为斐波那契数列。这组数列是：1、1、2、3、5、8、13、21、34、55、89、144、233、377……这组数字所展示的有趣规律也正在被不断地挖掘出来。

斐波那契数列在把握市场变盘拐点的时间窗口有独特的作用。例如从某些个股的明显高低点开始的转折走势，往往在第 8、13、21、34、55 等斐波那契数列天数发生趋势的反转。

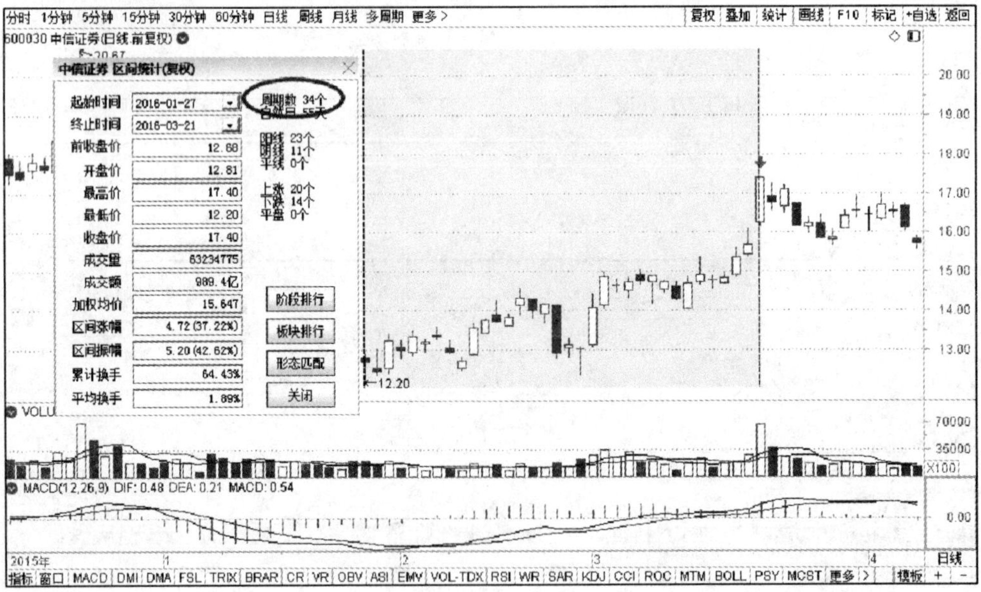


图 9—12　中信证券（600030）2015 年 12 月 15 日至 2016 年 4 月 8 日日线图

如上图所示，中信证券这一波上涨走势，从12.2元开始上涨，在经历了55个自然日之后，也就是在第34根K线处便不再继续上涨，开始了一波回调走势。34、55均是斐波那契数列之中的一员，这是一组多么神奇的数列！

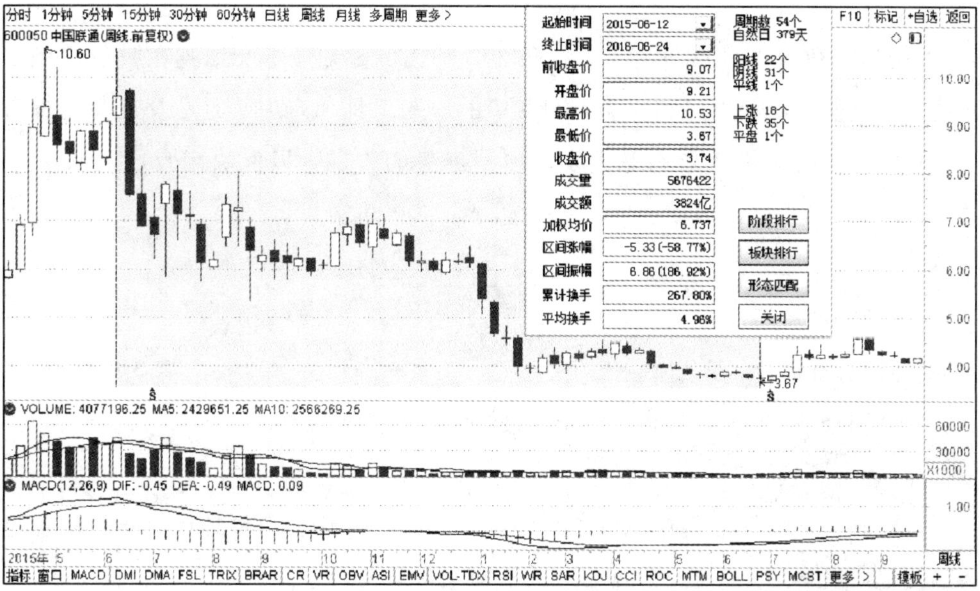


图9—13　中国联通（600050）2015年4月10日至2016年9月23日周线图

如上图所示，中国联通在高点展开了一波回调走势，而当股价未能再创新高时，便开始了一轮下跌趋势。股价从10.60元附近开始下跌，直至最低点3.67元，共经历了379天，走出了54根周K线。54根K线与斐波那契数列中的55接近，而379天与数列中的377相近。斐波那契数列对帮助投资者判断市场走势的时间拐点有神奇的效果。

当然，斐波那契数列还可以用来作为均线的参数。一般软件中的均线参数为5日、10日、20日、30日、60日等时间周期。但是可以使用斐波那契数列中的数字作为均线的参数，例如5日、8日、13日、21日、34日均线等，它们也有令人惊叹的效果。

# 小　结

时间的对称性、空间的对称性、黄金分割比例和斐波那契数列在股市中有诸多运用，是研判市场拐点和变盘时间窗口的重要工具和方法。但是投资者判断趋势的反转还是得从价格形态等出发，预判走势的方向，以此决定自己的买卖操作点。

**【股市答疑】**

2018 年 8 月 15 日，安徽的施先生给我们打来咨询电话。

**施先生：**

老师您好！市场有没有一种内在的规律，能够让我们在判断市场是否已经达到顶底的时候有一个标准，或者是准则。如果有的话，还请老师详细解析。

**股市解答：**

施先生您好！市场本是所有投资者共同作用的结果，不是单独一个人或者是一个机构所能控制的。正如汪洋大海里的一滴水，每个人都是那一滴水，由于市场的规模太大，不管是谁，不管自己的资金量多大，都是市场中的一小份力量，根本构不成扭转市场的力量。但是市场是人在参与的结果，那么人性必然会体现在投资的过程中。

同市场走势的无规律不同，人性是有据可循的。人性是贪婪和恐惧的。当股价刚开始上涨时，人们内心是恐惧的，担心自己的收益变为 0，让自己空欢喜一场，因此会落袋为安，而损失了后面大段的利润。而当股价开始达到顶部的时候，人们又开始疯狂了，以为市场还会继续上涨，这时候贪婪占据了人们的头脑，但是当人们一蜂窝涌入之后，等来的只能是高高的山冈和无尽的下跌。

贪婪和恐惧让投资者的操作变得清晰起来。就如抛一枚硬币一样，抛出正面和反面的概率，随着抛的次数越多，两者的概率比将越来越接近 50%。而当市场中的投资者人数很多的时候，单个个体的影响可以忽略，取而代之的是整个市场的人性在起作用。

时间和空间都会有一定的规律。当市场走出第一段后，那么第一段对于后面将会走出的第二段来说，都是一个提前量。提前量对于后续的走势必将产生影响。前后两段会遵从某种规律，例如相同，或是成某种比例。

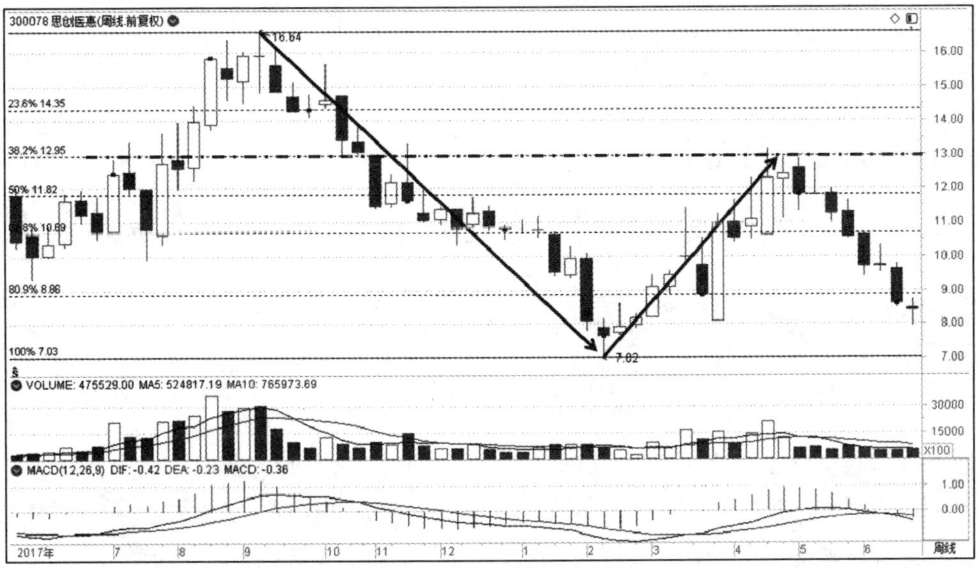


图 9—14　思创医惠（300078）2017 年 5 月 26 日至 2018 年 6 月 22 日的周 K 线图

如上图所示，思创医惠从高点处下跌随后经历了一波反弹。对于市场的反弹，一定会在某个价位处结束。我们可以从走势图中看到股价反弹的力度是否逐渐减弱，以及是否达到了前期的支撑位或者压力位，这些都能够为我们判断市场是否结束提供一种方法。

而且反弹的时间和幅度本质上会隐秘地保持一定的规律。这种规律会悄无声息地作用于市场走势中，当股价走出来之后，便很容易、很清晰地看到这种规律。如上图所示，这波反弹的幅度是上一轮下跌幅度的 61.8%。0.618 是黄金分割比率。这个规律会在无形之中起着作用，制约着走势。

如果再仔细看时间的话，会发现更多有意思的现象。前期的下跌经历了 22 根 K 线，而这波反弹到顶的时间是 13 根 K 线。如果熟悉斐波那契数列的投资者都能明白，13、21 是斐波那契数列其中的两个数字。斐波那契数列对于研判走势的延续时间有一定的作用。

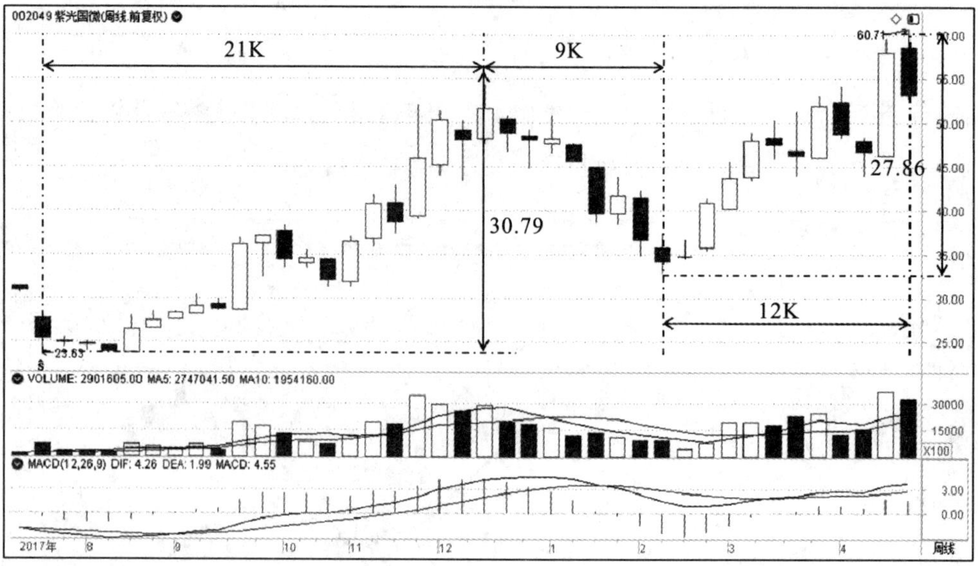


图 9—15 紫光国微（002049）2017 年 2 月 17 日至 2018 年 4 月 27 日的周 K 线图

又如上图所示，这段走势是由三个波段的走势构成的。第一段是上涨波段，第二段是回调波段，第三段是上涨波段。第一个上涨波段经历了 21 根 K 线，如果发现走势已经衰弱，并且已经走到了 21 天，也就是斐波那契数列中的某一个数时，说明市场可能要经历回调了。在连续 9 根 K 线的回调后，9 和斐波那契数列中的 8 相近，可以作为回调止跌的辅助判断。第三段上涨波段经历了 12 根 K 线，同 13 相近，同时上涨的幅度同第一段上涨幅度相近，那么市场可能在创新高后的第 12 根 K 线处达到顶部。

市场有这种规律，但并不代表市场每次都会遵从这种规律。市场只是有种趋势会重复这种规律。当我们能够从股价走势中发现股价可能触底或者触顶，再观察时间和空间符合这些规律的时候，那么有很大概率是市场走势快要到头了。

所有的法则和规律都可以作为一种辅助判断的方法。但是万变不离其宗，更重要的是股价，是市场的走势。这才是根本。不要因为有了这些规律，而放弃了股价走势，这是万万不可的。

# 第十章 波段操作的陷阱

**错误并不可耻，可耻的是错误已经显而易见了却还不去修正！**

**——乔治·索罗斯**

## 第一节 识别假突破

### 一、假突破

波段交易讲究的是顺势而为，让投资者在股价突破重要位置时买入。只有当股价突破了重要的压力位才可以不断地向上攻击。突破是指股票价格对支撑位和阻力位的超越，当股价上涨超过阻力位称为向上突破，当股价下跌跌破支撑位称为向下突破。

但是很多投资者在操作过程中使用了错误的方法，导致在股价突破的时候买入，结果碰上了假突破，最后却亏损了。这是因为主力也会运用常识来做一个假突破误导投资者，让投资者认为股价在突破后会有一个拉升波段而买入，而主力却在突破时出货。

如图 10－1 所示，新希望股价在 7 元至 8.3 元之间进行了长达一年半的小幅横盘震荡。在 2018 年 5 月向上走出连续的放量四根大阳线，有一鼓作气向上突破的趋势。但是第五根周K线为阴线，直接从压力位拐头向下。随后又在支撑位处小幅震荡三个月，最后还是突破支撑位，走势向下运行，开始了长跌之路。

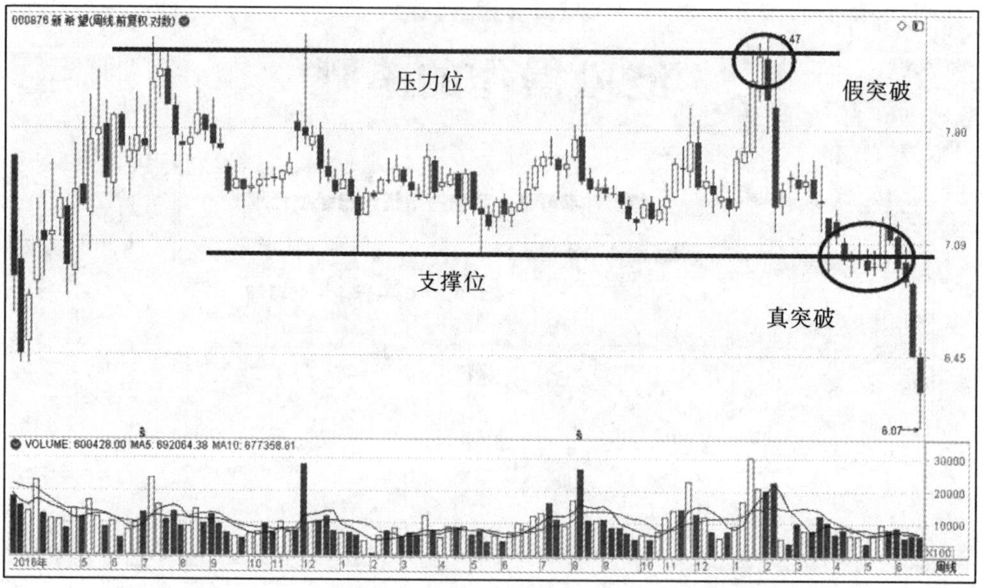


图10—1　新希望（000876）2016年3月4日至2018年6月22日周线图

1. 假突破定义

假突破是指股价对原有阻力或支撑位不成功的突破，分为向上假突破和向下假突破。向上假突破指股价向上突破阻力位后，又重新跌回到原有阻力位之下的行为。向下假突破指股价向下突破支撑位后，又重新涨回原支撑位之上的行为。

真假突破最主要的区别就是主力是不是在进行出货。只有进行准确的判断，才能回避假的突破。简单来讲，就是突破时量的大小。假突破是由于主力要出货，所以成交量会很大；而真突破，成交量反而比较温和，虽然有时会引发放量突破，但只要资金性质没有改变便可以跟进。

在分析股价突破时，趋势线的突破对买卖时机的选择具有重要的分析意义。市场上的投资者往往也会根据趋势线的变化采取行动，因此，搞清楚趋势线何时突破，该突破是有效突破还是非有效突破至关重要。事实上，股价在趋势线上下徘徊的情况经常发生，投资者判断失误便意味着市场操作的失误。因此，投资者应该结合当时市场的具体情况进行具体分析。

2. 判断假突破原则

（1）收市价

真正的突破是收市价的突破，收市价突破趋势线是有效的突破，因为这是一种入市的信号。

以下跌趋势线即压力线为例，如果盘中价格曾经冲破压力线，但收市价收于压力线之下，这就证明市场的确存在拉高的买盘，但是由于买盘不继，卖盘喷涌，导致收市价收在压力线之下。这种盘中突破压力线但收市价未破压力线的突破，就被认为是非有效的突破，这就说明压力线仍然有效，市场的走势尚未改变。

同理，上涨过程中的突破，应看收市价是否突破上涨趋势线，即支撑线。在市场的走势图中，常有这种情况发生，在趋势线被突破之后，股价又一次重新回到原来的位置上，这种情况就不是有效的突破，往往是市场中的陷阱。

（2）成交量

成交量可以衡量市场人气。例如在上涨走势中，成交量同股价呈现出量价齐增的走势，说明市场对股价的移动方向有信心。相反，股价在飙升的过程中，交易量不增反减，说明跟进的人不多，市场对股价走势方向有所怀疑，只有主力在卖力地拉升股价，上演一出独角戏。

趋势线的突破也是相同情况，当股价突破阻力线后，成交量随价格的上涨而随之上升或者保持平时的水平，说明突破之后跟进的人多，市场中的投资者对股价运动方向有信心，投资者可以选择跟进。如果股价突破趋势线之后，成交量不升反而下降，这时候就应当小心，防止突破之后又回复到原位。事实上，这些假突破的信号可能是由于一些大户入市所致，市场投资者并没有跟随，从而导致突破不能改变整个局势，形成假突破。

（3）突破后

若某天股价突破下跌趋势线并向上发展，应该继续观察股价后两天的走势。接下来，若股价仍能跨越最高价，说明突破阻力线后有大量的买盘跟进，这样的突破是有效的突破，是稳妥的入市时机。同理，若股价在突破上涨趋势线后，继续向下运动，其后几天的交易是在最低价下面运行，那么说明突破趋势线后，卖盘压力很大，应该跟进卖出。

但是如果投资者在突破两天后才入市，股价已经有了较大的变化，该买的股票已经涨得很高了，该抛的股票已经下跌甚远了，但是即便这样，由于方向明确，大势已定，投资者仍然会有大作为，比贸然入市要好得多。

3. 假突破应对策略

（1）承认犯错

在交易的过程中，人们总会犯错。如果不允许自己犯错，交易会变得异常小心拘谨，以至于高度紧张，心态难以平衡，那么一旦该投资者不认小错就会铸成大错，这都是交易的禁忌。承认犯错，不是无休止地犯错，而是要吸取教训，避免不该犯的错，减少犯错的概率。在交易中，出现亏损是非常正常的事情，投资者应当把适当的亏损看成是获利所必须付出的代价和成本。交易机会都是苦苦寻求来的，不是一眼就能看出来的，投资者要去尝试，一旦发现苗头不对就立马退出，不付出代价就想成功那是幻想。只有允许自己犯错，承认犯错，才会有更多的交易机会，才会消除对市场的恐惧，才能真真正正地抓住获利机会，收获长期的盈利。交易犯错并不可怕，可怕的不是投资者做错了什么，而是他们什么都没做，不知道什么是正确的。

（2）遵守操作纪律

市场是复杂的，因此投资者建立一个属于自己的交易计划是必需的。

投资者进场后，唯一需要做的就是用自己的评价标准、交易策略去判断市场行情，确定到底是卖出、买入，还是继续持有。遵守纪律，严格执行自己制定的交易纪律是获得盈利的前提条件。一旦市场触及交易策略的止损点，投资者唯一可做的就是离场观战，否则一直持有到市场发出离场信号。

（3）及时止损

在不同行情中，突破的概率是不同的，牛市中出现假突破的概率明显低于熊市中的假突破。真正有经验的投资高手，能够充分认识假突破的实战指导信号，假突破是不可避免的，一旦出现假突破就是马上离场的撤离点。反转后的反向行情幅度也相当大，如果没有及时止损，将造成相当大的损失。如果及时止损了，那么反向操作的获利空间也是足够大的。

## 二、向上假突破

### 1. 低位盘整向上假突破

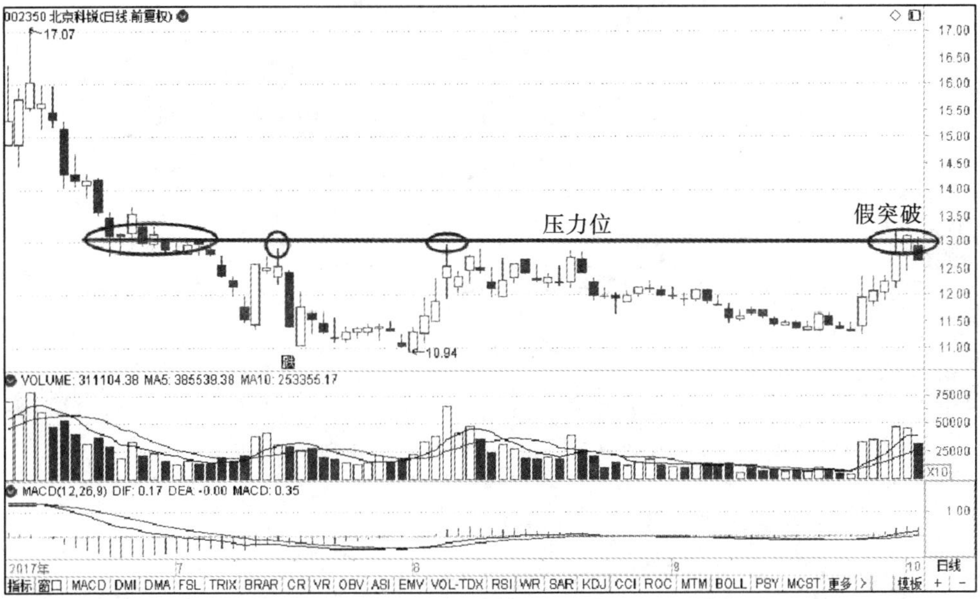


图 10—2 北京科锐（002350）2017 年 6 月 12 日至 10 月 10 日日线图

如上图所示，2017 年 6 月中旬，北京科锐走出一根长上影线后，股价见顶随即开始下跌走势。在下跌过程中，股价在 13 元价位处作短暂停留，又开始下跌走势，在达到低点 11 元之前，股价有过一段小反弹，但是 13 元价位压力极大，股价再次转头向下。从低点的反弹再次遇到压力，未曾突破，说明 13 元这个压力位是极其强大的。在 9 月底，5 根连续的放量阳线一举突破了压力位，但也只是稍稍突破，第 6 日的低开低走阴线又回到压力位之下，再次证明压力位的强大。

股价在短暂突破 13 元压力位后，之后几天凌厉的下跌走势跌破之前的底部，开始了漫长的下跌，短短两个月下跌幅度达 40%。这足以证明一个向上的假突破是多么具有杀伤力。当股价突破盘整区间的顶部压力位时，投资者还需观察股价后续走势，一旦股价创出新高，同时配合大成交量，说明突破压力位后存在大量的买盘跟进，这样的突破是有效的。而一旦股价未能有效站稳压力位，说明这样的突破是主力设置的一个陷阱，是诱骗投资者的圈套，投资者应该立即止损出逃，保护本金。

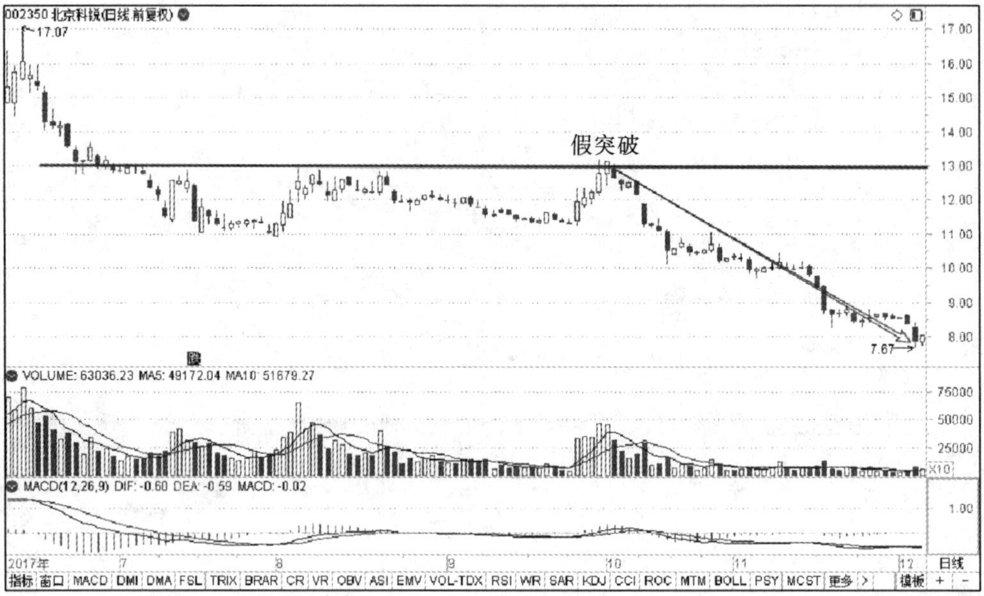


图 10—3 北京科锐（002350）2017 年 6 月 12 日至 12 月 6 日日线图

2. 高位盘整向上假突破

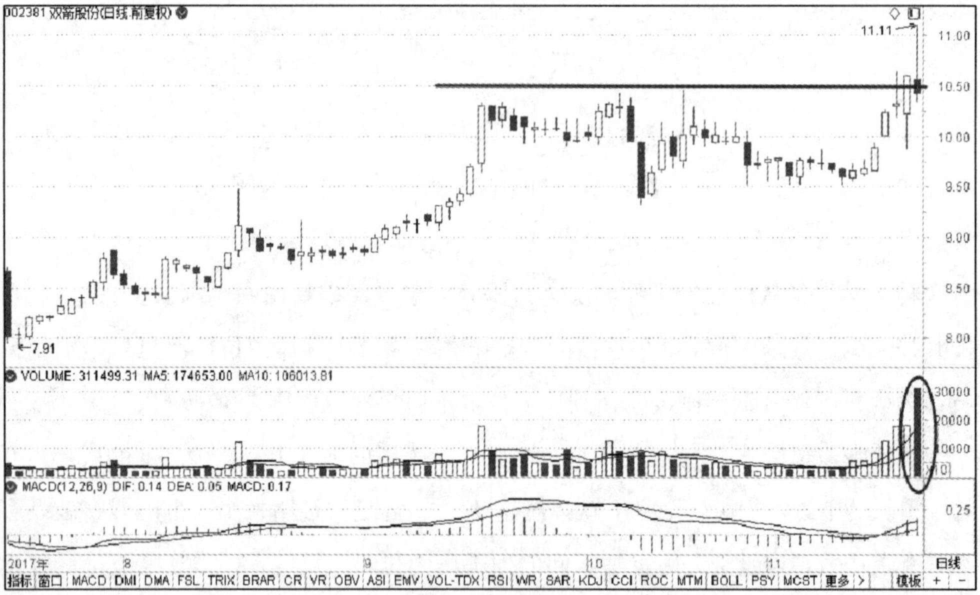


图 10—4 双箭股份（002381）2017 年 7 月 17 日至 11 月 21 日日线图

如图 10－4 所示，双箭股份触底反弹之后，走出一波上涨走势，从底部开始两个月上涨 30％左右，在 10.50 元价位处开始横盘震荡，股价未曾突破该价位，说明该价位牢牢地压制着多方进攻。2017 年 11 月 17 日收出一根十字线，尽管在盘中突破了 10.50 元价位，但收盘价依然在压力位之下，这并不算是有效的突破。随后 11 月 20 日收出一个长下影的阳线，说明盘中空方强势打压，但最终多头还是战胜空头，收盘价站稳压力位。11 月 21 日走出一根放巨量的长上影，收盘价在压力位之下，证明之前的突破是假突破。

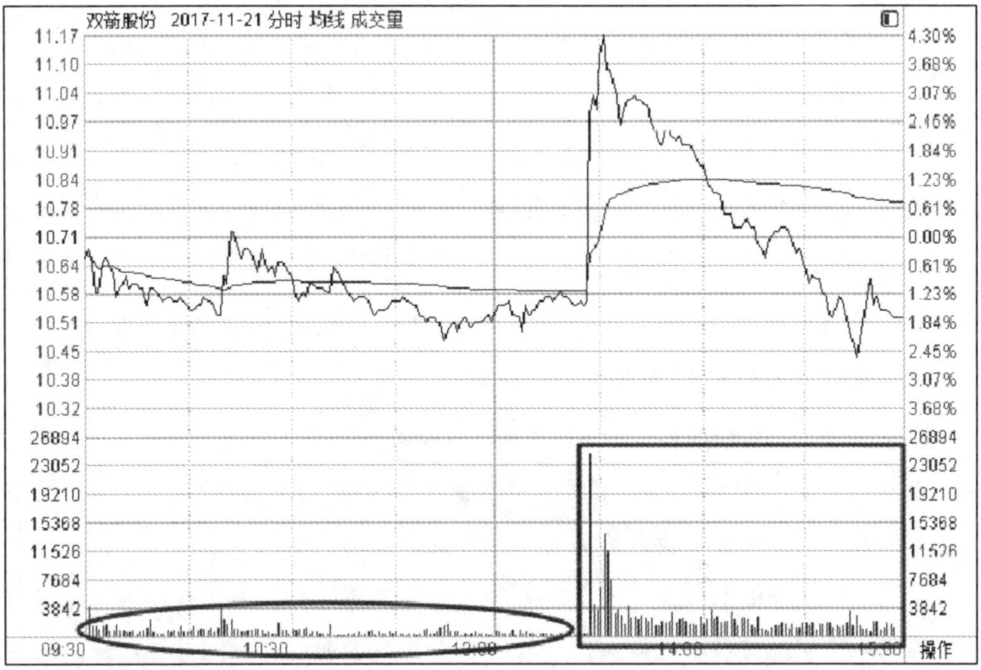


图 10－5 双箭股份（002381）2017 年 11 月 21 日分时走势图

如上图所示，午后盘中大买单涌入，急速拉升股价 5％。但随后开始了呈 45°角放量下跌的走势直至收盘。从高点下跌的过程中，成交量明显高于早盘的成交量，这也证明当日的长上影就是一个主力疯狂抛售的结果。没有主力的股票便如没有主心骨，注定是漫漫长跌。真正有效的突破是在股价突破时放出较大的成交量，同时突破后经过回试确认，不再撤回原有的技术位，回试的过程必定是缩量的，原有的技术位为后来的走势提供一个支撑，这样的向上突破才是有效的突破。

## 三、向下假突破

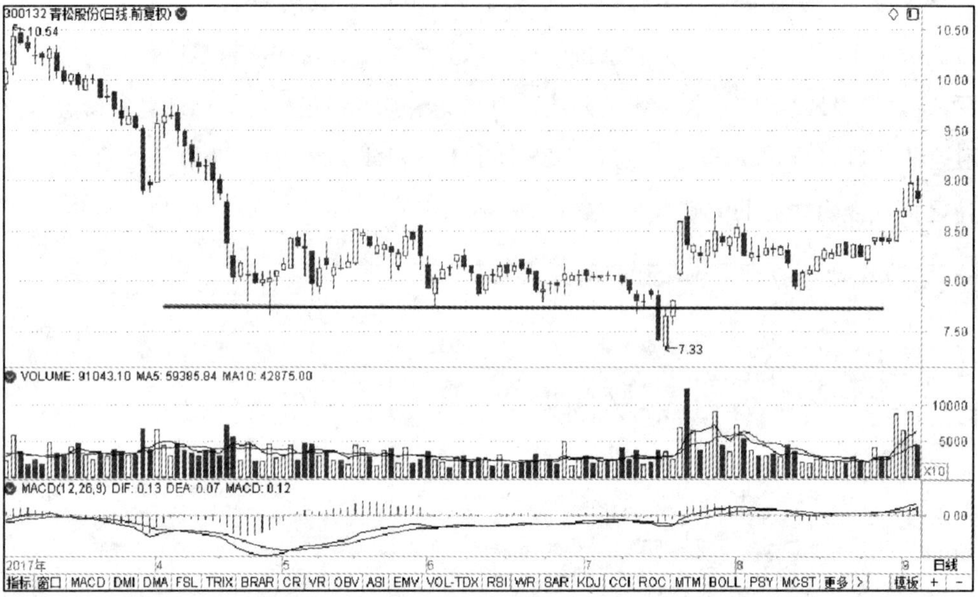


图 10—6　青松股份（300132）2017 年 3 月 3 日至 9 月 5 日日线图

如上图所示，青松股份经过下跌之后，在 7.8 元至 8.5 元之间构筑横盘震荡区间。2017 年 7 月 17 日一根向下的大阳线突破了支撑线，但是随后第二天股价跳空低开，收出一根大阳线，收盘价插入前一根大影线的一半以上，构成切入线，形成一个有反转意义的 K 线组合形态。第二天股价站稳 7.8 元支撑线，第三天股价跳空高开，牢牢地突破了上压力位。随后股价开始了缩量回调的过程，在回调的过程中，股价未曾跌破原先的支撑位，说明之前的大阴线下杀是个假突破，后续开始小级别的上涨走势。

市场在下跌走势或者低价位震荡横盘过程中，股价突破前支撑位，但随即又被拉回原区间内部，这其中的向下的假突破，就是向上的真上涨。投资者在碰到这种情况后，应及时跟进，即使已经止损了，也应该调整战略，再次买入做一个小级别的上涨波段，直至出现卖出信号。

# 第二节　底部区域的陷阱

## 一、前期底部止跌的陷阱

众多投资者热衷于寻求长期底部，寄希望于技术分析研判底部的走势，但往往被多数人确认的底部会再次出现破位下行的走势。这种假底部的情况，会让投资者判断失误，从而造成亏损。因此，在实战中，股价止跌后，没有放量突破便不是一个很好的介入点，因为后续走势还会继续跌跌跌。

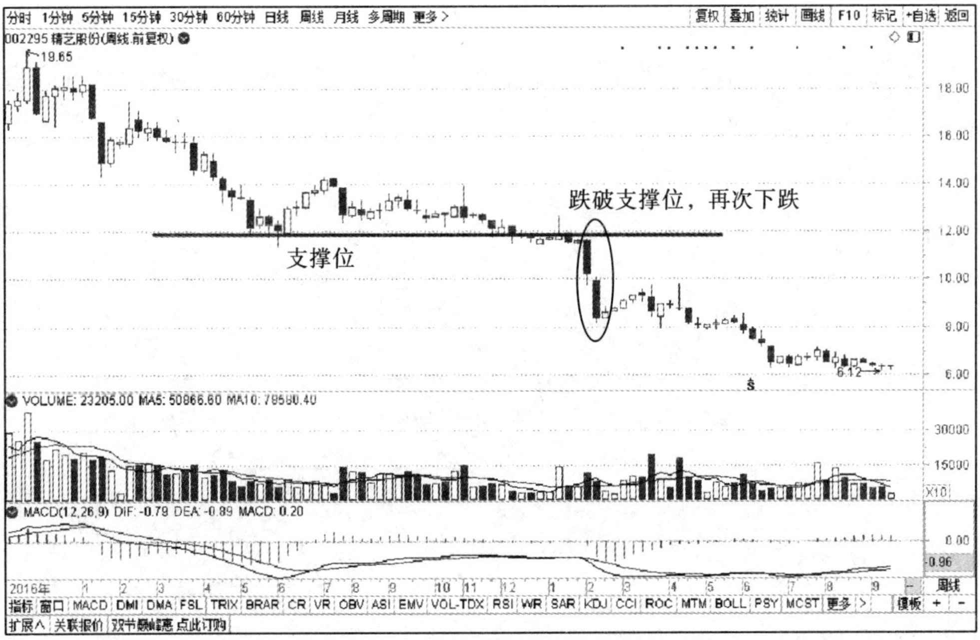


图 10—7　精艺股份（002295）2016 年 11 月 11 日至 2018 年 9 月 18 日周线图

如上图所示，精艺股份的下跌走势长达半年，随后迎来了在 12 元至 14 元区间的横盘盘整走势。2017 年年底，股价在 12 元左右得到支撑，该价位也是前期的底部。连续两个多月的横盘震荡，让投资者误认为底部已经构成，而急急忙忙地去抄底。2018 年 2 月 2 日这周，股价连续两周大跌，导致在 12 元前底部价位处买入的投资者深套其中。股价后续又从 12 元跌到 6 元左右，接近腰斩。因此对于想要抄底的投资者来说，要考虑所买入的点位是不是底部。众多投资者在投资过程中，遭受重大亏损，主要是因为对底部缺乏认识，再加上判断错误和操作失当等。以精艺股份为例，要想避开见底之前的假突破，最好的办法就是等待股价形成明显的上涨趋势。

## 二、股价触底不再下跌的陷阱

在下跌过程中，股价在低位横盘震荡整理的个股，如若出现以下情况，说明该股还未有上涨的信号。

1. 长时间的横盘整理，股价突破不了横盘的上压力区，说明该股股性不强；

2. 股价在低位长时间横盘，从侧面说明，主力愿意以较低的价格来处理手中的筹码，同时也告诉投资者他们不看好后市的走势；

3. 若股价多次收出带量阳线，却始终站不上压力线，说明压力线是终止该股价上涨的“罪魁祸首”。

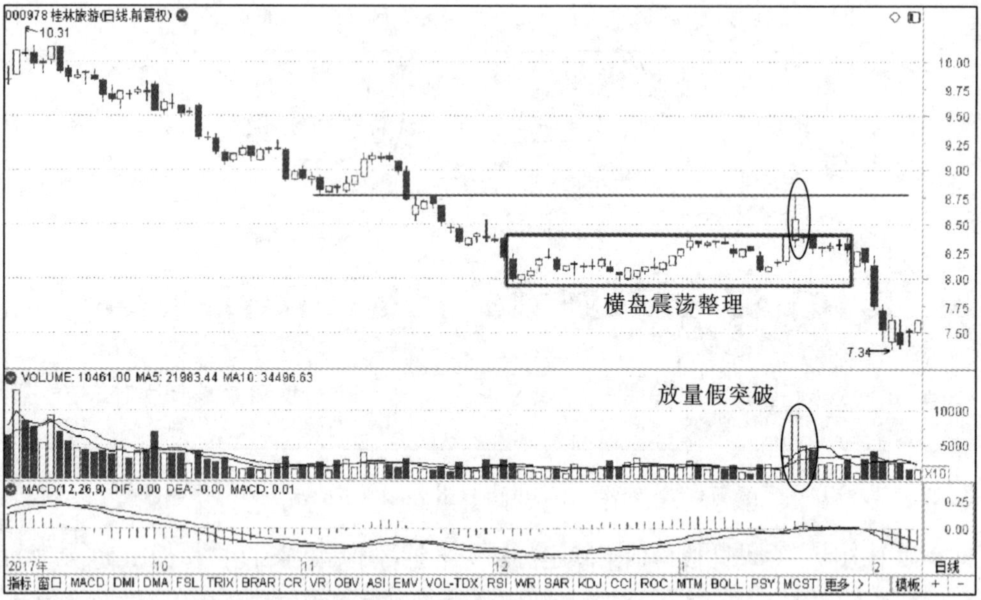


图 10—8　桂林旅游（000978）2017 年 9 月 7 日至 2018 年 2 月 8 日日线图

如上图所示，桂林旅游在长时间的下跌之后，开始了长达两个多月的横盘震荡的走势，股价在 8 元至 8.5 元之间波动。震荡途中，有一根巨量阳线突破压力位，触及前反弹低点，随后收出长长的上影线。尽管拉出的放量阳线突破了压力位，但是后续的股价又回到了横盘震荡区间，说明压力位很牢固，对于接下来的走势，若没有强烈的买盘，这个压力位是不太可能会被突破的。

## 第三节　心理陷阱

### 一、骄兵必败

一位操盘手曾说："股市中赚钱很快，但亏钱也很快，而且每次亏钱大都是赚了钱后洋洋自得之时发生的。"

在证券市场上做投资，首先要明确市场的趋势分类和时间周期分类。市场在任一时间都处于上涨、下跌、盘整三种走势中的一种，不存在其他形式。而时间周期分为中长期、长期、短期、超短期。超短期分为分钟到小时；短期包含天到周；长期覆盖周到月；中长期涉及月到年。

市场永远是对的。投资者应当根据市场的走势来进行自己的交易，而不是根据自己的感觉操作周期。波段交易讲究的是顺势而为，逆势而动只会让自己套得更深。

如果将股市比作一片原始森林，那么各种技术分析方法、交易策略就是十八般武器。一门心思地幻想凭借着犀利的武器就能在茫茫森林中走出一条道，若分不清方向，那么就永远不可能走出去，这片森林只是牢笼而已。投资者必须利用"指南针"认清方向，在股市中必须看清楚趋势，看不懂趋势就只有失败。要走出这片股市森林，在认清方向的基础上还需要开辟一条适合自己走的路，所以在尊重趋势的基础上要找到适合自己的交易系统。

投资者还必须明白，就算手中有了独门武器，认清了方向，找到了一条可以走出原始森林的道路，也不一定能够活着走出去。因为一路上还会有很多的困难需要克服，扑朔迷离的市场环境、突如其来的危机、内心的恐惧……时时刻刻都在考验着自己的智慧胆识和信念意志。

市场中，再完善的交易系统，最终都需要人去实践操作。如果操作策略因为人性的弱点误入歧途，那么失败也就必然存在了。所以一些长期资本管理公司虽然拥有超一流的人才队伍，但是由于贪婪过度，借贷杠杆过大，最后惨遭失败。贪心的欲望想让市场跟着个人意愿走，而不是等待市场自然的转势。纵观世界几百年的证券史，一些叱咤市场的英雄，最后纷纷以失败告终，其原因都是人的欲望发生了膨胀，失去了平衡，妄图超越时间，超越一切，最后总会以失败收场。

对于投资者而言，从市场中收获利润固然不易，但要巩固现有的成果更加困难。如果将大多数投资者的资金变化画出一个 K 线走势图，就会发现走势总是在连续上升之后又连续下降，盈利只是在账面上潇洒地走了一遭。因此在经过一个阶段之后，很有必要调整心态，休息休息。尤其是在大盘刚从顶部回落的时候，市场中大多数人指望再创新高，把反抽作为主升浪去增加仓位，这是最容易被套，也是最容易抹掉现有成果的行为。

## 二、缘木求鱼

股市如原始森林，投资者的目的是找到一条能够走出森林的道路，但是大多数人执着于打造武器，或者是道路的修正。当我们出发得太久，别忘了自己为何出发。

很多投资者通过学习，也掌握了很多分析方法和技巧，具有一定的分析水平。可当自己精心研究出一只股票，准备抢筹买入的时候，听周围的股友随便说说"这只股票不好，不如××这只有题材……"就立即放弃买入，改为买××股。当自己当初选的股票涨起来时，就只有后悔的份儿了。随着时间的推移，要想在市场中最终获得成功，就得守住自己，保持平衡，坚持正确的理念，相信时间的价值，切莫放弃主见，轻信别人。投资者就应学习波段技术，早日形成自己的操作风格。

在现实生活中，很多人凡事都要求十全十美。找工作，既要工资高，工作环境舒适，又要工作轻松、体面；找对象，希望对象既有钱，又漂亮，既温柔，又有文化，结果经常希望而来，失望而归。但凡有这种心理的人，进入股市后，通常也会追求完美，既想抄到最低点，又想卖到最高点；纵然持有领涨股，又想把每个波段做足。在操作时，往往又谨小慎微，害怕犯一点错误，但事实上这种心态，只能导致投资者不断犯错误，一次次地懊悔，一次次地失去赚钱的机会。

其实这是在市场盈利的最大心理障碍。在市场中交易，切莫强求预测到每次行情转折。市场中没有这样的完人，能够在十次机会中抓住七八次就算不错的了。如果一味强求自己抓住每一次行情的转折，就会在无形中给自己造成沉重的负担，以至于丧失了筹划的时间、反省的机会和交易的方向。

很多人看了几本书，听了些评论，认识到高抛低吸、滚动操作可以获得很大的利润，同时也决心这么做。但是，理想和现实差距太大，一年乃至几年操作下来，利润还没滚动起来，本金却套进去不少。根本原因在于投资者在抛出后没有耐心等待其回落，便经不住诱惑，又想着去抓住下一个热点，又想着去做短差，结果拣了芝麻丢了西瓜，适得其反。在市场中做投资，千万别被自己的贪婪和恐惧蒙蔽了双眼。

若想要从市场盈利，每年只要抓住几次机会即可，一段时间下来收益就相当可观了。若一心想着追求利润最大化，最终往往是利润最小化。股市呈现周期性波动，在下跌周期中90%以上的股票都没有获利机会，但是有些投资者不信这个邪，看着那些飘红的股票就手痒，总是抱着侥幸的心理，认为人定胜天，以为自己能够买到逆势走强的股票。可是事与愿违，能逆势走强的个股毕竟是少数，往往一买就套，又没有止损概念，只能被深度套牢。

而且有些投资者在下跌周期中满仓操作，他们潜意识里想要追求利润最大化，资金在手里放不住，生怕自己踏空。这种满仓操作让人身心疲惫，更失去了敏锐的市场嗅觉，错过真正的良机。股市是一个充满机会，也充满诱惑与陷阱的地方，一定要学会抵御诱惑，放弃一些机会，才能更好地抓住一些机会。

## 三、道听途说

在A股市场中，一些投资者热衷于四处打探消息，把道听途说的传闻当作选股的依据，这类投资者往往成为主力出逃的牺牲品。他们牛市不愿卖，熊市不敢买，热衷于寻找内幕消息，结果呢，损失惨重。在股市，有句话叫“利好出尽是利空，利空出尽便是好”，在利好公布之前，若股价已有较大涨幅，利好一出，主力多数情况下便会借力出货，但是还有好多散户去追逐利好买入，买入之后还会喜气洋洋，但是随后股价开始阴跌不止，导致高位套牢。

也有一些投资者用已有的消息或者题材来做短线。当看到某公司年报业绩优良或者有重大重组消息公布时，虽然知道见利好要出货，但还是禁不住在开盘后买进，本想着当天买进，第二天盘中冲高卖出，但是80%以上的结果是高位套牢。不可否认，市场目前还不是很规范，业绩优良的公司年报公布之前，主力通过一些渠道提前知道了，到公布时主力看到有这么多人接货，为何不给？人弃我取，人取我给。即便是真的想往上做，主力会傻到给散户抬轿子吗？何不先卖个好价钱，然后待股价回落时再捡回来，做个滚动差价操作。

在市场中的投资者已经与市场融为一体了，买入的行为影响了市场的走势，而走势又在一定情况下影响投资者的行为。而且投资者也会影响投资者。大多数人的买入行为会影响其他少数人的情绪与投资行为，买入者之间也会相互感染，许多买入者的投资行为又会使股票的上涨走势更加明朗，从而加强买入者对自己判断、行动、选择的正确率的认同。从感觉到事实，再从事实到感觉，环环相扣，生生不息。感觉和事实的反馈过程就是人的心理活动过程。

## 小　结

任何投资必然存在投资风险，投资风险意味着未来收益的不确定性，将来会有损失，甚至包括本金的损失。市场是以趋势的形式运行的，换句话说，也就是趋势是行情运行的基本形式。只要投资者操作的逻辑是以趋势为中心，那么离盈利更近了一步，接下来要做的就是练就火眼金睛，识别各种假突破，甄别市场中的各种陷阱。

**【股市答疑】**

2018年2月15日，海南的张先生给我们打来咨询电话。

**张先生：**

老师您好！对于趋势线和股价向上突破，我是有一定的了解的，但是真的在市场中操作的时候，有的时候能够找到真正上涨的个股，但很多时候都找错了个股，往往刚买进去，就被套在里面了。但是又不能及时卖出，导致账户的市值一直处于亏损的状态。如何才能让自己操作的正确率提高呢？

**股市解答：**

市场是变幻莫测的，能够真正从市场中挣到钱的人毕竟是少数，没有火眼金睛，怎么可能会轻易地获取利润。一只个股底部成交量放大后，说明有资金在介入。后续的反弹还不能说明主力要开始拉出一段上涨波段，只能说股价有希望能够走出小波段的行情。很多时候，当主力资金发现市场还未能达到拉升的条件时，往往会选择落袋为安，做一波反弹就撤离了，只留下那些追高的投资者在风中凌乱。这也是很多投资者在底部反弹过程中被套的原因。

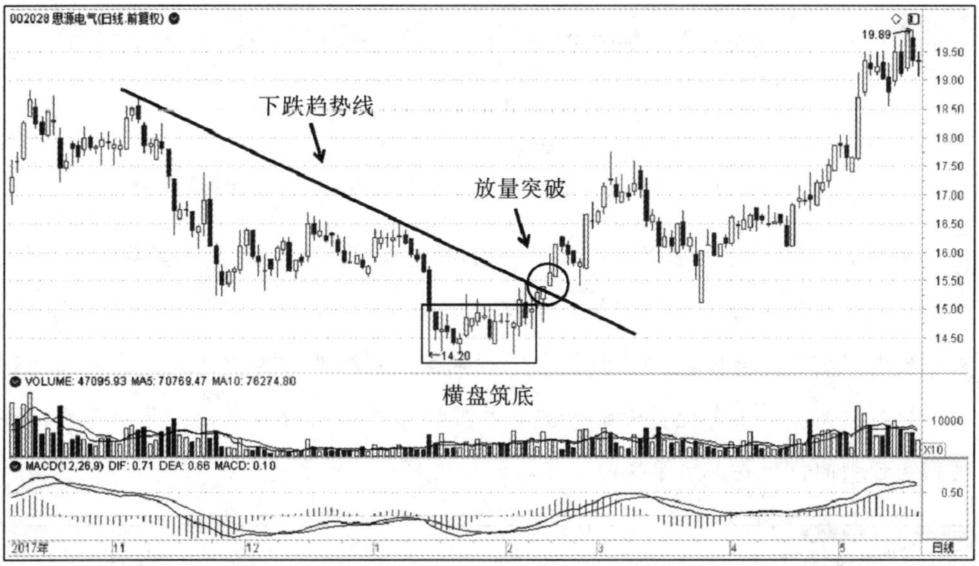


图 10—9　思源电气（002028）2017 年 10 月 9 日至 2018 年 5 月 21 日的日 K 线图

如上图所示，这是一个真突破的市场走势。股价在 2017 年 11 月开始下跌，经过两个多月的下跌之后，成交量已经趋于稳定。在 2018 年 1 月到 2 月初，股价在底部横盘震荡开始筑底，成交量规模开始恢复，这是有资金在介入的现象。但市场是否能够拉出一波上涨，还要看是否是一个真的突破。

连接每次反弹的高点，构成一条下跌趋势线，能够判断后续走势是否能够扭转趋势。思源电气在 2 月中旬一个跳空高开突破了趋势线，并且随后几天的股价都没有跌破跳空 K 线，更不要说跌破这条下跌趋势线了。这说明市场有了一定的意向要往上拉升了。在突破时买入后，就应等待上涨波段的来临。

图 10—10　苏泊尔（002032）2017 年 6 月 14 日至 2018 年 1 月 8 日的日 K 线图

如图 10—10 所示，苏泊尔在前高点处横盘震荡，大有想要冲高突破的趋势。每次在高位处都蠢蠢欲动，但是每次都回到横盘震荡区域内。中间第二次突破，以一根大阳线进行突破，站稳了压力位，但是后面的两天再次回到起点，说明这也是一个假突破。很多投资者都会被这种很好看的突破所吸引，但是必须明白玫瑰都是带刺的。想要去摘漂亮的玫瑰，就得注意自己不要被刺到。

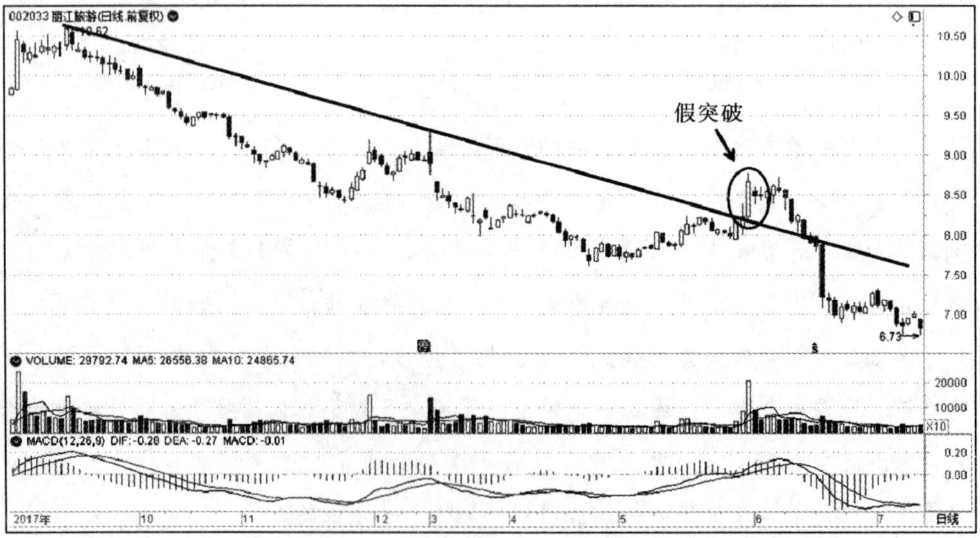


图 10—11　丽江旅游（002033）2017 年 9 月 1 日至 2018 年 7 月 11 日的日 K 线图

如上图所示，丽江旅游处于长期的下跌趋势中，连接波峰构成一条下跌趋势线。股价在7.5元附近小幅横盘震荡，突然在6月初一根大阳线突破趋势线，并且这根大阳线突破趋势线的时候，伴随着巨大的成交量。但是随后股价在大阳线一半的位置横盘了一周之后就又下跌了，又回到了下跌趋势线之下。这也是假突破的一种情况，没有真正站稳趋势线。

当股价在突破的时候买入是一种最高效的操作策略，既能够赚取足够的利润，又能够节省很多的时间。但是如果操作方法失误，在股价假突破的时候买入，结果肯定会赔钱。这是因为市场上的主力资金有时会反向运作，当别人认为是突破的时候买入，而主力资金则出货，于是这个突破变成了主力的出货点。

要区分真假突破，最重要的一点在于成交量。真正的突破必然会有成交量，同时，当股价突破后必然会有一定幅度的回调，这个回调如果不是出货的话，一定是缩量回调。而且在回调过程中，前期的趋势线从压力线变成支撑线，而支撑线扭转为压力线。当所有的这一切都具备时，那么等待市场再次起飞，这个时候就必定是一个效率最高的买点。

投资市场不确定性太多，我们应该去把握我们能够把握的，放弃那些我们不能掌控的。我们到市场是来挣钱的，不是来解决难题的，很多人看到股价走势复杂的就想去参与，想要去证明自己多厉害。投资者们反而应该去选择走势足够简单，简单到符合我们特定形态的个股，这才是我们应该去参与的。

# 第十一章 波段操作案例

**行情总是在绝望中诞生，在半信半疑中成长，在憧憬中成熟，在希望中毁灭。**

**——约翰·邓普顿**

## 第一节 看懂走势

波段交易的实际应用是在不断变化的市场环境中，通过自己建立的交易模型，看懂K线的组合，解读出市场信号，从而实现稳定的盈利。而股市盈利之要在于对趋势和波段的正确把握，只有操作上涨波段才能够赚钱。

投资者追求的肯定是符合要求的个股，因此最好的交易模型是市场首先经历了一波充分下跌，或者处于盘整状态，然后股价上涨的同时伴有放大的成交量，紧接着是一个abc三段式的回调。投资者应关注的就是突破趋势的阳线，这才是有效阳线，如图11－1所示。在市场的运行过程中，有很多上涨的走势，但是不能轻易操作，因为只有后期趋势走出来，才能够确定主升浪即将来临。在趋势没有走出来之前，不能确定主力资金接下来的动作。

前期的上涨走势末端，会有一个回踩的动作。一些关键位置上的阳线都预示着后面的趋势。有些位置的阳线，持续性不够。当下跌趋势被突破，成交量放大，说明有新资金进入，后面跟着一个abc回调，真正有效的启动点是对整个趋势的突破，这里的阳线就是投资者要关注的焦点。

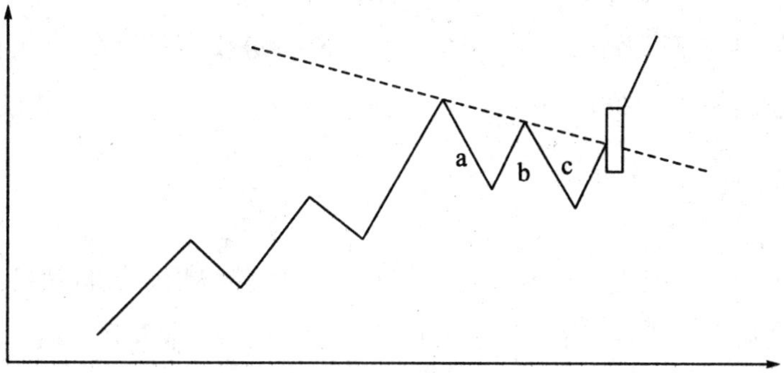


图 11—1　上涨突破

投资者做交易，其实就是一个公式。有的时候分析主力行为就是分析一个公式，就如 a+b=c，这样一个简单的公式。假设 a 加 b 等于 c，那如果想知道 c 是什么，得先要知道 a 和 b 的参数是多少。而一个股价最终要上涨，能够拉出一个上涨空间，首先得知道能够产生上涨的一个核心关键是什么。a 最起码要有建仓的动作，b 最起码要有洗盘的动作，等 c 这一个趋势有效启动点的启动 K 线出来，用启动 K 线证明，左边是建仓，然后建仓之后这里是确定拉升。而这个就是前后相互辩证的关系。

明白了 a+b=c 这一公式之后，再观察走势图时，就应该带着问题来看待走势图。当 a 在图表上走出来的时候，能否辨识出 a 是什么级别的走势，然后回调走势 b 是否为同级别走势，最后来观察等待启动点 c，也就是有效的启动 K 线在哪天出现。

## 一、充分下跌

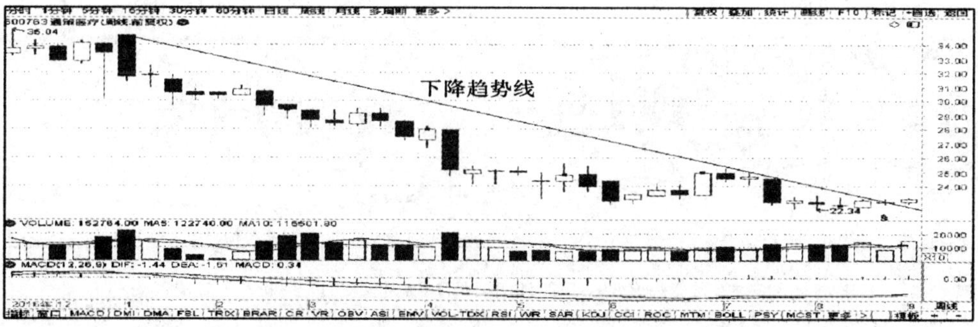


图 11—2　通策医疗（600763）2016 年 11 月 18 日至 2017 年 9 月 1 日周线图

如图 11—2 所示，通策医疗在高位以一根长上影 K 线见顶后，下跌超过 8 个月。下跌途中，阴线的成交量都明显大于阳线的成交量，说明空方的力量强于多方，连接相邻的高点以及次高点，形成一根下降趋势线。股价在 23 元附近开始止跌企稳，横盘震荡。

## 二、构筑底部

在股票市场经常能看到这种现象，股票在下跌趋势后，股价扭转趋势，进行盘整，盘整之后会出现两种情况：一种是继续下跌，一种是上升趋势。那么盘整后会出现什么趋势呢？决定点在于扭转趋势时资金量的情况。如果是真金白银扭转趋势，那么盘整之后就会有一个上升趋势。如果是阶段性反弹，那么后续股价只能继续下跌。

通策医疗前期是一个充分的下跌，下跌时间长达 8 个月左右。随着股价的持续下跌，成交量逐渐萎缩，成交量均线逐渐走低。当股价创新低之后，连接前反弹的高点和再之前的高点，绘制一条下跌趋势线，用来为后续走势构筑一个走势框架。

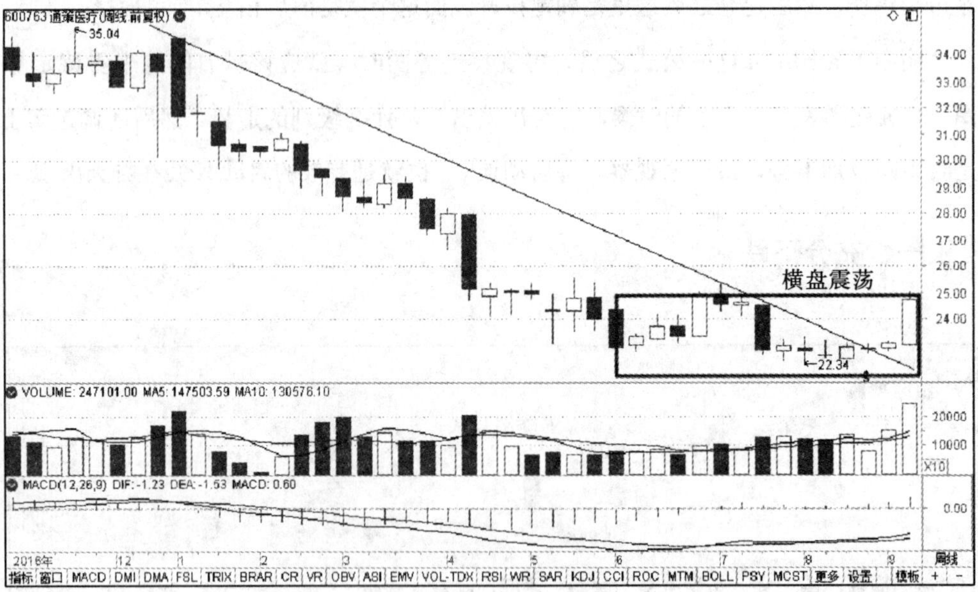


图 11—3 通策医疗（600763）2016 年 10 月 28 日至 2017 年 9 月 8 日周线图

如上图所示，经历长期的下跌之后，通策医疗在低价位区域横盘震荡三个月之久，但并没有构筑出复杂的底部形态。通策医疗在构筑底部形态的过程中，成交量逐渐放大，成交量均线也稳步攀升，说明此时套牢盘开始亏损出局，同时也表示有资金开始入驻。

## 三、上涨趋势

### 1. 第一波上涨

通策医疗股价筑底之后，股价以一个简单的快速上涨方式解放左边的套牢筹码。在上涨的过程中成交量放大，同时阳线的成交量明显大于阴线的成交量。在成交量放大的时候，还不能确定这是主力资金拉升洗盘还是高抛低吸，因此要根据之后的调整状态，来进一步确定后期的走势。

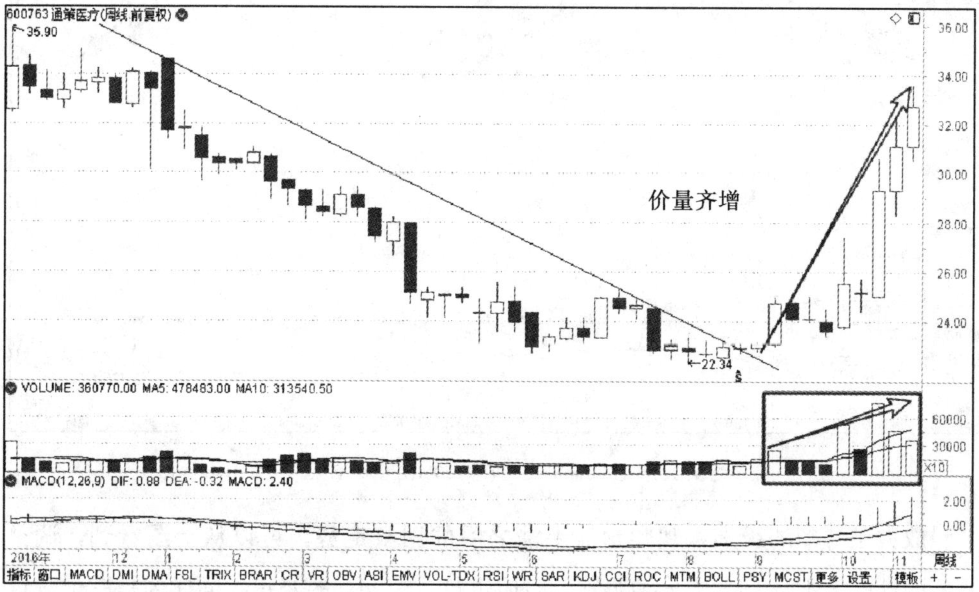


图 11—4 通策医疗（600763）2016 年 10 月 21 日至 2017 年 11 月 10 日周线图

由上图分析可知，股价上行了 2 个月之久，走出了一个 30 分钟级别的上涨行情，成交量随着价格的上升而上涨，所以明显有新增资金在上涨过程中不断进场。

### 2. 调整

做交易就是辩证，因此投资者在交易过程中需要运用辩证思维。在通策医疗筑底反弹上涨过程中，放量说明是由于进场的资金拉升造成的，但是资金进场后未必能够确定后续一定会继续拉升。资金可以选择拉升，也可以选择不拉升，还需要一个调整来证实股价之前的上涨是在建仓。因为调整不跌破资金的核心成本区域，说明真的在投放真金白银。

若上涨之后的调整没有跌破之前的核心位置，就说明主力资金在抢筹建仓。若股价调整跌破了之前的核心位置，说明主力资金只是做了一个小波段上涨，赚了一个高抛低吸的差价而已。因此，需要上涨波段和随后的调整波段来相互认证接下来的走势，最重要的是等到启动点出来。一旦这个启动K线出现，最终证实后续是否进行一个真正的上涨趋势。

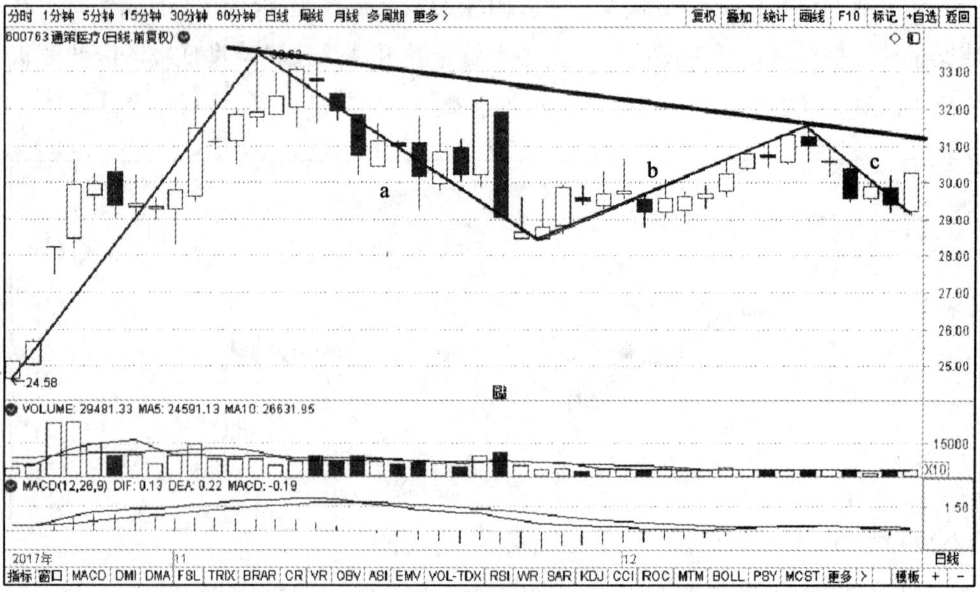


图11—5　通策医疗（600763）2017年10月20日至12月21日日线图

放大走势图的级别，观察这波上涨之后的调整走势。可以从上图看到，调整之前的这一波上涨是三十分钟级别，对应进行一个abc的修正，同样的是三十分钟级别的调整。确定下跌走势段a、c的高点，连接两高点，构筑一条调整趋势的压力线。

3. 突破

历史会重演，但是不会简单地重演。同样，交易模型在很多时候是会重演的，因此要去捕捉那些符合交易模型的个股。一根阳线的突破是符合趋势交易模型图谱的，那么，每天去查找涨幅在3%至10%个股的阳线，哪一根阳线符合调整形态，形成突破走势，便符合交易图谱。

如图 11—6 所示，通策医疗前期是充分的下跌，然后是一个放量的上涨，紧接着一个 abc 的调整形态。根据前面的上涨和调整，若能够找到突破的启动阳线，就能确定后期的上涨走势。重点在哪里？重点在这些不断变幻的市场机会中，通过建立自己的交易模型，寻找有效启动点，在这根启动阳线出来后看懂它。

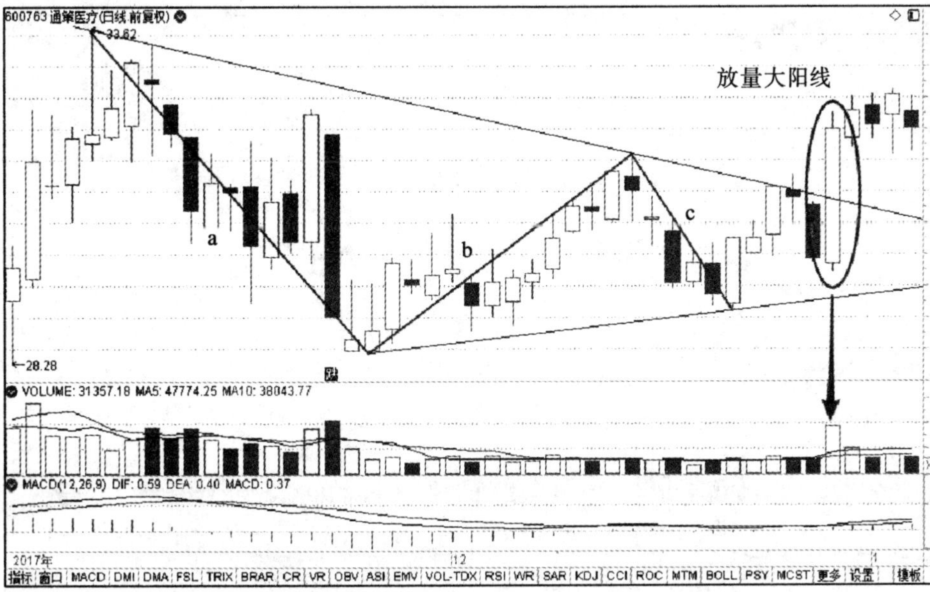


图 11—6　通策医疗（600763）2017 年 11 月 1 日至 2018 年 1 月 4 日日线图

在 abc 调整形态中，连接相应的高点与低点，得到两条倾斜的线，上一条为压力线，下边那条为支撑线，股价在压力线和支撑线之间横盘震荡调整。下倾的压力线和上斜的支撑线构成了一个类似于对称三角形的收敛形态。

在这种形态下不能简单地根据形态本身来进行操作，必须同时判断该形态所处的一个趋势阶段，最好的操作方式是等待有效突破的出现。在收敛形态突破前必定多空双方会有一个博弈的状态，多方占据主导地位的话，走势便会上涨。

如上图所示，在通策医疗的日线图中，一根放量大阳线突破压力线，对这个调整形态形成突破，这根阳线就是有效启动的一个波段买点。随后股价在突破 K 线上影线附近横盘，更加说明放量阳线的有效性，走势非常强劲，压力线也转变为支撑线，支撑股价继续上涨。

4. 第二波上涨

如图 11－7 所示，通过分析 30 分钟级别的上涨，30 分钟级别对应的调整，后面就会有另一个 30 分钟级别的上涨。历史会重演，若能看懂它，便会知道后续会有一个什么级别的走势，也就知道后面该如何去操作这只股票，该如何对资金、仓位进行一个有计划的把控。

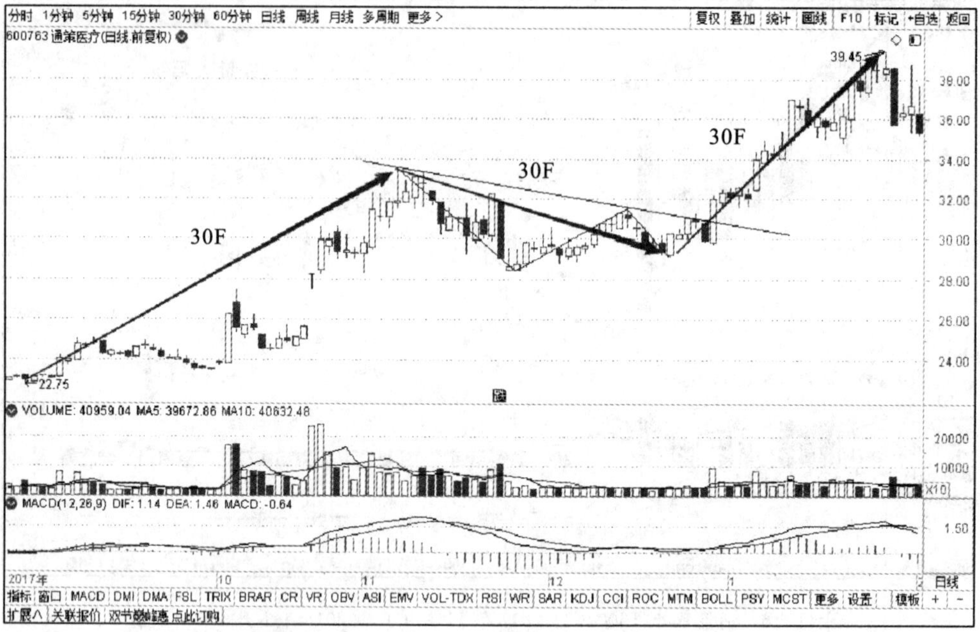


图 11－7　通策医疗（600763）2017 年 8 月 28 日至 2018 年 2 月 1 日日线图

5. 背离

从下图可以看到第二段的上涨与第一段的区别，第二段上涨已经是高度控盘的无量上涨。当股价达到 39 元时，股价收出长上影，价涨量不增，明显有背离迹象，同时观察 MACD 指标，无法再创新高，同时红柱子也同样不能创出新高。上涨的第一段是从 23 元涨到了 34 元，涨幅 11 元，约为 47%；第二段的涨幅为 30%～50%，当达到 39 元左右的时候，股价已经接近了第一个目标。

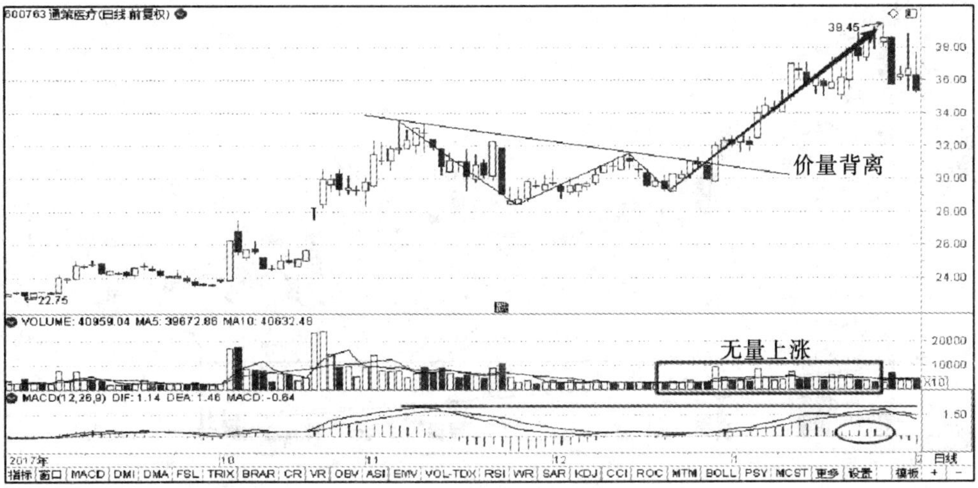


图 11—8　通策医疗（600763）2017 年 8 月 28 日至 2018 年 2 月 1 日日线图

一切迹象均表明，在此价位，股价已明显背离，可以离场观战。若后续是横盘震荡并再次突破阳线，那么可以再次进场，免去震荡的折磨；若后续是下跌走势，那么就保存利润，及时止盈。因此，在背离阶段及时离场是正确的选择。

# 第二节　逆势赚钱

## 一、天齐锂业

### 1. 下跌

如下图所示，天齐锂业跟通策医疗有同样的走势，前期是有 6 个月的充分下跌，成交量从最大到最小再到无量，连接下跌趋势的反弹高点构成一条下降趋势线。在下跌走势中，股价一直处于下降趋势线的压制之下，何来反转之说?

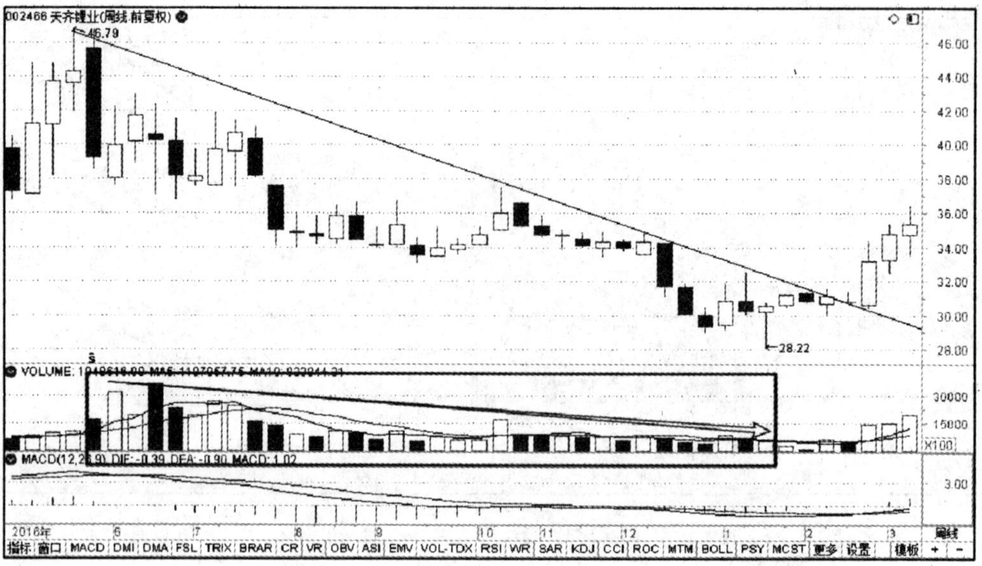


图 11—9　天齐锂业（002466）2016 年 4 月 29 日至 2017 年 3 月 10 日周线图

2. 筑底

如图 11—10 所示，天齐锂业在经历长期下跌走势后，股价在 29 元至 32 元之间横盘震荡，没有形成复杂的底部形态。在构筑底部形态的时候，对前面的下跌构成有效的扭转。

图 11—10　天齐锂业（002466）2016 年 10 月 14 日至 2017 年 3 月 10 日日线图

3. 第一波上涨

如下图所示，天齐锂业没有构筑复杂的底部形态，而是一个小级别的上涨。在充分上涨之前，有一个充分的下跌。成交量在上行过程中放大，第一次上涨从 1 月中旬上涨到 4 月，上涨两个多月。没有达到中期趋势的级别，比 30 分钟相对长一点，直接当作一个 30 分钟级别的走势。

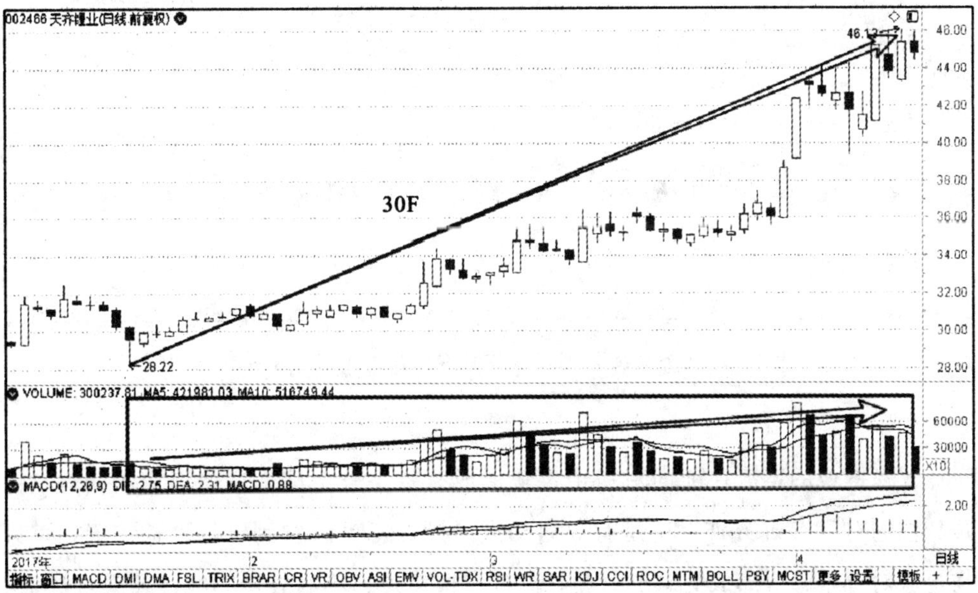


图 11—11　天齐锂业（002466）2017 年 1 月 3 日至 4 月 18 日日线图

4. 调整

30 分钟的上涨走势，随后在这里进行一个 30 分钟级别的调整。30 分钟级别的调整的关键问题就在于进行有效分析的过程中，判断是阳线量大还是阴线量大。

如下图所示，通过观察天齐锂业的 30 分钟级别的调整走势，可明显看出阳线比阴线数量要多，并且阳线的成交量比阴线的成交量大。在回调的过程中，成交量显示主力并没有出货的迹象。此时可以在上涨之后的回调过程中适量买入，降低图表周期，例如在 60 分钟图或者 30 分钟图上进行操作，赚取短差。

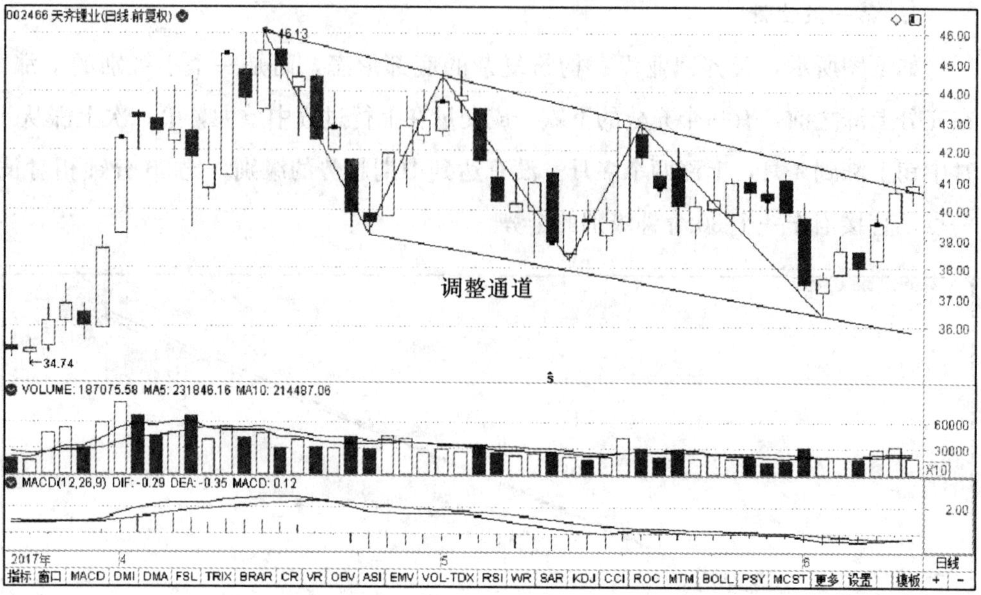


图 11—12 天齐锂业（002466）2017 年 3 月 27 日至 6 月 9 日日线图

5. 突破

天齐锂业的走势在前面对一个走势形成有效突破上涨之后，对应的回踩，回踩到位的对应形成突破，这是有效启动点。投资者可以看到、等到这一天，可以在走势对调整趋势形成突破的时候，出现一根突破趋势的放量阳线，那么它就是 c 点。由于它的启动证实了前面是真的在建仓，真的在洗盘。因为只有真的建仓、真的洗盘，从这里启动一根阳线才代表将启动一个趋势的上涨。

如图 11—13 所示，天齐锂业在 6 月初，股价开始上涨，有两根小阳线站稳了压力线，随后一根放量阳线牢牢地突破了压力线，随后股价回调，并且远离了压力线，证明了放量阳线突破的有效性。

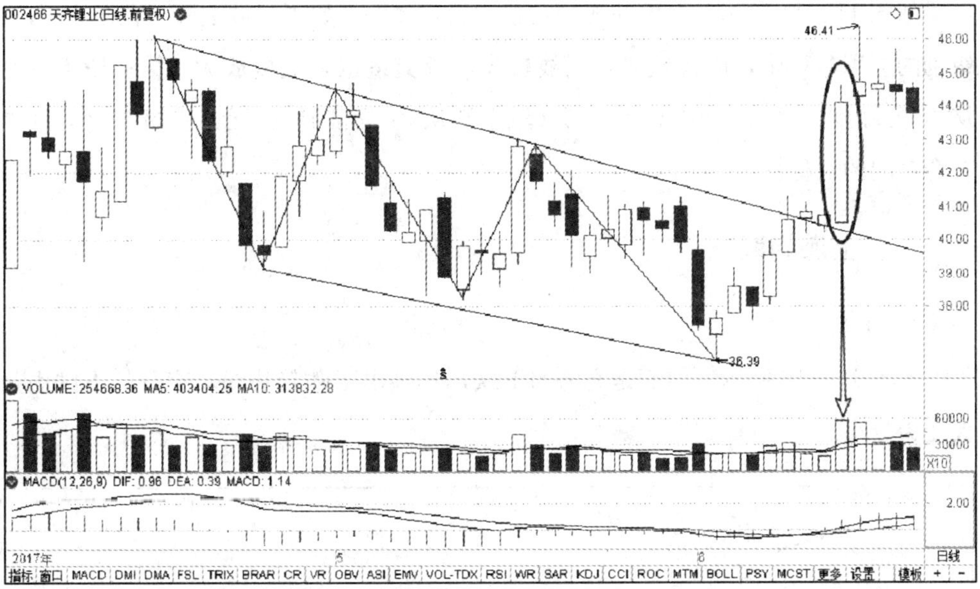


图 11—13　天齐锂业（002466）2017 年 4 月 5 日至 6 月 19 日日线图

6. 第二波上涨

再来分析这是一个什么级别。前期是 30 分钟级别的上涨，调整也同样是 30 分钟级别，第二段上涨也同属 30 分钟级别。

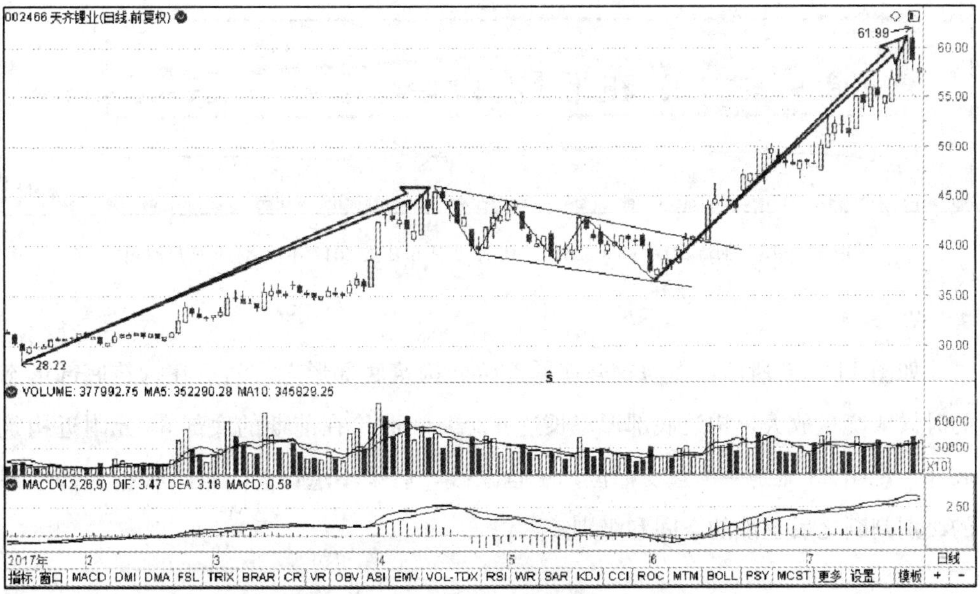


图 11—14　天齐锂业（002466）2017 年 1 月 12 日至 7 月 25 日日线图

如图 11—14 所示，股价在充分调整过后，随即开始了一波上涨。在该 30 分钟级别的上涨过程中，阳线较多，阴线较少，成交量也是缓慢放大。第一段上涨是从 28 元涨到 45 元，涨幅 60%；第二段上涨从 37 元涨到 60 元，涨幅 62%，非常符合时间的对称性。

## 二、上海钢联

### 1. 下跌

如图 11—16 所示，前面是充分的下跌，先画出下跌趋势线，充分的下跌由量大变为量小。

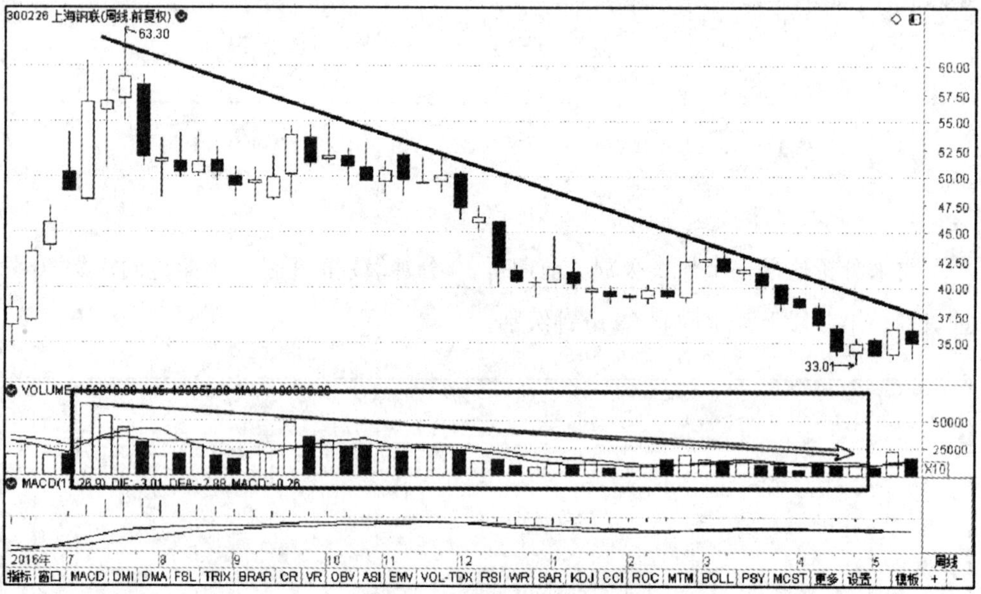


图 11—15　上海钢联（300226）2016 年 2 月 5 日至 2017 年 5 月 19 日周线图

### 2. 筑底

如图 11—16 所示，上海钢联在低价位处构筑底部形态，然后在构筑底部形态的时候成交量放大，构筑底部形态长达 6 个月。股价在前期的底部 33 元附近构筑底部，说明 33 元是一个强支撑位，一旦跌破，后果不堪设想。最后根据底部形态的级别判断之后上涨的空间和级别。

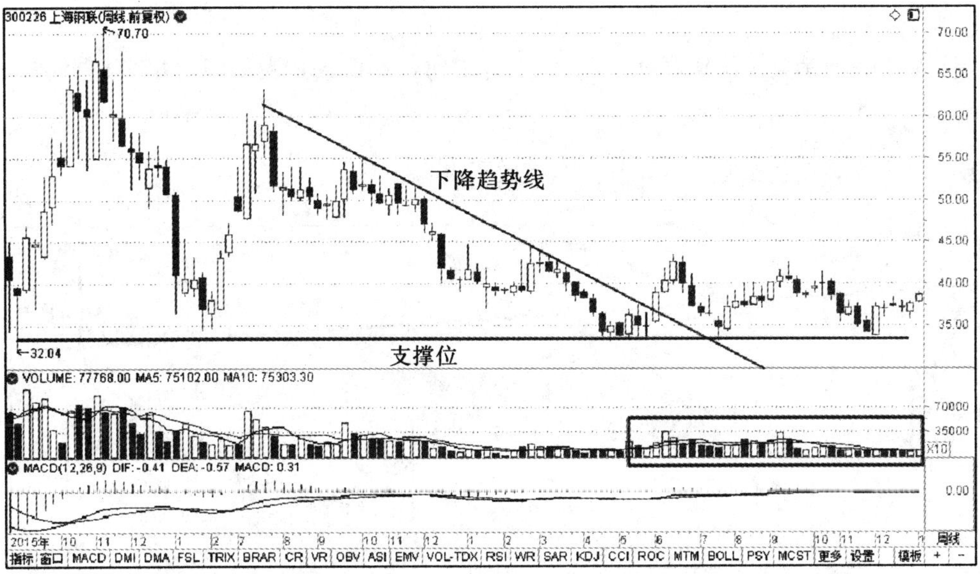


图 11—16　上海钢联（300226）2015 年 8 月 28 日至 2018 年 1 月 5 日周线图

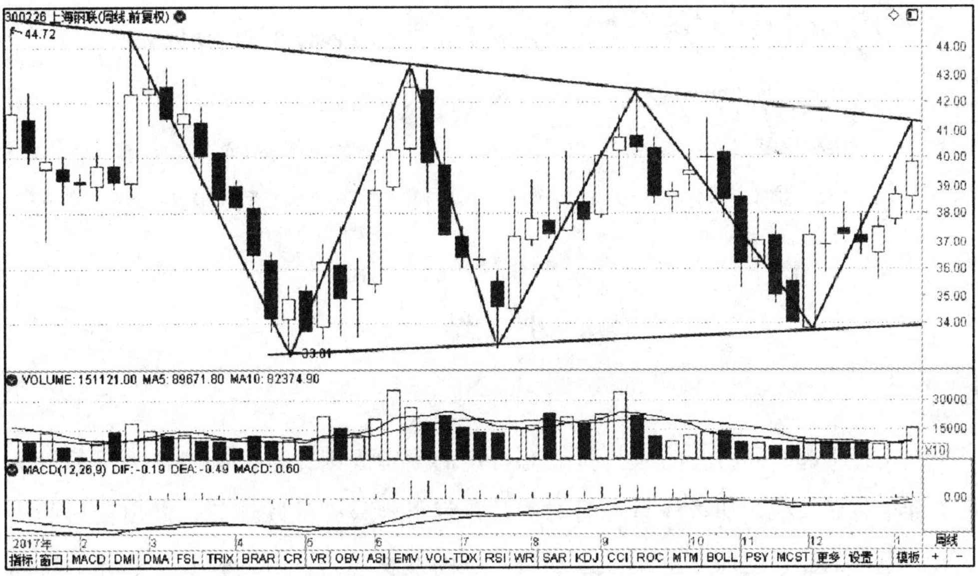


图 11—17　上海钢联（300226）2017 年 1 月 6 日至 2018 年 1 月 12 日周线图

图 11—17 显示上海钢联构筑的底部形态。上海钢联足足有 6 个月在做一个盘整形态，而且它所构筑的箱体逐渐收敛，在该区间内反复震荡构筑一个三角形的底部形态，同时成交量不断放大。这种上涨比较快，也就是俗称的“三角形上涨”。观察这一段走势的时间，定义行情的级别以及买点。

3. 突破

如下图所示，上海钢联在2018年1月中旬，一根放量大阳线直挺挺地突破了压力线，牢牢地站在了压力线之上。这时候，这根阳线对整个形态形成了有效突破，这个突破点就是介入点，是一个有效买点。

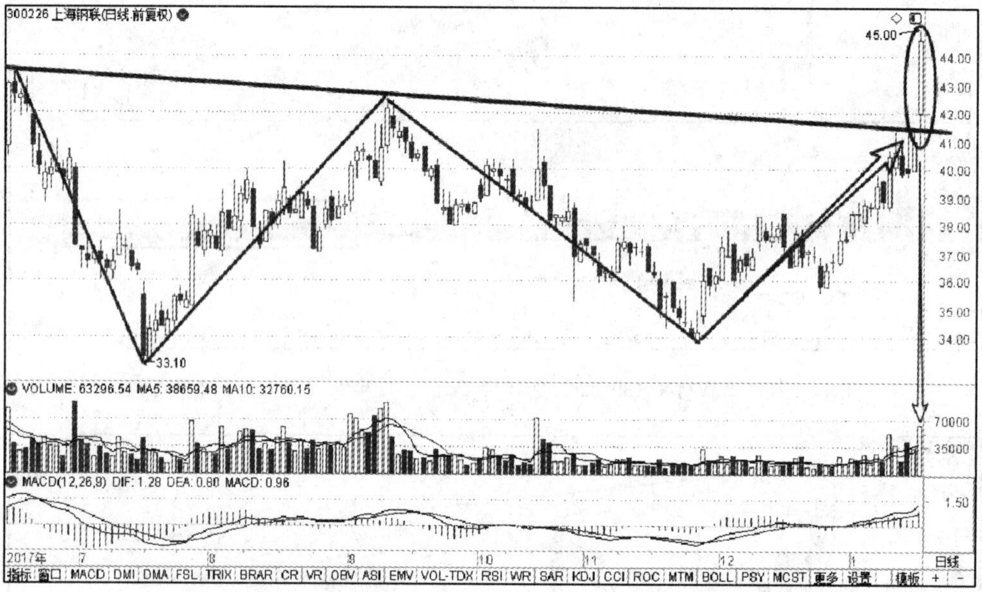


图11—18 上海钢联（300226）2017年6月15日至2018年1月17日日线图

# 小 结

真正经得起时间考验的是一批拥有特定的买卖规则并且能够身体力行的投资者。如果想做长线，却很在意一时的涨跌，就很容易被涨跌迷惑，做出错误的决定。股市中的股票就像一群田径运动员，有的擅长短跑，有的擅长中长跑，有的擅长马拉松。在操作之前，一定要知道自己选择做哪一种“运动员”，否则在实战中，很可能会出现思路错乱。

波段拐点交易是投资者应该熟悉和掌握的一种交易策略。了解市场波动性的本质，充分认识和尊重波段的涨跌规律，养成波段操作的思维方式，知行合一，这才是市场赢者该有的觉悟。

# 后记

投资市场是一个没有门槛的市场，任何人都可以自由进出。但越是没有门槛，横在投资者面前的隐形大山就越是高不可攀。投资者要想在市场博弈中游刃有余，仅凭一时的冲劲是抵挡不住市场的冲击的，只有持续地学习与精进，打造一套属于自己的交易体系，才能应对市场的千变万化，市场才会以盈利的方式回馈各位投资者。

《从零开始学波段》经过数月整理，终于与读者朋友们见面了。笔者把最近几年的研究心得落笔成字，从波段交易出发，让投资者对股票市场有一个正确而全面的认知。笔者在撰写的过程中，不仅将技术方法编辑成书，更对自己整个投资生涯进行了一次总结与整理。

股市从 2014 年的 2000 点起步至 2015 年的 5178 点时，市场上所有的投资者都在谈论股票，都在讲述自己辉煌的战绩。但经过股市暴跌以及 2018 年的漫漫熊市，很多投资者不懂得保存收益，账户又重新回到了起点，还有些投资者因为使用了杠杆可能永远地离开了市场。

市场是无边际的，也是残酷的，但对于热爱学习的投资者却是公平的。投资者如果没有深入的学习与思考，想将股市当作“提款器”仅是南柯一梦。“欲速则不达”，希望投资者能够在参与市场、与市场互动的过程中，摒弃一夜暴富的思维怪圈。只要投资者肯学习，肯花功夫，市场必定会以百倍千倍的收益来回报各位。

若能将理论与实践相结合，那么战胜市场将指日可待。希望读者在深度研读完本书后，能够对走势有更为深刻的理解，对市场有更深层次的把握。若能与投资者产生一丝共鸣，那本书也算是小有收获。

最后，感谢阅读完本书的您，如果您对本书有任何意见或者建议，欢迎同我联系。同时，希望本书能够搭建起一座交流的桥梁，大家相互学习，共同进步。

**熊青龙**

**2019年2月**